# 忠誠與叛逆

## 日本轉型期精神史的多重面向

丸山眞男

區建英、陳力衛——譯

＊書名頁圖：東京大學法學院，陳力衛攝／提供

# 譯者解說 「永恆與時間」的交響曲

區建英／新潟國際情報大學國際學部教授

我和陳力衛先生共譯的《忠誠與叛逆：日本轉型期精神史的多重面向》中文版能承蒙具有長久歷史和高度學術水平的聯經出版事業公司承擔出版，作為譯者我們感到非常榮幸。首先在此深表謝意！

我是丸山眞男先生的最後一個學生，不過那不是大學體制內的，因為我在東京大學讀博士時，丸山先生已是東京大學的名譽教授。但也許是因緣際會，有一次丸山先生偶然看到我的一篇論文，便讓他的朋友找到我，與我討論了幾個小時，然後表示他樂意當我的私人導師，由此我就成了他退休後的門生。這對我來說，真是學術生涯乃至整個人生的最大幸運。

這回是我第三次翻譯恩師的著作。第一次是翻譯《福澤諭吉與日本近代化》（上海：學林出版社，一九九二年，初版；北京：北京師範大學出版社，二〇一八年，第三版）。當時正值二十世紀九〇年代初，大陸的改革開放走到了一個拐點，前景呈現出多樣的可能性，丸山先生對中國的發展寄予關心，為推動東亞近代化的思想交流，他和我一起編輯了這本譯著。由於此譯著的出版，丸山眞男開始引起了中文世界學人比較廣泛的關注。第二次是翻譯《日本的思想》（北京：生活．讀書．新知三聯書店，二〇〇九年），那是劉岳兵先生組織他的院生翻譯，而後由平石直昭先生委託我對譯稿進行改譯的。第三次就是翻譯本譯著《忠誠與叛逆：日本轉型期精神史的多重面向》（以下簡稱《忠誠與叛逆》），本譯著以丸山眞男生前親自編輯的一九九二年版本為底本。從我的性格來說，愈是自己感佩至深的著作，就愈難下決心去翻譯，對《日本的思想》如此，對《忠誠與叛逆》亦如此。這回我終於承擔了《忠誠與叛逆》的翻譯，還得感謝陳力衛先生的鼓勵和促進，與陳先生這樣優秀的學者一同翻譯，使我信心大增。

## 丸山思想史學中的《忠誠與叛逆》

在中文世界裡，已有中文譯本的丸山眞男著作除了前述提到的以外，還有《日本政治思想史研究》（徐白、包滄瀾譯，台北：台灣商務印書館，一九八〇年；王中江譯，北京：生活．讀書．新知三聯書店，二〇〇〇、二〇二二年）、《現代政治的思想與行動》（林明德譯，台北：聯經出版公司，一九八四年；陳力衛譯，北京：商務印書館，二〇一八年）、《丸山眞男講義錄（第六冊）》（唐永亮譯，成都：四川教育出版社，二〇一七年）、《日本的思想》（藍弘岳譯，新北市：遠足文化，二〇一九年；唐利國譯，北京：生活．讀書．新知三聯書店，二〇二二年）、《忠誠與反叛：日本轉型期的精神史狀況》（路平譯，上海：上海文藝出版社，二〇二一年）。在此，我想先談談這些著作在丸山思想史學脈絡中的相互關係和《忠誠與叛逆》的定位。

《日本政治思想史研究》是丸山思想史學開創期的代表作。特別是其中的兩篇日本近世思想史研究論文，著力於考察日本江戶時代的儒教近代化＝朱子學的解體過程，從徂徠學以及國學中發掘日本自身的「近代思維萌芽」。儘管當時丸山已讀過不少關於西歐近代危機的學說，並對一些批判近代的觀點有所贊同，但他面對的現實是一種悖論性的現象，即反近代思潮與近代的頹廢＝法西斯全體主義，怪異地結合在一起。所以，他反而覺得需要以近代的原初「理念」來對抗近代的頹廢「現實」，自己應站出來擁護那個被打成「替罪羊」的近代「理念」。此著涉獵了幾乎整個江戶時代，但並不是網羅近世期的政治思想或政治學說的通史，而是一部以上述問題意識為主軸的「問題史」。從這時起，他的思想史學就已顯示出以「超學問的動機」來推動嚴謹的學術研究的性格，這個性格貫穿了丸山眞男一生所有的思想史研究。

《現代政治的思想與行動》收錄的是丸山在日本戰後改革過程中撰寫的一系列分析現代政治的論文和評論。丸山回顧說：「戰敗後，我經過了半年苦苦思考，終於得出了我的結論：天皇制，對於日本人的自由人格形成……是致命的障礙。」[1]他把日本人依存於天皇權威而不能根據

1 丸山眞男：〈昭和天皇をめぐるきれぎれの回想〉，《丸山眞男集》，岩波書店，一九九六年，第十五卷，頁三五。

自己的良心去判斷和行動的思維方式，稱為「天皇制的精神結構」。論文〈極端國家主義的邏輯與心理〉就是對這種精神結構的挑戰宣言。書中以這篇論文為代表的第一卷，是對戰前日本的法西斯全體主義的病理分析，第二卷和第三卷主要是對現代政治問題的分析。全書基本上屬於政治學的論文和評論，丸山稱之為「夜店」（副業）的工作。到了二十世紀五〇年代後期，他就收起了「夜店」，回歸到他本行的陣地＝政治思想史的「本店」（專業）。

但是，這個回歸絕不是單純的領域轉換，丸山是要通過「本店」的思想史研究，來解剖「夜店」揭示出的問題的深層結構。而且，這個回歸也不是原原本本地復歸其思想史學開創期的學問，因為他在關心的問題和學術方法上都做了重大的轉換。轉換的過程，他首先經歷了一九五六年至一九五九年在東京大學法學部的日本政治思想史講座的艱苦探索，然後從六〇年代開始呈現出嶄新的思想史學，並迅速走向完成階段。一九五七年發表的論文〈日本的思想〉是象徵他回歸「本店」和重新出發的代表作。一九六一年這篇論文以及相關作品被編成岩波新書《日本的思想》出版時，丸山在「後記」中談到了他所嘗試的工作是，一方面揭示出日本沒有形成一個能對各種思想發揮「坐標軸」作用的思想傳統，以致各種寶貴思想難以「傳統化」；另一方面提示了「從古到今上千年來世界的重要思想財富幾乎都庫存於日本思想史中的事實」，將這兩個方面作為「同一個過程」來把握，從中考察日本思想的繼承方式和對外來思想的接納方式的結構性問題。在此他提出了雙重課題：一是對日本的思想結構做出病理診斷，二是探索「通向將來的可能性」。一九六四年至一九六七年，他以「原型」（後改稱「古層」「執拗低音」）為核心概念做了連續四年的系列講座，通過雙重課題的實踐，把丸山思想史學推向完成。

丸山做出上述轉換的動因，無疑是由於他學術研究的「超學問的動機」發生了重大變化。如果說丸山思想史學的開創期，是意圖通過闡明徂徠學對朱子學的解體和近代思維的萌芽，來實證「德川封建體制崩潰的必然性」，那麼戰後丸山思想史學的轉換，則是意圖從結構上分析阻礙思想「傳統化」的要因及其與外來文化接納方式的關係。前者聚焦於作為前近代的德川期，注重摧毀封建因素和發揚近代因素，重視西洋模式。後者則採用追溯至古代的長期視野來把握日本思維方式的執拗特性，並給縱向的思想史導入橫向的「文化接觸」視野，以解剖那種執拗特性對外來文化（包括亞洲和西歐文化）的修改作用，當然也同時發掘「通向將來的可能性」（即便是曾經被壓滅的可能性因素）。本譯著《忠誠與叛逆》正是這個轉換期從探索到完成階段的主要成果。本書所收的論文，除了〈近代日本思想史中的國家理性問題〉（一九四九年）這篇較早發表的論文之外，全部都是上述轉換期的論文。其中〈開國〉、〈忠誠與叛逆〉、〈關於思想史的思考方法：類型．範圍．對象〉等篇是其探索階段的助跑論文，還有後來撰寫的〈幕末的觀念變革：以佐久間象山為例〉、〈日本思想史上問答體的譜系：中江兆民《三醉人經綸問答》的定位〉，這些都屬於探索「通向將來的可能性」的研究。而〈歷史意識的「古層」〉則是完成階段的代表性論文，主要集中於對日本的思想結構做病理診斷。

在探索「可能性」方面，早期的徂徠學研究和一系列福澤諭吉研究也是發掘優良思想的，但是二十世紀五〇年代末以後的探索表現了完全不同的特徵。比如，徂徠學研究論文是聚焦於前近代德川期而積極發掘日本的近代因素。與之相對照，論文〈忠誠與叛逆〉則追溯到中世期武士的原初特性，來發掘那些內在於自我的忠誠和「諫諍」精神，同時也闡述了這些精神在江戶時代的武士文官化和近代的官僚化中被壓抑和消退的過程，表達了對近代化的反思。這個手法與一般流通的「近代主義者」丸山形象似乎大相逕庭，以致學界不少人認為他已轉向保守主義或回歸東洋傳統。相反地也有人認為，丸山是假託歷史中被遺忘的「英雄」來謀求其精神在今日的復甦，認為他所描寫的武士精神是表達近代市民的一種戰鬥性。[2]但丸山並不是那種通過發現過去的「美」來把歷史理想化的浪漫主義者。正如〈關於思想史的思考方法〉一文所說，他用武士主從關係的「君即使不君，臣亦不可不臣」這個「最屈從於權威的命題」進行論證，「是想說明連這樣的命題都可以抽出對權威的屈從與抵抗的雙重可能性」。[3]他是要嘗試從「消極」的圖像中讀出「積極」的圖像。[4]這是丸山思想史學探索「可能性」的一個重要方法。當然，〈忠誠與叛逆〉同時揭示出連「屈從」倫理中包含的「積極」可能性，也在日本近代過程中被消滅殆盡，這就不僅僅是近代化本身的問題，而另有日本文化結構的病理在起著執拗的作用。

在病理診斷方面，〈歷史意識的「古層」〉是最具代表性的研究成果。此論文追溯到古昔的「記紀」（《古事記》、《日本書紀》）時代，從最古文獻中解剖出一種習慣於甩掉價值意義的

「歷史相對主義」思維方式，稱之為「古層」。具體地說，就是日本的歷史意識一貫地潛藏著一種由「自然而然」之「勢」來推動歷史的「古層」思維，在這種思維裡，善惡是非的判斷是不需要的，歷史只是毫無價值意義的「自然時間的經過」而已。對外來文化毋寧是開放的，隨著時間的流動而毫無抵抗地不斷吸取，但在異文化接納的方式上，無論是對古代中國思想還是對近代西洋思想都習慣性地甩掉其抽象的和普遍（永恆）的價值。丸山的這些觀點強烈地衝擊了日本學界，不少人認為此論文「帶有對日本思想史做出幾乎整體性定罪的色調」，以「揭露出日本思想史中隱藏的祕密」而勾動人心，同時又給人一種「宿命論的絕望」。[5]也有人將「古層」誤解為具有褒揚意義的東西，因而把丸山視為日本主義者，但丸山的「古層」論恰恰是要克服日本主義的。從以上兩例可知，無論是發掘「可能性」還是診斷病理，丸山都採取了超越歷史發展階段的手法，來把握貫通日本思想史的東西。當然，這並不意味著他拋棄了人類逐漸走向文明的進步

2 〈解說〉（川崎修）丸山眞男：《忠誠と反逆——転形期日本の精神史的位相——》，ちくま学芸文庫，一九九八年，頁四八八－四八九。

3 丸山眞男：〈思想史の考え方について——類型・範囲・対象〉，《丸山眞男集》，岩波書店，一九九六年，第九卷，頁八一。此文在第四節專門論述了發掘「可能性」的方法，其方法也恰恰隱含著對浪漫主義的儆戒。

4 丸山眞男：〈忠誠と反逆〉，《丸山眞男集》，岩波書店，一九九六年，第八卷，頁二七六。

5 〈解說〉（川崎修）丸山眞男：《忠誠と反逆——転形期日本の精神史的位相——》，ちくま学芸文庫，一九九八年，頁四九〇－四九一。

觀。丸山思想史學在五〇年代末以後的一個特徵，就是不拘泥於封建還是近代、亞洲還是西洋，而是高度關注貫通人類古今東西的普遍價值，以「開放」的立場來思考人類的文明進步。

## 丸山思想學術中的矛盾格鬥

有一部分以西歐近代的「國民國家」為指標來評價近代化的政治學者，較早就察覺出丸山思想史學的轉換，他們從〈極端國家主義的邏輯與心理〉等一系列診斷日本人的思想和行為方式病理的政治論文中，已看到不同於戰前論文那種發掘日本「近代思維」的風格，感到那裡存在著與早期相反的「價值志向」。即使是〈近代日本思想史中的國家理性問題〉（一九四九年）這篇較早的論文，丸山也在結尾處耐人尋味地指出：「個人主義與國家主義、國家主義與國際主義」在福澤那裡取得的出色平衡只是「幸福的一瞬間」，此平衡不久就被國際狀況的冷酷事實打碎了。他們感到這裡表現了丸山對國民國家的價值認識的斷裂，而對丸山六〇年代以後的「古層」論，就更難找出與早期研究的連續性了，因此認為丸山的思想和方法前後失去了一致性。[6]但思想史家松澤弘陽則認為，丸山是作為「近代批判者」出發的，只因戰前的反近代思潮與法西斯主義相結合，使他反而把重新評價近代的「理念」作為抵抗當時法西斯潮流的據點。他在思想和學問的形成期就已一定程度地接受了批判近代和歷史主義的學說，並把對近代的「揚棄」作為課題，但直到戰後他才有條件致力於反省近代的研究。[7]

如果說丸山思想史學前後不一致，那的確是戰後發生了顛覆性的變化。當然，在近代的「揚棄」方面具有連續性，即便是早期的日本近世思想史研究，其基本立場也是通過重新評價近代的「理念」來克服近代頹廢的「現實」，這一點與戰後是一致的。但是，我們需要理解到丸山的思想和學問本身也是一個矛盾體。丸山既意識到自己的矛盾，也能把握住研究對象的矛盾。本譯著所收的〈福澤・岡倉・內村：西歐化與知識人〉（一九五八年）就體現了這種把握方法，論文中的三個人物都是日本近代的進步知識人，但丸山非常關注他們在日本的近代改革和西歐化之中的激烈思想格鬥，並在論文的結尾指出：

> 當思想被人們從思想家的骨肉中分離出來，被作為「客觀形象」來把握的瞬間，便開始獨自行走（譯按：指脫離了主體）。如果它進而受到思想家模仿者的稱讚和「崇拜」，那它本來所充溢的內面的緊張就會鬆弛，它的多面的稜角就會被磨得圓滑，它那充滿活力的矛盾就會被強行「統一」。或者因它的某個側面被繼承而使它喪失原有的活力，從而變得僵化。[8]

6 石田雄、姜尚中：《丸山眞男と市民社会》，世織書房，一九九七年，頁二五－三〇。

7 松沢弘陽，〈丸山眞男における近・現代批判と伝統の問題〉，收錄於大隅和雄・平石直昭編：《思想史家　丸山眞男論》，ぺりかん社，二〇〇二年，頁二八四－二八六。

8 丸山眞男：〈福沢・岡倉・內村——西欧化と知識人——〉，《丸山眞男集》第七卷，頁三六七－三六八。

此論文所指出的這個問題，後來丸山自己也親身體驗了，二十世紀八〇年代至九〇年代初在日本氾濫的丸山眞男論，使他不得不遠離媒體和學界同行。所以我們在理解丸山時，不能無視他自身的矛盾，應盡量理解他主要是在什麼矛盾中探索前行的。關於戰後特別是五〇年代中期以後的丸山思想史學，人們很少注意到那裡有一對內在於其思想脈絡的概念——「永恆與時間」，那是貫穿於丸山的批判和評價之中的核心範疇。這對範疇是他經歷了價值哲學[9]與歷史主義[10]的糾結之後，在思想上的昇華和學術上的方法化。本譯著的歷史闡述和問題分析幾乎都貫穿著「永恆與時間」的思考。

丸山對「永恆與時間」之重大意義的體悟，緣起於思想和學術形成期的矛盾。早在高中時，他就讀了一些新康德派哲學家的原著，比如威廉·文德爾班（Wilhelm Windelband）和海因里希·約翰·李凱爾特（Heinrich John Rickert）的著作，其價值哲學對他的思想產生了根基性的影響，尤其使他關注人的內面信念的價值。但另一方面，他的大學時代是歷史主義風行的時代，丸山回憶說，自己也屬於被馬克思主義「風靡」的戰前知識青年。正因為馬克思主義的學問對他有太大的「影響」，反而使他感到有太沉的「重壓」，以致一直不能全面接受，這首先是因為他已融入了文德爾班和李凱爾特等新康德派的哲學，儘管當時新康德派已不是「主流」，已讓位於現象學和新黑格爾派。[11]這樣，在丸山的思想和學問世界裡，便產生了價值哲學與歷史主義的緊張糾結。他信服新康德派以普遍的妥當性（真善美的價值規範）作為判斷前提的「批判方法」，因而感到歷史主義把一切事物都從歷史的成立和發展來解釋的方法帶有局限性。為了彌補這種歷史相對主義的局限性，他接受了馬克思主義的發展階段論和黑格爾哲學的進步主義歷史觀，對歷史過程的變化都以「進步」或「反動」或「停滯」等標準來把握。[12]但又因如此，丸山在思想史方法上仍然面臨一個難以解決的苦惱，那就是價值規範的普遍妥當性與意識形態的歷史發展性之間應如何架橋的難題。而在當時的歷史主義中，也有試圖克服歷史相對主義傾向的學說，其中一個代表就是卡爾．曼海姆（Karl Mannheim）的知識社會學。丸山在戰前戰中的思想史研究主要採用了曼海姆的方法，但還是側重於運用「意識被存在制約」的觀點。

---

9 價值哲學是要探求以真善美為最高理想的普遍妥當的永恆的價值理念，確立起我們據以評判歷史事象的基礎規範。其先驅是赫爾曼．洛采（Hermann Lotze）提出的「妥當」概念，後由新康德派的W．文德爾班和H．J．李凱爾特繼承。

10 歷史主義（historicism）是與國民國家的形成同步出現的，以德國歷史學家利奧波德．馮．蘭克（Leopold von Ranke）為起始。否定先驗的自然法和啟蒙的合理主義，把國家看作從歷史中產生的精神集合體，強調其個別性和相對性。在方法上主張對人的生活的一切現象的生成和發展都要在具體的歷史流動中把握，以史料的嚴密分析和史實的客觀敘述為基礎，具有實證主義的性格，成為近代歷史學的濫觴。但其往往因拘泥於時間的流動性和空間的個別性＝相對性，而對整體的意義視而不見，以致迷失超越歷史的真理或普遍妥當的價值，導致文化相對主義的傾向。

11 丸山眞男：〈思想史の方法を模索して〉，《丸山眞男集》第十卷，頁三一六－三一九。

12 同上，頁三二一－三二二。

雖然在思想史研究方法上採用了歷史主義，但在實踐的行為選擇上，歷史主義卻遇到了深刻的問題，這是丸山在戰爭時期的痛切感受。他回顧說，當他進入研究室專攻東洋政治思想史後，恩師南原繁知道丸山受歷史主義影響較深，所以再三叮囑說：「你靠存在制約（意識）的觀點，是難以做好思想史的。」不過，那時他在學問方法上並沒有遵照恩師的告誡，運用歷史主義撰寫了日本近世思想史研究的論文。但是現實中，在法西斯猖獗的世界情勢下，除了卡爾·曼海姆（猶太人）在納粹奪取政權後就逃亡到英國以外，不少持有「意識被存在制約」和歷史主義立場的社會學者幾乎都毫不猶豫地追隨了納粹主義。南原看到丸山熱中於黑格爾，便忠告說：「黑格爾是危險的！看看德國，黑格爾主義者都進了納粹陣營，能堅持抵抗的是康德派」。丸山承認南原的忠告是正中靶心的。[13]他對當時日本知識界出現的情形也作了如下描述：

從知識社會學到馬克思主義者，他們在知識上的轉向，幾乎都是通過把「階級」置換成「民族」，同樣地打出歷史存在決定意識的命題來推進的。那些能頂住時潮或「世界大勢」而不被其沖垮，堅持「我立於此」的內面信念，以此貫穿於那個時代的學術世界的人，從方法論的層次來看，幾乎都是被存在決定意識論者和黑格爾主義者批判為「非歷史的」康德主義者，或天主教的自然法論者。[14]

不過當時，儘管丸山在「實踐」方面承認南原繁的忠告有道理，但還是無法把那些在態度決定上被實證為優點的「非歷史的」或「超歷史的」立場連接到學術上（包括思想史在內）的歷史研究之中。[15]比如日本近世思想史研究，他後來回顧說：恩師南原繁看了第一篇論稿之後指出，「朱子學應該有更好的方面」。當時自己沒能對恩師做出有說服力的回答。「因為歷史主義！我那時是歷史主義的，對朱子學不能說出這方面好，那方面不好的超越性判斷。」[16]在歷史主義風行的時代，「超歷史的」自然法思想是受到歷史發展觀否定的。

當時我腦海裡只有經院的自然法，經院的自然法與儒教的自然法是並行的。受法朗茲·波克諾（Franz Borkenau）（《從封建的世界像到市民的世界像》）的影響，只關注其解體過程。在這種情況下，自然法毋寧說是負面因素——要解體的因素，進步就是從自然法到人為法的過程。……要把「規範存在於自然」的思維方式轉換成規範由人製造的思維方式，這就是近代。立足於這個觀點，就產生出朱子學自然法必須解體的想法了。[17]

13 丸山眞男：〈思想史の方法を模索して〉，《丸山眞男集》第十卷，頁三三九－三四〇。
14 同上，頁三四〇－三四一。
15 同上，頁三四一。
16 松沢弘陽、植手通有、平石直昭編，《定本　丸山眞男回顧談（上）》，岩波書店，二〇一六年，頁二三八。
17 同上，頁二七一－二七二。

然而，在戰前戰中期，丸山不僅看到大量知識分子雪崩式地「轉向」法西斯全體主義，同時也看到大量民眾自發地協助國家權力去壓制反「國體」的言論，並糊塗地追隨以天皇為頂點的「國體」去參加侵略戰爭，都表現出一味追隨現實大勢的傾向，而沒有某種內面的超越性規範來制約之。這時他讀了福澤諭吉《文明論概略》等著作，發現福澤早在明治初年就已指出「日本傳統的國民意識中最缺乏的是自主人格的精神」，並提倡「獨立自尊」的精神革命。[18]他感到共鳴和震撼，因為明治維新相距他生活的時代已過了七十多年，但日本民眾在自主人格方面依然沒有成長。丸山意識到有必要反思日本「近代思維萌芽」的情況，德川時代的儒學近代化究竟給日本近代留下了什麼？在〈日本的自由意識的形成和特質〉（一九四七年）一文中，出現了與早年的日本近世思想史研究相反的評價，他指出：

德川期的思想史用一句話來概括，可以說是儒教規範從人的內面性逐漸變異為他律約束性的過程。在儒教思想內部把這個矛盾推到頂點的是徂徠學，一方面使儒教的規範外化為純粹公的政治性的東西，另一方面使私人的內面性脫離了一切規範的約束，以致充滿了非合理的感性。然後不久，作為一切儒教思維的敵對者而登場的國學思想便喊出了「人欲即天理」（直毘霊）⋯⋯。

舊制度的規範意識的崩潰只帶來了「人欲」的解放，這個過程同時也呈顯了那裡的近代意識帶有難以克服的局限性。僅僅停留在擺脫外部約束的感性自由的層次，是不可能將人的精神導向新規範的樹立。……宣長等國學者如此激烈地揭露儒教規範的表面性和虛偽性，讚美豁達的日本古代，但對現實的統治卻採取「今之世唯恭從今之現實，不可為相異之行」的完全被動的態度……。

……德川封建體制下的那種缺乏自律約束的感性自由，是沒有機會轉化為自我決定的理性自由的。[19]

這裡點出的問題是，在德川期的「儒教近代化」過程中，朱子學教義體系的超越的規範性被漸漸甩掉，人心內面的倫理規範也隨著其外在化而被逐漸抽空，致使日本的傳統缺乏一種能承載新規範的「超歷史的」價值。當然，丸山並不認為這是近代化一般都有的必然現象，而意識到這與日本自身的外來文化接納方式的病理有密切關係。所以他還反省了早年徂徠學研究的另一個問題，那就是自己無視了日本朱子學的「日本特性」，而把江戶時代初期的朱子學看成是「最純粹

18 丸山眞男：〈福沢に於ける秩序と人間〉，《丸山眞男集》，岩波書店，一九九六年，第二卷，頁二二〇—二二一。

19 丸山眞男：〈日本における自由意識の形成と特質〉，《丸山眞男集》，第三卷，頁一五五—一五九。

（從中國）直接輸入的朱子學」。[20]但他所批判的朱子學，實際上已包含德川政權對朱子學的利用和日本朱子學者為把等級身分制正當化所做的理論解釋。丸山坦承：連聲稱自己是朱子學正統直系的山崎闇齋學派，都不能說是與朱子學一致的。「正是這個學派，典型地呈露了日本朱子學與中國朱子學之間的背離」。「不僅是闇齋，而且處在江戶儒學出發點的林羅山的學問也已經是對朱子學的『修正主義』了」。如果當時自己能具有這種理解，並把此觀點推到前面，那麼對德川儒教史的全貌就會有不同的寫法。[21]在他晚年的論文〈歷史意識的「古層」〉中也指出：如果從日本近世思想史的脈絡來理解，可以說那是「對儒教自然法的變容和修改過程」。[22]總之，這裡揭示了日本的思想接納和繼承方式存在著消弭自然法等超越性規範的傾向。

戰爭時代的體驗和知性的積累，給丸山戰後思想史學的轉型打下了基礎。戰後初期，丸山熱切期待日本重新進行國民的精神革命並積極推進之。但實際上，他從戰後的急遽改革中，看到了很多僅追隨大勢而沒有普遍原理支撐的急遽變貌。在這個過程中，他對「超歷史的」價值和內面信念的關注度逐步增強，然後迅速上升。起初，他雖然仍認為日本的問題是由於「近代思維」還未成熟，但同時也意識到日本缺乏一種以普遍價值為核心的傳統，思維方式傾向於歷史相對主義。一九四六年寫的〈近代的思維〉一文指出：

> 我國的知識人缺乏漱石所說的「內生」文化，總相信時間上後來登場的東西都一定比以前

出現的東西進步，依憑著這種俗流的歷史主義幻想，曾經在法西斯的「世界史」趨勢面前低下了頭。而如今面對著原本應被超克的民主主義理念取得了「世界史」的勝利，就不知所措了。這時，哲學者們又開始喋喋不休地喧囂這也是「歷史的必然」。[23]

到了「戰後期」[24]結束的五〇年代中期，丸山對戰後改革的失望進一步加深，他看到思想領域出現了一種動向，人們對導致三、四〇年代戰爭悲劇的思想病理只當作「一時的出軌」而不再過問。政治領域也出現了修憲、重新軍備等倒退動向。而在民眾層面，民主社會所需要的人民的自主性總不見提高，大眾難以形成一種內面的「規範意識」。大眾的勃興並沒有使社會向實質性的民主主義靠近，特別是大眾文化傾向於低俗頹廢，不斷吞噬「規範意識」，妨礙著民主精神的形成。丸山從自己的親身經歷和思想史研究感覺到，戰後呈露的日本民主精神的脆弱性，其實是日本近代以來就反覆呈露的現象。比如，明治初期的啟蒙思想的影響力持續了大概二十年，但在

20 丸山眞男：〈英語版への著者の序文〉，《日本政治思想史研究》新裝版，頁四〇二。
21 同上，頁四〇二－四〇四。
22 丸山眞男：〈歷史意識的「古層」〉，《丸山眞男集》，第十卷，頁四八。
23 丸山眞男：〈近代的思惟〉，《丸山眞男集》，第三卷，頁三－四。
24 「戰後期」指戰敗到五〇年代中期的十餘年。

大日本帝國憲法成立後就被甩掉了。後來的大正民主主義時代也只持續了十年左右，就轉為昭和的法西斯全體主義時代。戰後的「民主主義沸騰期」也只持續了大概十年，而且從戰前「國體」思想到戰後「民主主義」似乎也只是一種「轉向」。人們指責某某「反民主主義」的時候，實際上往往是表達一種「排斥少數的反對意見，強迫其順從占支配地位的意見」的要求，[25]與戰前指責某某「反國體」是性質一樣的，其思維方式還是依存於權威（追隨「大勢」之代表）的全體主義，國民仍然缺乏自主人格的精神。這裡最令丸山憂慮的問題是，具有普遍價值的思想在日本似乎總是難以持久，不斷重複著迅速興起和迅速衰退的命運。

大概是由於這種痛切的體驗和認識，促成了歷史主義的方法與「超歷史的」價值在丸山學術研究中的結合。他一方面繼續保持歷史主義對歷史脈絡的嚴密把握和實證，另一方面突破歷史的制約去關注貫通古今的因素，包括負面的病理和通往將來的永恆價值。二十世紀五〇年代中期，丸山開始嘗試導入超越時代和歷史階段的視點，來把握長期持續的日本思維方式。從一九五六年度起，他大幅度修改了東京大學法學部日本政治思想史講座的構思，把過去從江戶時代講起，改為追溯到古昔的「記紀」時代。〈日本的思想〉就是在這個年度講座的基礎上發表的著名論文。此文在序言中闡述了日本「自我認識」的必要性，指出「關鍵在於我們自身必須知道日本『近代』具有超近代與前近代獨特結合的性格」。並指出日本沒有形成一種「相當於坐標軸的傳統思想」，[26]以至於各種不斷引進的思想在歷史中不能「結構化」，其內包的普遍價值在時間的流動中不斷消逝，不能在日本「傳統化」。之後，這種認識逐步深化和擴展。

一九五七年度的講座導入了「文化接觸」的視點，試圖通過闡述「開國」的歷史經驗來探索日本「通向將來的可能性」。但丸山對此並不樂觀，因為他已意識到有一種歷史慣性總是在不斷消除外來思想的變革因素。所以在此年度講座的前言中他深刻地指出，日本思想史是難以把握的，日本思想史在「變化」和「不變」的兩個方面都很突出，一方面是因為目不暇給地導入外來思想，另一方面則是思想在根本上不發生變革。他認為問題的關鍵在於，日本自身缺乏原理，卻對外來思想具有強大的同化力。因為沒有作為「坐標軸」的一貫原理（比如西歐的基督教、伊斯蘭圈的回教、中國的儒教那種超越歷史的原理實體），所以同化是通過氣氛和情緒來進行的，結果往往甩掉規範性的契機，使外來思想的原理性被解體。[27]隨著研究的深化，丸山發現日本的異文化接納無論是對儒教、佛教還是對西洋思想，在「修正主義」方面都反覆呈現出同一種形態，並認識到那是日本自古以來就一直存續的思維方式，那不是什麼實體思想，而是貫穿於對外來思想修改之中的習慣性思維形態（pattern）。後來將之稱為「原型」、「古層」、「執拗低音」。總而言之，丸山在歷史研究中導入「超歷史的」視野，一方面要解剖貫通日本思想史的拒斥普遍

25　丸山眞男：〈思想史の考え方について〉，《丸山眞男集》，第九卷，頁六二。
26　丸山眞男：〈日本の思想〉，《丸山眞男集》，第七卷，頁一九三－一九四。
27　丸山眞男：《丸山眞男講義録（別冊二）》，東京大学出版会，二〇一七年，頁九－一二。

價值的思維方式，另一方面要發掘過去曾經出現又被壓滅的普遍價值因素。前者是要克服那些追隨狀況的歷史相對主義思維，後者是要救回那些不應隨狀況而流逝的價值。至此，我們可以看到丸山思想學術中價值哲學與歷史主義交互奏鳴的軌跡，其中已貫穿著「永恆與時間」的思考。

## 「永恆與時間」的範疇和思路

「永恆與時間」作為分析方法的核心範疇出現在「古層」論的完成階段。這對詞語來自於波多野精一的著作《時間與永恆》[28]的啟發，但作為丸山的範疇，既有和波多野共通的內核，又有獨自的含義，這是他在價值哲學與歷史主義的緊張糾結中提煉昇華的。如果結合丸山在講座和相關論文的用法來做個通俗的定義，可以說，「永恆」是指「應然」的普遍價值，比如自然法、基督教的神、佛教的佛陀、儒教的天道、常駐不變的真理和規範理念，總而言之是指貫通歷史且普遍妥當的價值。「時間」是指「實然」的經驗存在，亦即過去、現在、將來的流動的現實，或者說在時間流動中不斷變化和生滅的具體或個別事物。此範疇既關係到戰中戰後在丸山內心日益強烈的實踐課題——日本國民樹立自主人格（自我內面的價值）的精神革命，又關係到他愈益深化的學術課題——對阻礙日本「思想傳統化」的思維方式進行分析解剖。他在一九六四年度的日本政治思想史講座首次闡述了這個範疇，之後在一九六六和一九六七年度講座中還繼續對之展開論述和運用。至於公開地面對社會闡述「永恆與時間」，主要是在以下兩次座談會上。

第一次是一九六六年由筑摩書房舉辦的圍繞丸山的論文〈幕末的觀念變革——以佐久間象山為例〉（本譯著所收）與讀者的座談會，其中談到了「精神自立的條件」等問題，丸山指出人的內心需要有一種「看不見的權威」。

對待包括世界動向等大事到周圍具體的人際關係等小事，如果心目中只有眼前經驗的實感世界，而失去了用超越於實感的、看不見的權威——比如神或理性或「主義」等看不見的權威來束縛自己的感覺，那麼結果就會輕易地追隨那種看得見的權威——比如政治權力或輿論或評價。[29]

在這個話題裡，他回顧了學生時代得知德國社會民主黨首奧托·威爾斯（Otto Wels）的一場演說時所受到的衝擊。一九三三年德國納粹奪權後，國會審議賦予希特勒獨裁權力的授權法，當時共產黨議員已全部被捕，國會周圍被武裝突擊隊包圍，旁聽席上幾乎都是納粹黨員，只剩社會民主黨是唯一的反對勢力。面對納粹黨員的一片奚落和吼叫聲，威爾斯勇敢地站起來反對說：

28 《時間與永恆》（《時と永遠》）是波多野精一的三大代表作之一，最早於一九四三年由岩波書店出版。

29 〈丸山眞男氏を囲んで〉，《丸山眞男座談5》，岩波書店，一九九八年，頁三一五。

「在這個歷史的瞬間，我宣告自己皈依自由和人道主義和社會正義的理念，任何授權法都不能破壞這個永遠不滅的理念」、「我要向全國受到迫害的勇敢的同志送去問候」。丸山說當得知這個演說時，對比日本知識人雪崩似地「轉向」法西斯全體主義，實有切膚之痛。在丸山看來，那個「歷史的瞬間」意味著「周圍的歷史現實」——當時的現實都傾向於錯誤，但納粹的勝利已經確定。那些只追隨歷史現實的人，是不可能選擇對自由和社會正義的皈依，並宣告任何歷史的現實都不能破壞永遠不滅的理念的。威爾斯的態度表現了對普遍價值的內面信念的力量。[30]

第二次是一九七二年圍繞論文〈歷史意識的「古層」〉（本譯著所收）與加藤周一的對談。其中討論了歷史主義的問題，作為歷史學的方法，丸山一方面肯定了歷史主義在擺脫神學目的論的束縛方面的貢獻，另一方面指出了歷史主義的局限性——偏重個別性和相對性，以致不能做出「嚴峻的價值判斷」。並引用了尼采（Friedrich Wilhelm Nietzsche）的話：「理解一切也就是允許一切！」這是指一切價值都在歷史時間的流動中被瓦解了。還介紹了恩斯特．特勒爾奇（Ernst Troeltsch）和弗里德里希．邁涅克（Friedrich Meinecke）克服歷史主義危機的努力。丸山認為，「像日本這樣的、超越者意識非常薄弱的地方，自古以來看待事物的眼光就是歷史主義的」。這裡所說的「歷史主義」指的是日本的思維方式。[31]

丸山回顧自己在戰前、戰中期那些深刻感受說，當時理論上的所謂「歷史的必然」，在現實中助長了「天下大勢不可戰勝」的思考方法（主要指日本知識人集體「轉向」的邏輯）。與之相對照，他再次詳述了德國社會民主黨首奧托・威爾斯的演說，並對其進行詮釋指出：威爾斯所說的「歷史的瞬間」就是指「周圍的大勢」，即傾向於錯誤的那個「歷史的時間」，而威爾斯不顧自己明日會被抓進強制拘留所的危險，把自由、和平、正義作為「永遠不滅的理念」來與歷史的現實對峙。[32]當然，威爾斯不一定是有意識地使用了歷史與永恆的概念，但丸山通過詮釋將其上升到「永恆與時間」的範疇。作為痛切的體悟，丸山感到俗流的歷史主義只追隨歷史的大勢，而自我內面的理念則具有超越歷史大勢的抵抗精神。根據他當時目睹的日本的實際情況，能堅定抵抗法西斯的，並不是受過歷史主義洗禮的知識人，而是那種具有「非歷史的」價值的自由主義者。他頭腦裡縈繞著一個想法：「如果沒有對超越歷史的某種理念的皈依，個人要堅定地抵抗『周圍』的動向也許是很困難的。」[33]這一觀點與前面介紹的「精神自立的條件」——人格內面需要有一種「看不見的權威」是一致的。所謂「看不見的權威」就是內在於自我的、由超越的理念來規範自己和審視現實的精神支柱。

30 同上，頁三一五－三一六。
31 〈歴史意識と文化のパターン〉，《丸山眞男座談7》，頁二五四。
32 同上，頁二五六－二五七。
33 同上，頁二五七。

丸山就是這樣通過戰前戰中期的事例，詮釋了關於「永恆與時間」的思考。在他看來，日本人之所以簡單地追隨大勢——「時間」，正因為缺乏內面的信念——「永恆」，這是他把「永恆與時間」昇華到日本思想史研究方法的問題意識和思路。本譯著所收的論文，即便大多數還未直接使用「永恆與時間」範疇，但也基本上貫穿著這對範疇的思考框架。一方面發掘那些不應隨著時間流逝而被掃蕩的普遍價值，另一方面解剖那些習慣性地拋棄普遍價值的思維方式——「古層」、「執拗低音」。

〈忠誠與叛逆〉一文通過考察武士對主君屈從和「諫諍」的複合性格，從封建「忠誠」裡找出了後來在明治維新和自由民權運動中發揮推動作用的「叛逆」精神。其精華在於，從武士的主從關係中剝離出一種超越封建關係的普遍價值，而這個剝離工作又無疑是在遵守歷史脈絡的嚴格實證中推進的。論文在結尾處寫道：「對於我們今日的責任和行動來說，從『消極』的圖像中讀出『積極』的圖像才是重要的課題。這時候，『本無忠節之人，終究不會有逆意』這句反語，就能超越糾纏在那裡的所有歷史制約，向我們敘述某種永恆的預言。」以這篇論文為象徵，丸山戰後的學術研究在思想和方法等多重意義上，就宛如一首「永恆與時間」的交響曲。

以上是我對恩師丸山真男的思想學術脈絡所做的膚淺解說，但願能為讀者理解本譯著提供參考。

## 其他說明

本譯著中有一部分論文在一九九二年就有中文版了，具體是：〈忠誠與叛逆〉的第一、第二、第三章（當時題為〈維新前後的「忠誠相剋」〉），和〈近代日本思想史中的國家理性問題〉、〈福澤．岡倉．內村：西歐化與知識人〉（當時題為〈福澤．內村．天心：歐化與近代日本的知識分子〉）、〈關於思想史的思考方法：類型．範圍．對象〉，這四篇論文，當時已收錄於《福澤諭吉與日本近代化》之中。

這次翻譯《忠誠與叛逆》時，我對這四篇論文又做了重譯。因為二十世紀九〇年代初丸山眞男先生和我一起編輯《福澤諭吉與日本近代化》的時候，他的這些論文還分散在各種書籍和雜誌之中，既沒有相關題目的日文專集，也沒有全套的《丸山眞男集》，所以當時翻譯用的底本是四〇年代至六〇年代發表於各書誌的初版。而後來丸山先生在編輯《忠誠與叛逆》單行本時，對這些論文都做了一定的修改，不僅在語言表達上，而且在事例的列舉和史料的引注等方面都做了修改和調整，有些還加了「後注」和「追記」。所以，我這次對曾在《福澤諭吉與日本近代化》公刊過的譯稿做了仔細的校對和重譯，並對翻譯上的語言表達也做了適當的修改。也就是說，本譯著中的這四篇譯稿與之前的版本是有很多不同的。

最後，想藉此再度感謝聯經公司。本書譯稿首先承蒙聯經《思想》期刊總編輯錢永祥教授推薦，榮幸地獲得了聯經公司的熱情接受。而譯稿的提交又正值新冠疫情肆虐全球，聯經公司的學術出版和書市也受到了嚴重影響，在這種艱難的情況下，涂豐恩總編輯為推進本書的出版做了各方面的考慮和安排，最終委派了人文叢書主編黃淑真女士來負責本書的統籌。黃淑真主編非常優秀，對編輯工作考慮得細緻周到，有條不紊，並耐心聽取譯者的意見。這些都使本書惠遇了良好的出版條件，我和陳力衛先生作為譯者，對此表示衷心感謝！

二〇二二年秋，於日本

# 目次

＊本書各章翻譯：

**區建英**——〈忠誠與叛逆〉、〈近代日本思想史中的國家理性問題〉、〈福澤・岡倉・內村：西歐化與知識人〉、〈歷史意識的「古層」〉、〈關於思想史的思考方法：類型・範圍・對象〉。

**陳力衛**——〈幕末的觀念變革：以佐久間象山為例〉、〈開國〉、〈日本思想史上問答體的譜系：中江兆民《三醉人經綸問答》的定位〉、〈後記〉。

# 忠誠與叛逆

## 1 問題的限定

首先有必要對「忠誠與叛逆」問題的把握角度和對象做些限定。否則，這個題目會無限膨脹，甚至變得不可收拾。本卷（《近代日本思想史講座》第六卷《自我與環境》）的主要目的，是整體地分析近代日本的「自我」與各種圍繞「自我」的社會「環境」之間發生的應變、較量、異化等關係，從思想上闡明明治以來日本人對這些關係的理解情況。因此，本稿不管是談「忠誠」，還是談「叛逆」，都是以「自我」作為基點的，即把面對超出於自我的客觀原理，或面對自我所屬的上級、集團、制度時而產生的自我行為方式作為論述的基本範圍。如果把「忠誠」（loyalty）概念擴大來理解，還可以包括「自我」對自己的忠誠，即所謂忠實於自己等含義，但這至少不是本稿的直接考察對象。另外，即便是談到與客觀原理或集團的關係，本稿也不對支撐國家和社會體制的思想，或相反地，對動員人們反體制的思想和動向本身進行實質性的探究，這些課題就讓位給本講座的《正統與異端》（譯按：第二卷）和《指導者與大眾》（譯按：第五卷）。本稿僅限於在「自我」內部的忠誠對象的相剋或轉移這個層次，來探討各種性格不同的「正統」或「異端」意識形態的歷史演變是如何作用於個人意識的。

考察角度按上述限定以後，本稿的題目就集中到以下三個核心問題上了。第一是忠誠與叛逆作為思考問題的範疇或框架，原本在日本思想史上體現了怎樣的意義和機能。第二是忠誠或叛逆的對象（對什麼忠誠、由什麼轉為叛逆）的轉移或相剋情況。第三是以自覺形態表現出來的圍繞忠誠與叛逆的「哲學」或「理論」的探討。[1]

另外還須補充一個觀點。忠誠與叛逆無疑是對立概念（contraries），但並不是矛盾概念（contradictions）。不忠誠者未必是叛逆者，叛逆也只是所謂不忠誠的某種表現形態。也就是說，當集團或原理的思想凝聚性本來就很強，或者當這種凝聚性在一定的狀況——比如政治達到高度緊張的狀況——之下日益強化時，忠誠與叛逆之間的寬廣地帶便會縮小，那麼所謂的不忠誠就會直接被視為叛逆，僅此而已。不過，因為這種叛逆只是在極限狀態下的不忠誠，所以，一定文化圈內的忠誠形態的特質，或個人的忠誠觀，反而會由那裡通用的叛逆的定義而鮮明地凸顯出來，這種情況並不鮮見。

尤其是從個人的層次來看，忠誠之所以強烈地引起人格內部的緊張，往往是因為個人被置於多元的選擇面前，其對某一方的原理、人格、集團的忠誠直接意味著對另一方的叛逆。正因如此，本稿與其說是論述忠誠，不如說是更多地著力於對叛逆的考察。[2]

## 2 作為傳統概念的忠誠與叛逆

在我們判斷具體現象時，思考的範疇對於我們多多少少都會發揮一種所與的作用。人們不管在任何場合都不可能從「無」開始思考和行動，而只能在一定的歷史＝社會條件下思考與行動。但是，這些所謂歷史條件並不一定是他們身處的社會環境所提供的條件，而往往是他們之前的歷史時間積累下來、並作為思考形態滲透於他們主體內部的。正如戴眼鏡的人看事物時意識不到有眼鏡一樣，我們幾乎是無意識地依據既成的思考形態來處理今日之狀況。從這個意義上看，也許任何時代的任何人都不可能完全從「傳統的」形態中自由地擺脫出來。因此，這與日本究竟是

1 當然，雖然明確了這三個核心問題，但實際上，思想史的資料不可能專門分屬於某個框子，其資料一般跨越於上述的兩個或三個問題點之間。因此，本稿難以按以上三個核心問題分章節，並分別闡述其歷史過程。作為敘述形式，只能按時代的順序，同時從三個角度作闡明。在寫問題史時，要做到完全不壓抑歷史的豐富性是很困難的，但那種把日本近代史中貧乏得可憐的所謂叛逆的資料，牽強地提升到意識結構的層次來分析其歷史關聯的做法，筆者是不能做的。本稿一開始就把三個核心問題點整理出來，主要是為給讀者思考相關問題時提供一些線索，從而彌補以下布滿漏洞的敘述而已。

2 本稿有意識地避開第一次集團——「家」的叛逆問題不談。這只是因為一個單純的理由——家的問題在本卷（《近代日本思想史講座》第六卷〈自我與環境〉）中，是作為別的獨立題目來論述的。

否有過實質性的教義或教條的傳統，並不是同一個問題。日本幾乎沒有經歷過由民族移動和異民族的征服所帶來的大規模文化變遷，日本的體制轉換（革命）也沒有表現過鮮明的歷史轉折點。正因為如此，上面指出的那種半意識或下意識的思考形態的所與性，在攝取新的知識內容時具有重大意義。不論從哪個時代開始下筆，如果不對其以前的歷史背景做最小限度的分析，便無法達到對歷史的充分理解。即便不考慮這些一般的常識，對於本稿的題目來說，回顧日本的傳統概念，也是測定明治以後思考類型的變與不變的不可缺少的課題。美國過去有句名言：「我們美國人的全部歷史都是叛逆。……我們的信條是對正宗教會的不信。我們的憲法是對祖國——英國的背叛。」（西奧多·帕克〔Theodore Parker〕的話——引自 Morton Grodzins, *The Loyal and the Disloyal*, 1956, PP. 16-17）具有這種傳統的美國與以王政復古為始點的「近代」日本，在後來的歷史過程中，無論遇到任何相同狀況，其思想反應的形態都不可能相同。從這個意義來考慮，本稿擬首先探究明治維新這個有史以來的大變動中，國民從那裡出發時，作為所與觀念的忠誠與叛逆的傳統定義。

## 作為法的範疇的叛逆

叛逆本身是一種社會事實。但關於叛逆的各種形態——如謀反、背叛、通敵、叛亂等範疇之間的關係和區別，在法的概念上，特別是在刑法的概念上具有明確定義。但這並不是說刑法上定罪的規定造出了那些區別，那只是刑法從背面映照出了時代和社會中占支配地位的價值體系而已。叛逆者一方並不需要一般性地確定什麼是叛逆，這種需要通常只產生於被叛逆一方。先從這個視點來回顧一下日本的傳統法對叛逆的把握方式。

眾所周知，作為日本法制模式的外國法，在維新以前，幾乎都是中國的法制。不言而喻，日本法制史上劃時代的，與武家法並列成為古代法兩大源泉的《大寶律令》（七〇一年），以及《養老律令》（七一八年，施行於七五七年）都是以唐制為基礎的。當然，關於叛逆的法的諸範疇也發源於此。比如在《養老律令》中，唐律第一篇起首的十惡（謀反、謀大逆、謀叛、惡逆、不道、大不敬、不孝、不睦、不義、內亂），被整理為八虐（謀反、謀大逆、謀叛、惡逆、不道、大不敬、不孝、不義），這被作為重罪中的重罪來處置。若就其中關於刑的問題做個簡單解釋，可以說：第一、所謂謀反是「企圖危及社稷」。比如，「臣下將圖逆節，而有無君之心，不敢指斥尊號，故託云社稷」（《律疏殘篇》，原漢文，以下同）。與之相對照，所謂謀大逆是指「圖謀毀山陵宮闕」；所謂謀叛是指「圖謀背國從偽」。比如，「有人謀背本朝，將投蕃國。或欲翻城從偽，或欲以地外奔」之罪（同上）。[3]

3　在八虐之中，除了此三者以外，還包括殺害和毆告尊屬以及長輩的血緣姻族，毀壞大神社，或殺害上司等，這些都屬於廣義的違背忠誠之罪。因為太過繁雜，在此省略。為慎重起見再補充一句，在唐律十惡中，所謂內亂與今日之意相異，是指近親相姦。

在此首先值得注意的是謀反與謀叛範疇的明確區別。如上所示，謀反是指對君主（在此指天皇）做出現實性的危害，或企圖做這種危害。而謀叛則是指公然或隱蔽地與外國或「偽政權」通謀，夥同之而謀利的行為。「反」與「叛」在文字上的區分使用，在後世未見得被嚴守[4]。但高度地接受了大陸文化影響的日本統治階級和知識分子，早在八世紀初就知道叛逆的兩個類型區分，這是很有意思的。這種區分在歐洲近世，就已從普通法發展到刑法典。可以說，那是後來被編入日本刑法中的大逆罪（Hochverrat）與叛國罪（Landesverrat）之區別的東洋的原型。一般來說，不論東方還是西方的帝國，在官僚化（包括家產官僚制）高度發展，政治組織以抽象的＝非人格的性質出現的情況下，作為最高主權者的君主的人格尊嚴，會區別於政治組織本身而單獨地作為必須擁護的重大法益受到重視，由此發酵出上述範疇的區別。律令體制是古代天皇制最初擁有的大規模的官僚結構，那裡關於叛逆的原型定義，在法系統上，通過維新排除了與古代法性質相異的武家法以後，改頭換面地重現於近代的明治天皇制中。

被視為武家政治時代開幕的法的象徵是北條泰時的《御成敗式目》（又叫《貞永式目》，一二三二年），那裡唯有「謀叛人事」一條，而且只含糊地寫道：「此條之趣旨，難以事前決定。且效先例，且據時宜而行之。」在鎌倉時代，只限於大犯三條的情況下，守護才具有進入其領內追捕的權限。這三條之一便是謀叛。可見，謀叛屬於重罪。但即便如此，武家法與律令的體系性仍有顯著的不同。關於這一點，有賀長雄（一八六〇－一九二一年）做了如此解釋：（《貞永式目》）「與大寶律相比，變更最多，此於歷史上有重大意義。……其起因於戰亂之世，謀叛與非謀叛之區別難辨。因為對朝廷的謀叛，於幕府看來，其未必為謀叛。」（《日本古代法釋義》，明治四十一年）有賀的解釋，正好用來說明承久之變、南北朝內亂時使用過的、有名的「天皇御謀叛」之語例，以及幕末維新時的忠誠或叛逆觀念的混亂現象。不僅《貞永式目》，一般的封建法對謀叛罪的規定都很簡要，多是根據具體狀況來作判斷。這絕不僅僅是由於戰亂之世下範疇區別困難之消極原因。其更主要的是取決於武士本身的結合本質，主人與從者之間是徹底處於具體的＝感覺上的人格關係中的。因為在那裡，忠誠與叛逆若離開直接的人格關係，作為對「抽象的」制度乃至對國家而言的東西來把握，是無法想像的。[5]例如，即便主君與其他價值體

4 〔後注〕：下面在本文的使用中，關於「反」與「叛」也不做嚴密區分，而按有關論述所引的原文。

5 在此擬最小限度地介紹一下歐洲關於叛逆的法範疇的歷史發展。在歐洲，不敬和大逆等總稱為 less majesty（lèse-majesté）。這個範疇最初在羅馬法裡，由來於被稱作 perduellio 的「與國家（共同體）敵對等公的叛逆行為」，後來發展為 crimen majestatis populi romani immutae。最初，其概念指侵略平民 plebs 基本權的行為，不久又擴大為包括傷害羅馬人民名譽與尊嚴的行為。到共和國變為帝國時，當初的概念含義逆轉為 crimen laesae majestatis，變成指侵害與國家同一化的皇帝的人格與利益之罪。這個傳統被近世的君主國繼承下來了。

在日耳曼法中，叛逆（Verrat）曾經是侵害對共同體的忠誠（Treue）。那特別是指共同體成員的通敵行為，背叛者被置於法的保護之外。封建法裡的對忠誠的侵犯，不僅適用於臣下，而且適用於主君。主君一旦侵犯忠誠，臣下就要行使抵抗的權利——不如說是義務。但隨著王權的擴大和羅馬法的滲透，王被認為是共同體的人

系是「逆賊」關係，或蒙受「朝敵」之罪名，但其臣下仍毫不猶豫地緊密護衛於有「御恩」的主君，一起當「叛逆者」。在主家沒落之際仍與其命運相共，這是執弓箭之人的「習俗」和名譽觀（承久之亂和鎌倉幕府滅亡之際，其家子和郎黨〔譯按：一族子弟和里正〕的態度便是有力的例證）。這種「御恩」與「奉公」的相互報償關係，與歐洲封建制相比，更側重於從者的奉公。日耳曼的抵抗權並不針對主人的非信用行為，但無視「友誼」和「情感」的主人往往不能期待來自家臣的真誠的奉公，這是無須「教訓」和「規範」的一般常識。另一方面，從者如果通敵或叛亂，那就是對忠誠關係的破壞，被視為對主人的人格的侵害。因此在這裡，當然沒有必要造出大逆、謀叛、不敬等關於叛逆的法的類型。律令體制作為「公」的體系性格之優點，又反而使基於「普天率土」思想的忠誠走向原則化乃至形式化。而與之相反，性質為「私」的一夥人的武士忠誠觀念，雖然在一般規範的抽象化方面有本質上的局限性，但這一點又往往會促進其成為強大的生命力，反過來壓倒公家（譯按：朝臣）的勢力。

武士集團的基本模式是直接對人格奉獻忠誠。這種忠誠模式甚至超越了武士的社會存在形態的變化，一直延續到江戶時代。戰國以來，德川氏的核心依然是三河武士的那種結合模式。眾所周知，德川氏是徹底利用了「譜代」（譯按：直系）的主從關係，在全國範圍確立其主導權的。幕藩體制在全國範圍的完成，雖然使武家政治出現了歷史上空前規模的統治關係全面制度化，但其成文法中對叛逆的規定是意外的簡單。在最初的《武家諸法度》（一六一五年）中也有直接提到叛逆，但那也只是在第四條規定中這樣指出：「各國大名小名，以及諸武士擁有之士卒，如有受告為叛逆殺人者，要迅速驅逐。」即便是《公事方御定書》（其下卷就是眾所周知的《御定書百條》），也頂多在第十五條和十九條裡，把對「逆罪者」的處理方法與縱火、盜賊等其他罪犯

續

格象徵，由此，加害於王和王族的行為也被納入叛逆（Hochverrat 或 high treason）的範疇中，法蘭克王國開此先端。由於大陸的絕對主義的確立，crimen laesae majestatis 和 Hochverrat 這兩個觀念發生結合。絕對君主常常以財政上的理由——因此可以沒收叛逆（不敬）者的財產——而濫用此罪名。但是，隨著十八世紀合理主義哲學與「主權」觀念的發展，對君主的侵害行為與對國家外交安全的背叛行為，在範疇上被區分開來了。不久，大逆（Hochverrat）又分化為：(a)對君主、皇族一身的侵害；(b)以非法的手段改變皇位繼承順序或其他基本的國家體制（相當於日本的「朝憲紊亂」的觀念）。

但由於這些範疇的分化直接與各國的歷史發展密切相關，所以刑法上罪的區別，在歐洲國家也並不相同。在英國和法國，對 Hochverrat 與 Landesverrat 的區分並沒有德國法那樣明確。尤其是關於大逆罪和叛國罪，英法都將之總括於傳統的 high treason 的觀念內，而且侵害的客體常常是指王的一身。（在英國古法裡，與 high treason 相對應，曾有過 petit treason 之範疇，後者是指對夫妻、主僕等特殊忠誠關係的侵害——具體指「謀殺」，這象徵著羅馬法系統中沒有的忠誠關係的社會多元性。當然到了後世，petit treason 又被吸收到一般的殺人罪之中。）

美國法特別有趣。在那裡，treason 專指叛國。而眾所周知，合眾國憲法第三條第三項寫明：「對合眾國的叛逆罪，只能根據其有否對合眾國挑起戰爭，或有否對合眾國之敵給與援助或支持來決定（shall consist only in...）。」不論何人，關於同一件清楚的罪案需要有兩個證人作證，或有本人在公開法庭的自首，才能宣告為叛逆罪（譯文以大澤章《世界的憲法》為根據）。對叛逆罪的適用範圍是做了嚴格限定的。這當然與合眾國的建國由來具有緊密關係。

混在一起列舉。在第七十九條裡，作為用畫像通緝的犯罪，也只舉出了「對公儀耍陰謀」、「殺主」、「殺親」、「破壞關卡」等罪。德川幕府儘管已經做到把旁系的大小名也編進了滴水不漏的嚴密的等級統治關係中，但關於「叛逆」的法的範疇卻如此簡素。其理由雖說是源於武家法的傳統，但其祕密則由來於以下兩個因素。第一是儒教的三綱五常道德作為體制的正統倫理，廣泛而且深入地制約著統治關係，這就補充了法律規則簡素的不足。第二是，由於武士與庶民（農工商）不論在社會身分上，還是在空間距離上，以及一般生活方式上，都被截然劃分開。在這種條件下，庶民中出現的結幫、逃亡、暴行、搗毀等「叛逆」行動往往不會對封建的忠誠造成破壞。所以對此只作為一般性的擾亂秩序行為——特別是有壓倒多數的農民參加的時候，就直接從確保貢租收取關係的立場來處理。即使用近代法的區別方式觀之，這些事也不被算作「大逆」、「叛國」，而只歸為「騷亂」的範疇來考慮。

第一點和第二點都是幕藩體制形成的相同歷史過程的反映，在這個意義上兩者是相互關聯的。也就是說，第一因素的背景是武士日益喪失土著性，集中於城下町，因而漸漸加深了幕府和各藩的家產官僚的色彩。而這個現實又成了第二因素的背景，農工商等庶民被定義為「知利不知義」——即只停留於自然狀態，基本上屬於人倫之外的存在。因此，不以戰爭狀態為前提的武士在社會中就有了新的存在理由，那就是不斷地「教化」庶民，引導其進入人倫以維持泰平。在這種關係下，當百姓叛亂時，出於殺雞儆猴之目的，叛亂的頭目會受到嚴厲懲處。但同時，領主、代官不僅會被指責為事實上在貢租的正常收取中失誤，還會被追究其日常「教化」不得力的道義責任，一般是受到貶職或罷免等懲處，還有通過修改或廢除造成叛亂原因的條例規定來了結。而對於參加騷擾的一般農民（或工商者），即便是他們做出了結幫、暴舉等嚴禁行為，但通常不受懲處。這並不僅僅是因為狹義的政策考慮，而是由來於這樣一種觀點，認為這些人民的「叛逆」不過是自然的＝物理的現象。《慶安御觸書》寫道：「只要年貢能收取，無有比百姓更可放心者。」這句話從反面道出了一般庶民沒有社會責任的原則。如果要談庶民層次的「忠誠」與「叛逆」，那正如商家使用的「奉公」、「義理」等用語所示，那只不過是武士階級通用的規範意識或思考範疇下降到庶民中，並得到「應用」而已。下面，我們將離開法的範疇，深入到實質性的思想範疇來考察。

## 「封建忠誠」的思想契機

上面指出過，封建的主從關係，是由作為主君「御恩」的土地封給，和作為從者對「御恩」報償的獻身性「奉公」的雙方結合而成立的。因為在一般的法秩序比較鬆散的背景下，有必要通過對主君的人格忠誠為基軸的私黨團結來確保武士團的利益和安全，封建的主從關係就是因這種必要性而發展起來的。所以武士的精神特性，不論是在本來那種以戰鬥的非日常性狀況為前提的關係下，還是在分享生死共同命運的實感下，其本質都是非合理的，其流通範圍也不超出在感覺上自己可以同一化的集團。而封建制的組織化和擴大化，在思想史上看，不過是武士的原初特性的合理化過程。在這個過程中，也有君臣之「義」和「分」等儒教的範疇不斷滲透的契機。從「執弓箭之人的習俗」發展為武士道，再進而發展為德川時代的「士道」，這個過程概而言之，就是由於武士的社會存在形態在歷史中發生了變質，即日常的行動方式優越於非常事態的行動方式，致使當初的情誼結合逐步昇華為日益龐大化的封建家臣團的一般倫理規範。

然而，即使武士已向「文治的」家產官僚轉化，但封建主從關係的原初特性仍一直保持到最後，從積極的和消極的兩個方面制約了其精神特性的「合理化」。從這個意義上說，日本的「封建忠誠」的基本形態包含兩個因素，一是以非合理的主從盟約為基礎的團結，二是「以義而合」的君臣關係。它是由這兩種並不一致的譜系——其一是更為自然成長的習俗，其二則是更為自覺的意識形態——化合而成的。假如只有前者的因素，那麼忠誠與叛逆絕不可能發展為從具體的人格關係抽象出來的原理問題。但若是「天下為公」、「君臣之別」等客觀規範沒有武士本來那種非合理的特性作支撐，而僅僅停留於一種自上而下的，或來自外在的「教條」，那麼忠誠就會迅速演變成表面的原則而告終。「封建忠誠」正是這兩者密不可分的化合物。而且兩方面因素各自所包含的搭配比例，隨著歷史狀況的變動而變化，並從中產生出特有的活力。在此不可能詳細追尋忠誠觀的歷史過程，故僅抽出與本稿關係較緊密的主要問題來作探討。

(1) 封建忠誠中的非合理的＝情誼的契機隨著主從關係的傳統化而增大。主君之「恩」一般通過領地的封與或恩賞等物質性行為來表現。這種「恩」漸漸積累為「譜代相傳」之恩、「重代」之恩，而且，其不可由個別主君任意奪取的、作為既得權的性格日益濃厚。同時，「奉公」也超出了雙方契約的意識，與對傳統的（譯按：譜系的）忠誠相結合。後來，笹川臨風（一八七〇－一九四九年）提出了一個有趣的「原則」：「謀叛者須有一定資格。不能說誰都可謀叛。亦即外樣〔譯按：旁系〕的可謀叛，譜代的不可謀叛。」（田岡嶺雲〈謀叛論〉《明治叛臣傳》之序）在原來的「譜代的」主從關係中是不可以謀叛的，但是在做出這種當為的判斷之前，事實上已經潛在著難以謀叛的心理傾向。德川氏巧妙地利用了這個傾向，這是眾所周知的。然而另一方面，人格忠誠和對傳統的忠誠的相互結合，畢竟是以發自自我的對「御恩」的實感為基礎，它不可能超越這個基礎而在時間和空間上無限延長。封建忠誠之所以不能原原本本地、圓滑地轉變為對明治天皇制的忠誠，其理由也正在於此。對於強調「三千年皇恩」的幕末志士來說，「三百年之恩起於祖父之時，之後生我，其恩近且大。三千年之恩生於悠久不可知之元祖時，其恩遠且小。……豈能捨祖父而追隨悠久不知之元祖？……嗚呼，彼之悖逆如是也」（《順天錄》慶應元年，《新聞薈叢》所收，原漢文）。這是一個佐幕論者憤怒呼喊出的「邏輯」。從上述背景來看，這種邏輯毋寧是自然的。

(2)在中國的古代典籍裡，正如「為人謀而不忠乎？」（《論語．學而》）所示，「忠」這個觀念本來普遍用於對人的道德。即便在使用於政治方面的時候，也正如《左傳》說的：「所謂道，忠於民而信於神也。上思利民，忠也。」（〈桓公六年〉）又如宋代王應麟（一二二三－一二九六年）強調的：「君之於民亦曰忠。……聖賢言忠，不顯於事君。」（《困學紀聞》六）那裡的「忠」絕不僅僅意味著臣下對君主的單方面忠誠。然而，在日本的封建主從關係中，忠誠之用語扎根以後，就幾乎專指從者的獻身性仕奉。所謂「君即便不君，臣亦不可不臣」，在那裡始終是核心的觀念。同時，符合目的的考慮或外在的結果並不那麼受到重視，而心情上的純粹性才被認為是忠誠，這種傾向很強。在此，倫理的義務遠遠不如宗教性傾倒的色彩濃厚。由此可窺見其傳統忠誠的非合理側面。

但從以上那種事實出發，人們往往會相信，在那種「封建忠誠」觀念裡只有對權威的被動依存或對君主的消極恭順。但這並不見得是正確的歷史理解。中國家產官僚＝讀書人「合理的」生活信條裡，更多地帶有莊重的禮儀主義、古典教養的修得、維持天下秩序平衡性的使命這種靜態的性格。與之相比，作為戰鬥者的武士的行動方式在本質上是動態的。這種動態性給「忠誠」的表現方式提供了顯著的能動性和「臨機應變」性。當然，因為「戰鬥」之非日常狀態已轉化為日常狀態，所以，那種曾經比較自由地選擇忠誠的對象的，戰國時代的「豪傑」體現的「英雄主義」或「個人主義」，也許已成為歷史上一時的插曲。儘管如此，上述「君即便不君」的觀念與上述能動性決非無緣。假如其僅僅是靜態的，那麼對暴君就只會採取唯唯諾諾、唯命是從的卑屈態度。但「臣亦不可不臣」這一至上命題，在一定的社會脈絡中隱含著這樣的可能性，那就是通過無限的忠誠行動來「使君成為真君」的不斷實踐過程。在這裡，因為沒有可能採取「君若非君，去也」那種淡泊的——可能導致不負責任的——行動原則，所以由此產生出人格內部的緊張感，這反而能成為執拗地向主君做工作的動因。在此必然產生的態度不是絕對服從，而是諫諍。

在社會的固定化和禮儀化深入到武士生活方式的享保年間，山本常朝以無限的懷舊感情寫下了《葉隱》，回顧了曾顯赫於戰國時期的武士道（儘管在《葉隱》中，戰國武士的開放性和潑辣性雖然被扭曲地遮蔽於暗處）。那裡所強調的、對主君純粹無雜的忠誠與「獻身」絕不是對權威的消極恭順。相反，其包含著對「諸人徘徊於周圍、提心吊膽應聲附和」的卑屈官吏根性和「只跟隨日出方向」的「隨大流主義」所表示的厭惡感，包含著對學問教養的靜態享受做不斷抵抗的行動性能源。他的態度不是中庸而是「過度」，不是謙讓而是「大傲慢」的，總之正如他所說，「氣力器量皆不入此。一言概之，即具有一身承擔御家之志。同為人豈可劣於他人？大凡修行若不大傲慢便無濟於事。」可見其精神特性中貫穿著非合理的主體性。在這裡，御家的「安泰」並不是維持既成的「和」，而是行動的目標。這一個側面尤其能在集團危機感的觸發下奔湧出來。忠誠愈是真摯、熱烈，其遵守「分限」的靜態忠誠心，與緊急的非常事態下超越其分而為「御家」奮鬥的動態忠誠，便愈會在同一個靈魂內發生撕裂性的相剋。

確實，德川三百年的「文治」主義和「天下泰平」使武士廣泛地轉化為家產官僚，到後期愈來愈甚，正如福澤尖銳指出的：「封建之世，大名的家臣表面皆忠誠，觀其形君臣上下名分甚正。行禮亦一絲不亂內外，亡君忌日前夜嚴守齋戒。……其口吻云：貧者，士之常，盡忠報國。又誇張其詞云：食其食者死其事。大有今立即討死之勢。人們大略被其所欺。然細觀其另一側面，實乃地道之偽君子。……舉其最顯著者，執事官向土木工催回扣，會計官向進出之庶民索取過路款。似乎此乃三百諸侯家之定例。為主人馬前討死云云之忠臣義士從購物中收賄，甚為不妥。可謂金箔裝飾之偽君子」（《勸學篇》第十一篇）。這段話淋漓盡致地道出了忠誠的形式化和偽善化。但是，幕末的動亂和緊迫的對外危機意識，倒成了喚起隱潛於「封建忠誠」深處的名譽感和責任感及其「行動主義」的最後機會。當時激進派浪士的行動方式就再現了戰國亂世的「豪傑」氣概和奔放性。另外，比如吉田松陰（一八三〇－一八五九年）表現出了「忘我的」忠誠與主體的自律性、絕對皈依的感情與強烈的實踐性的逆向結合，那裡明顯貫穿著《葉隱》的那種精神特性。

(3)上面已闡述過，由於武士存在形態的變質和封建等級制在全國的系列化，使社會結合的紐帶不能停留於主從「盟約」和「情誼」等直接的人格關係上。那裡大規模地出現了「諸侯」、「卿大夫」、「士」等源自於中國古典的組織範疇，五倫五常擴大為體制的倫理，形成了其客觀的基礎。不過一方面，武士的特性不可能被家產官僚的精神完全吸收，另一方面，儒教的世界像[6]的滲透也絕不是僅僅發揮了使「封建忠誠」靜態化和固定化的作用。實際上一般來說，在日本思想史中，不僅維持著對人格或集團的忠誠，而且還學會了與之相區別的對原理的忠誠，這也正是中國傳統範疇的道或天道觀念滲透的結果。本來佛教的「法」觀念從其世界性宗教的本質來說，理應比儒教更能帶來對普遍主義原理的忠誠。但因佛教哲學本身在積極的社會倫理方面比較薄弱，尤其因為日本佛教的傳統性格，所以對人的行動缺乏獨自的規範約束力。[7]神「道」和佛「道」都是在公開或隱蔽的形式下與「聖人之道」結合後才得以成為人倫之原理的。

天道或天命觀念是以有德者君主的思想為政治原理的。在一定的條件下，這種思想當然可以導出「聞誅一夫紂矣，未聞弒君也」（《孟子》）這樣著名的討伐暴君「革命」論。即使在日本，對傳統權威或上司做「叛逆」的行動，事實上早在古代也曾有過。但在傳統思想中唯有天道

---

6 譯注：「世界像」（德：Weltbild）與「世界觀」（德：Weltanschauung）的含義不同。「世界像」指由社會整體的理論或知識體系所構成的、全方位的世界形象，是離開主觀而靜態地存立的客觀的世界形象。「世界觀」指人主體地看待世界整體的基本態度，是通過觀察的主觀作用而動態地在人的內面展開的世界認知。因而可以說，「世界像」是客觀的，「世界觀」是主體的。

7 關於日本佛教與忠誠觀的內在關聯，與其說是體現在普遍規範性方面，不如說是在佛陀的「慈悲」與對「慈悲」的「感謝」及「報恩」觀念世俗化以後，漸漸轉移到主從關係或親子關係之中體現出來的。在那裡，那種絕對皈依的感情，那種對廣大無邊之佛恩的無限的報恩觀念，是作為動態的忠誠行動的非合理源泉而發揮作用的。比如：「除主從盟約之外別無他物。即使釋迦、孔子、天照大神出而勸告，亦不置於眼中。即便下地獄，即便受神罰，吾唯立志仕奉主人。」（《葉隱》）這裡的絕對忠誠與以下態度相通——「除了記住良人之教誨，只知念佛，請彌陀拯救，別無其他細目。總之一心念佛，不知究竟是往生淨土，還是墮入地獄。儘管讓法然聖人哄騙，念佛後墮入地獄，亦不後悔。」（《嘆異鈔》）這種專一念佛的態度並不是注重教義，而是注重自然的感情。

觀念，才真正以「對原理的忠誠」為槓桿，導出了使「叛逆」在社會和政治中正當化的邏輯。前而說過，承久之變中，關東武士爭相擁護北條一方，這完全是以直接的人格情誼為核心的武士式忠誠的結果。但當時在北條義時和泰時等高層次的指導者和知識分子中，好像已出現了用仁政安民原理使反抗朝廷行為正當化的做法。比如《吾妻鏡》指責「非義之綸旨」的用語、《明惠上人傳記》描寫的義時對周武王、漢高祖的引用都表現了這一點。當然，在日本，易姓革命思想多數僅僅適用於「武家棟梁」的交替變更，而在現實中和邏輯中都極少能危及天皇的世襲地位。這一點是非常顯著的特徵，不須再舉出各代國體論者的論調來說明。佐藤直方（一六五〇－一七一九年）、三宅尚齋（一六六二－一七四一年）等儒者一貫地把「對天道這個原理的忠誠」，看得高於包括天皇在內的「對具體人格的忠誠」，但這樣的儒學者在當時毋寧是例外。不過，「天下為公」、「天下為天下人之天下」的觀念，作為超越政治形態的歷史變遷、超越具體支配關係的規範性制約，確實在冥冥之中起了重要作用，這是不可爭辯的事實。當「君臣主從之義」這個「合理主義的」範疇鑲嵌到封建等級制的各個層次時，那絕不僅僅意味著臣下單方面的恭順義務，同時也使「君」亦受「看不見」的自然法規範制約的思想在社會扎下根基。

天道的原理超越性的契機是如何在德川時代思想中體現的，關於這個問題在此不準備列舉一般的思想家的學說，而以賴山陽（一七八〇－一八三一年）的史論作例證，概略地闡述曾經適用於具體歷史現象的忠誠與叛逆的傳統模式，從而分析這種模式與天道的原理性思考的關係。之所以把山陽的史論作為典型，主要是基於以下兩個理由。第一，因為山陽的史論一方面在幕藩體制信條體系中深深地扎下了根，另方面誠如所知，其對幕末維新大義名分論的興起產生了巨大影響。在這個意義上，其正好具有本稿題目中，與明治以後相連接的過渡性地位。第二，山陽在某種程度上從歷史事例中提取出了叛逆的一般性理論。這一點是非常值得注目的。

## 賴山陽史論中的天道與叛逆

首先，山陽在範疇上把叛逆區別為弒逆與背叛。他說：「叛逆，罪也。逆至於弒，大罪也。故行弒逆者，且可不論。然須論遭弒逆者所招致之因。」（《日本政記》後花園天皇，原漢文，下同）就是說，他把殺害君主之弒逆看作叛逆的極限形態（比如《大日本史》中也有共通的說法，《大日本史》的列傳中把「叛臣」與「逆臣」分為不同的項目）。作為弒逆的具體典型，那裡舉出了殺害崇峻天皇的蘇我馬子。作為背叛的典型，那裡把平將門的天慶之亂作為其開端。但山陽的分析中最有趣之點，是他特別聚焦於封建的主從關係——當然是站在主君的立場——由此展開他的叛逆的政治學。

比如，他首先做了這樣的設問：「駕馭天下之群雄，使其盡為我用，而不叛我者，是何以為之。」然後開始闡述他的政治技術論，他認為：不能以為只要不吝嗇地給予土地金帛（＝利益），授之以高官顯位（＝名譽），臣下就不叛逆。群雄所欲之利益無止境，而施之以恩則有限度。故其法終究行不通。而且，爵位之類本乃「虛器」，愈不隨便給予，人們便愈嚮往。若廣泛分配之，其價值便減輕。秀吉能成功地控制群雄，而與之相反，元弘、建武則在確保諸將之忠誠上失敗。其不同之處何在？其原因未必由來於財富和名譽之分配本身。秀吉在價值之給予和奪回的對策上變幻自如。「有及時輒與者，有未當與而與者，有當與而不與者，有既奪而大與者，有分與而使其鬥者。」秀吉這種貫穿多樣性的施與具有兩個特質：一是投中臣下的心意；二是出乎他們的意外。投中其心意的施與能使臣下「喜悅」，出乎意外的施與則能使其「畏服」。正因為秀吉自如地運用這相反的兩種因素，所以使群雄「肯盡為其用而不敢叛」。問題在於「土地金帛爵位」的作用，而不在於「專恃土地金帛爵位」（同上，正親町天皇，其五）。

山陽之所論也許會令人聯想起馬基維利（Machiavelli，一四六九－一五二七年）的心理方法。但在那裡，「御恩」和「奉公」的封建忠誠關係並不是對「組織」和「規範」的忠誠，而是徹底地以人格的主從情誼為基礎的，這才是其認識的發端。明智光秀的叛逆基本上也可以用同一角度來說明。「即便無光秀，右府（信長）亦未必免於禍也。大凡人之感恩，不在其跡而在其意。意誠欲施之，雖不能施，而人感戴之。意非誠欲施之，雖能施，而人不德之，甚則反怨之。更何況既施而又奪之，其取怨也，甚於未施之前。嗚呼，可不思哉」（同上，其四）。這種對恩賞重「意」不重「跡」的分析，乍一看似「精神主義的」，然則意外地屬於徹底的現實主義。

當然，在山陽那裡，忠誠與叛逆當然並非僅僅基於這種心理的傾向性，同時也是以規範主義為價值判斷對象的。那麼，心理傾向觀點與規範主義觀點的轉轍器是什麼呢？就秀吉的例子看，其之所以能使忠誠的可能性達到最大值，使叛逆的可能性壓到最小值，原因在於取得「喜悅」與「畏服」的平衡。僅從這個意義上看，忠誠與叛逆的法則，不論在主君的場合還是在夫婦的場合都可適用。「不畏則狃，狃則輕之。輕之至極，心響於外，而疾視其夫。甚則陰斃之，以從其所私者。皆非初不愛其夫者也，不畏之者也。足利氏之將帥，皆如驕婦」（同上，後花園天皇）。然而，使人臣「畏服」的權威源泉絕不單純是事實上的權力。「俗語曰，其行公則（權威）立，其行私則不立」。足利尊氏雖毫不吝惜地授給將帥恩賞，但結果卻招致赤松之叛逆。因為尊氏之所行是大私，雖有大字，但私畢竟是私。赤松氏也正是繼承了此大私來叛逆足利氏的。所以山陽認為，對足利氏之建武政治所做的叛逆也已被證實是天所不容的。就這樣，通過以權威的「公」的基礎作媒介，忠誠與叛逆的問題便超越了單純的人格關係，同時，其政治心理學得以向政治倫理學轉化。

一般來說，山陽史論的魅力和問題點在於，他一方面立足於天道論和大義名分論的規範主義判斷，另一方面又把這種判斷與歷史興亡的因果分析縱橫交錯在一起。比如，關於源平盛衰的過程，「賴襄曰：平源之事，其名分順逆姑置不論可也。然其興廢之數，攻守勝負之勢，則須論之」（同上，安德天皇）。這是他敘述問題的態度。在以同樣的態度論述承久之變時，他認為，「承久之事，以陪臣放流天子，天地顛覆。論者皆曰，『後鳥羽上皇之非舉，自取禍敗。北條義時不得已犯闕，廢無道之君以安天下』。噫，假使此事（後鳥羽之企圖）達成，則必曰，『王師東伐，強藩伏誅，盛德大業，光前垂後』。故彼因成敗論事者，必顛倒天下之是非，不可以不辨」（同上，九條廢帝）。可見，他與其看結果上的成敗，不如說更重視順逆的名分論。敢如此叛逆的鐮倉幕府為何能維持九代？關於這個問題，山陽絕不是狀況追隨式地單純將之解釋為「時勢之變」，同時又注意不使規範主義判斷掉入純粹超越的＝非歷史的陷阱。為此，一方面需要內在於歷史之中作理解，同時又需要採取超越於具體政治現實的原理。以天道思想為基礎的民本主義理念，正是這樣介入其中的。

他認為，北條氏之所以雖為「悖逆無比之賊」亦能延續九代，「持天道之故也。其立天君，乃為民而非為君」。本來，官爵是名，權利（權力和利益）是實。「名出於朝廷，實出於天」（同上，伏見天皇）。北條只親自執權而不貪其名。而且，作為實的政治是仁政，符合天道。即使朝廷以這樣的實為敵，欲奪其權，天亦不會助之。正因為如此，到了北條高時失政之時，天誅下達了。他以同樣的觀點看日本南北朝的內亂，認為「南朝和足利氏，其失於道而不能服人心者，並無大相異。其勝敗相持五十餘年者，因此矣」（同上，後醍醐天皇，其六）。山陽用名與實關係來把握規範主義的兩大構成因素——大義名分與天道論，由此闡明一方之「背理」會成為另一方之「合理」的歷史祕密。

本居宣長（一七三〇－一八〇一年）等國學的立場一貫主張，以血統連續性為核心的正統性與有德者君主思想在邏輯上是不相容的。從這種國學的立場來看，山陽的史觀也許是折中主義的。但宣長的非合理的忠誠「邏輯」，並不包含《葉隱》那種無條件的忠誠與行動主義的對立統一關係。相反地，如其所說，「今之世唯恭從今之現實，不可為相異之行」（《玉鉾百首》），總不忘表現出要對每個時期的權威都採取被動追隨的態度。因為這個問題，市川鶴鳴（一七四〇－一七九五）與宣長做過著名的爭論，市川說：「君若行惡，臣能不諫？如武烈陽成之為君，勸諫亦不傾聽，臣能不降其位乎？……古人曰，臣不從君之私。君以天之御心為御心，臣亦以天之御心為心，此乃正道。……對君捨論善惡而只示敬畏，此只乃妾婦之道」（《末賀能比禮》）。市川的這個想法毋寧說更接近封建忠誠的基本模式。事實上，在推動幕末志士行動的尊皇論和大義名分思想中，都可以看到不僅賴山陽，而且藤田幽谷、東湖父子和會澤正志齋（一七八二－一八六三）等後期水戶學者那種超越的天道理念脈脈相傳，可見，這種理念並沒有被具體的天皇人格或皇祖皇宗的血統連續性完全淹沒。幕藩體制通過儒教的原理使自己正當化，此事本身起了雙刃之劍的作用。後來，到了幕府和藩「失政」之時，「對原理的忠誠」便從「對組織的忠誠」中分離出來了。與尊皇論一起成為幕末維新兩大潮流之一的「公議輿論」思想，就是「天下為公」的傳統觀念在新的狀況和知識下逐漸革新其意的過程。

# 3 維新前後的忠誠相剋

## 忠誠意識的混亂

從「王政復古」到西南戰爭這個波濤洶湧的社會＝政治變動過程，也是忠誠與叛逆在人格內部緊張糾葛達到日本前所未有的規模和高度的時期。在個人的社會行為中，忠誠與叛逆之模式所占的比重，與生活關係的連續性和安定性成反比。當傳統生活關係的動搖和激變，使自我失去了對過去所屬的集團和價值的歸屬感時，自然會產生一種痛切的異化意識，這種異化意識導致叛逆現象或忠誠對象轉移的現象發生。然而，歸屬感的減退和異化意識並不是自動地產生出叛逆或忠誠轉移的行動的。當異化感處於被動形態時，往往會出現隱遁行為。只有當它與積極的目標意識結合時，才可能轉化成以「原理」為根據的叛逆行為，或轉化成對象徵著某種目標的權威人格的狂熱皈依和忠誠。不過，異化感究竟是作為忠誠或叛逆行為而出現，還是作為對兩者都敬而遠之的「隱遁」行為而出現，這不僅僅取決於個人的性格和教養，而且與時代的政治＝社會激變對個人生活方式內部的滲透程度密切相關。生活環境愈是「政治化」，積極的忠誠與積極的叛逆之間的中間地帶就愈會縮小，而且，忠誠對象的轉移往往會超出政治信條或宗教信條變化的層次，給全部生活關係帶來劇烈變化。

眾所周知，從幕末到明治十年代，下級武士和豪農層採取了具有相當覺悟的政治行動。這個階層比較集中地具有向積極的忠誠與叛逆轉化的條件。他們各自有強烈的名譽感和自主意識。就拿豪農層來說，他們是庶民中武士精神滲透最深的階層，而且他們並不是全體都成了寄生地主，因此作為村落的代表者或生產責任者具有很高的自豪感。這類名譽感和自主意識，在與由環境激變所帶來的挫折感和失望感激烈碰撞時擦出了火花，致使這個階層特別痛切地意識到忠誠相剋與叛逆的問題，這也是很自然的。

如果從表面上把「王政復古」和明治天皇制的形成作為忠誠問題來看，可以說那是通過「政令歸一」，把複數重合的封建忠誠集中為對作為國民統一象徵的天皇的忠誠的過程。然而，這個過程絕不是單純在空間上把對藩的忠誠擴大到國家範圍，也不僅僅是把忠誠的人格對象從主君變為天皇等簡單事情。它與現實的社會＝政治過程一樣，光看其忠誠與叛逆的問題，也是極其錯綜複雜、充滿矛盾和混亂的過程。再看其與前節已述的傳統的忠誠概念結構的直接關係，那裡描述了以下三種因素的相互交織、衝突、合流的激烈漩渦。一是，已成為家產官僚的「士」因為戰國亂世的重現——至少其積極的部分——又自然地再轉化為「武士」。與此同時，那也是武士本來的那種人格上的情誼結合、負有強烈名譽感的自我意識、諫諍精神等武士特性也得以「重溫（復活）」的過程（等級組織的渙散化使忠誠的水平下降）。二是，天道的超越性在新的狀況下得以重新確認的過程（原理從組織中剝離出來）。三是，在對外危機感的觸發下，忠誠的對象漸漸上升和擴大的過程。

不過，德川三百年根深柢固的價值體系並沒有因幕末的動亂而一朝崩潰，因此，要不顧亂君臣主從之分的罪名，決意對權威進行叛逆，非在自我內部先展開艱難的格鬥不可。吉村明道篇《近世太平記》（卷之上，明治九年）曾把評定所對參加過襲擊井伊大老的水戶家的蓮田一五郎所做的斟酌狀況記載如下（這段敘述的價值不在於其記載是否真實，而在於說明當時社會的一般常識）：池田播州守詢問道：「奉其主君之命而死，名義才可立也。」蓮田拒絕說：「奉君命而死為人臣之常道，豈能不知」，「臣下之身分實在不敢當。」並駁斥道：「所謂名義即便當時不立，爾後顯然必立，豈非一樣乎。此度之義雖說名義不能立，但當尊王攘夷之大義明於天下，豈不有名義。」當時幕府的統治權是通過朝廷之授予來獲得正統性的，名分論對於等級秩序發揮了壓倒性的有利作用。因此，抵抗等級秩序的「大義」在萬延年間（一八六〇－一八六一年），還需要以對「以後……」的「未來歷史」的信仰來支撐。「嗚呼，天下之生民，今日擁有之一切為幕府所生，今日存在之一切為幕府所存。啊！能不思此大恩？何況諸侯幕府下君臣之分既定已久。……然而，今匹夫識淺，不度己之分，乳臭未乾，僅閱數卷經史，則自以為乃經世之才，足以矯正時弊。朝議稍不合己意，則視之為仇敵，欲擁立天子而顛覆之。」（《順天錄》，前引書）這就是當時響徹滿堂的對叛逆者的斥責，而志士和脫藩浪人的活動就是在這樣的斥責聲中進行的。所謂乳臭未乾的毛孩僅讀兩三本歷史書，就來議論天下國家之事，真是啼笑皆非的這種口吻，反映了幕末偏重教養主義的士大夫的「保守主義」與「一身肩挑御家（御國！）」的「大傲慢」精神（同前，頁二七）的尖銳分裂。山縣太華（一七八一—一八六六年）的明倫館與吉田松陰的松下村塾的對立也貫穿著這種分裂。[8]

---

8 吉田松陰在幽禁中的安政三年給僧默霖的書翰中說：「僕為毛利家之臣，故日夜磨練以奉公於毛利家。毛利家乃天子之臣，故日夜奉公於天子也。我等忠勤於國主，亦即忠勤於天子。……然而六百年來我主已多不忠勤於天子也。……今願償還我主六百年對天子之忠勤，此乃我之本意。」這句話生動地表現了原來的封建忠誠與現在已轉移到天皇的忠誠雖源於一魂，卻發生相剋，並由此產生的苦惱。（松陰所持的忠誠，雖說是已轉移到對天皇的忠誠，但正如他所說的：「本朝之君臣之義，無疑非外國能比。然而認為天子誠如雲上超人類之種的想法，則非古道之本然。」〔《講孟餘話》〕正因為他徹底地「體認」了對活生生的人格的忠誠，所以忠誠的相剋能成為他內面的問題。）

他反對那種不努力於促使藩主向幕府「規諫」，而直接「請求天子討幕」的做法，比如反對默霖的討幕論。松陰認為，除非其無論如何也聽不進勸諫，否則，「應與知罪之諸大名一同赴天朝奏聞其由，尊奉敕旨而行事也。於此時公然申明東夷乃桀紂」。在他這種肯定討伐的程序裡，始終貫穿著作為封建忠誠的核心的「諫諍」觀念。而且他不贊同那種「三諫不聽，則離其國」，或「隱耕山中」的「支那人作風」。他徹底強調「臣不可不臣」，這種「諫諍」是具有能動的行動性的。他說：「今日之逆焰靠誰激起，非我輩哉？若無我輩，此逆焰千年亦無所以立。……所為忠義，決非於魔鬼不在時可飲茶之事。我輩屏息則逆焰屏息，我輩再興則逆焰再興。已幾度重複。」（安政六年正月，在野山獄，致某書翰）這裡典型地表現了對宗教絕對者那樣的忘我傾倒與上述強烈的自我意識這兩者的逆向結合。

關於維新志士中，內在於「封建忠誠」的能動性如何成為「實踐」的點火棒的過程，在此不可能一一詳述。松陰的例子是個典型，但絕不是例外。比如桂小五郎（譯按：即木戶孝允）就與他很相似，他在安政二年給吉田松陰的書翰中這樣寫道：「僕雖隨今君（譯按：指幕府）之麾下，但我家二百年來受祿於毛利家時確是社稷之臣，故縱令是反今君之御意，豈默然忍乎。」這種邏輯正是從「五郎生而毛利氏之臣，死而毛利氏之鬼」（安政元加之，從文治官僚的禮儀性中解放出來而恢復了原有之野性的武士精神，這本身就宛如雙刃之劍。比如當砲擊五稜郭之際，尤其因為五月十一日（舊曆。〔譯按：明治二年〕）的總攻呈現出太過悲慘的狀態，官軍醫院派出使者勸其議和。其勸告書寫道：「在五稜郭、並弁天台上，其奮戰之事作為士道實佩服之至。然而使市民受塗炭之苦，並對抗仁慈之天朝，甚為不宜。……也許已抱必死之覺悟，但天朝決無此種趣旨，只持寬大之意，以平穩為旨。」（但這個勸告最終被拒絕了）實際上，這個事件發生之時，已是倒幕派奪得旌旗的戊辰戰爭的最後階段。「佩服之至」一語並不單是官軍的口頭性誇獎，它無疑是在當時的常識下自然產生的一種實感。即便蒙受逆賊的罪名，也毫不猶豫地為直接的情誼關係而戰鬥，在同黨處於沒落之厄運時毫不退縮。對這種精神的內心共鳴，在西南戰爭時也是士族階層的一種強烈的暗流。正因為有這種士族意識的背景，著名的《軍人敕諭》出現了這麼一句話：「若要盡信義，須先審慎思考其事能否成功，……自古往往因立小節之信義，而誤大綱之順逆，或迷失公道之理，而守私情之信義。可惜英雄豪傑也因之遭禍滅身，屍上之汙名留於後世。其事例甚多，須深為警惕。」這段話顯然具有活生生的現實意義。西南戰爭的矛盾性格表現在，一方面，西鄉隆盛的勢力是以薩摩武士的精神特性和團結為支柱的，另一方面，幕末以來西鄉隆盛的足跡卻是在不斷地無視和踩躪這種「封建忠誠」——至少是踩躪其重要的側面。如維新後所實行的廢藩置縣和徵兵制，對於瓦解封建忠誠所依據的社會堡壘產生了決定性意義，而在這些制度實施過程中，西鄉即便不是掌握主導權的，也是作為明治政府的最高首腦來當事的。其舊藩的國父島津久光（一八一七—一八八七）在西南戰爭時曾經說過：「西鄉乃智勇超世，氣度大且忍耐力強之男子。雖為當代豪傑，然於君臣大義上甚為失節。追隨彼之壯士忘卻了過去對久光之君臣情誼，無禮之行為不計其數。……此輩既然能忘卻沐浴數代恩情之舊主，那麼在朝廷下遇有不順心時，此輩向朝廷引弓，亦不足為怪也。」（《久光公記》）這句話象徵性地道出了「封建忠誠」這個複合體充滿矛盾的分解過程。

如果名分論僅僅是分裂為幕藩體制的名分和王朝的名分，那麼事態也許會簡單一些。但實際上，王朝名分本身的擔當者在各時期的狀況下，比如從文久二年（一八六二年）的坂下門外之變，到蛤御門、長州征伐，再到鳥羽伏見之戰的過程中，發生了眼花撩亂的變動或逆轉。而且，在堂上、親藩、旁系各自內部，多種多樣的忠誠相剋不斷激化，相互給敵手貼上逆賊、奸臣等標籤。就這樣，隨著形勢的變動，昨日的逆賊成了忠臣，王師之軍迅速變身為朝敵。這種忠誠的相互爭奪和急速逆轉，在上層則以朝廷、幕府或諸藩為單位，在下層則以個人為單位，發生於各個層次。一旦形成這種狀況，那麼「勝者官軍，敗者匪賊」這句話自然就帶上了壓倒性的實感。

續

年，致秋良敦之的書翰）的立場中產生出來的。當此邏輯受到外壓危機觸發時，他便認為：「當今之勢，外夷何時侵掠我本朝？幕府如何使本朝屈膝？此難以估計。若真臨其時而幕府卻一無決斷，作為尊氏中之尊氏乃千萬之大不忠。人臣誓不可忍秋。」（同上）他的這個邏輯與家產官僚的「忍秋」或共同體的服從態度不同，能產生出「決斷」性。（以上《木戶孝允文書》卷一）

「御一新」（譯按：明治維新）和「文明開化」的暖風也難以消除這種實感。再看維新政府中顯赫一時、親自擔當了《改定律例》制定的司法卿江藤新平（一八三四－一八七四年），當他因佐賀之亂被逮捕後，則被曾經直屬於他的下官河野敏鐮臨時裁判長判為：「其方儀不憚朝憲，託征韓為名，募集黨羽，收集火器，抵抗官軍，狂逞逆意。據此科判其除族兼梟首。」就這樣，江藤被判了死刑中最嚴厲的梟首刑[9]，並被即日執行。

這種狀況到了西南戰爭時變得更為慘烈。據史料記載：「觀此次戰爭，薩士之行為實如親戚相殺、骨肉相食，確令人悲嘆。如大山少將，西鄉乃其從兄，而其弟及其姪皆擁護賊方，其餘將士大凡多為此類。甚者其子為砲兵士官，而其父乃賊黨。……察其心情如何？人生至難實乃此事。即使保元之亂亦不至如此也。」（川口宗昌編《鹿兒島征討錄》二篇下，明治十年）「位於首級審查席之將校中，亦有與賊徒乃竹馬之友、內外之親戚者，……還有曾在維新之時風雨同舟、共嘗艱辛之友。俗語云，毫釐之差，天壤之易。一度誤其方向，其身便被視作逆賊。拋良民於災難，曝屍體於荒野，此事雖出於心，然思其殘忍之結局，不由悲惻情生，仰天長嘆。」（吉村明道，前引書，四篇，卷之下，明治十二年）《西南記傳》（中卷一）指出：「西南戰爭是維新以來最大最終之內亂，亦是日本近世史之最大悲劇。」然而在忠誠相剋的方面，如此規模廣泛，達到如此深刻的緊張程度的時代，可以說是近代日本到今日為止沒有經歷過的。從後來的歷史中可見，我國的「近代化」在瓦解了「封建忠誠」及其基礎的同時，也使包含於「封建忠誠」

裡的「叛逆」精神走向衰退。

構成明治「第一代」的人物，不管是政治家，還是實業家、教育家，都程度不同地在上述那種駭人聽聞的敵友關係變動和忠誠的激烈衝突中經受過錘煉，在無數的「大義滅親」現實面前逐步形成其人生觀。而從這種歷史性體驗中抽象出思想的意義，把忠誠與叛逆的傳統範疇放到理性批判俎上提煉的人，則首先產生於明六社這個近代知識階層集團。明六社同人幾乎是舊幕臣或西南雄藩以外的小藩出身者，這一特點也許具有特別意義。以下擬舉出其中有代表性的人物來闡述。

## 西村茂樹的「賊說」

西村（一八二八—一九〇二）在這篇評論（《明六雜誌》第三十三號，明治八年三月）中努力

9 早在明治元年就設立了刑法事務局，在同年十月的行政官通報上明確寫著：「在新律通報之前，仍遵從御委任於故幕府之刑律，其中磔刑僅限於弒君父之大逆。」明治三年制定了〈新律綱領〉，但這根本上只是立足於從大寶律到江戶時代的傳統法制的。後來，江藤司法卿之時，參考歐美諸國的刑法，追加編纂了〈改定律例〉（明治六年六月頒布）。根據穗積陳重的《法窗夜話》記載，參議副島種臣見了〈新律綱領〉草案中有謀反大逆一條，便大喝道：在日本這樣皇統連綿，且不曾有覬覦社稷者之國，不需要這種不吉的條規。並命令刪除之。此記載的真偽性先不追究，總之有一個事實可以肯定，就是〈新律綱領〉和〈改定律例〉都沒有前述那種八虐中的謀反、謀大逆、謀叛三罪。這正象徵著維新動亂期忠誠對象（順逆）的混亂。直到舊刑法（明治十三年公布）時，才完善了關於大逆罪、內亂罪、通敵罪等體系。

主張之點是：「稱之為朝敵，視之為賊，這與稱外國為夷狄一樣，皆知識狹窄之表現。」為論證這一點，他從語源開始探究。根據《廣韻》、《集韻》和《韻會》，賊為盜之意。《書經》記載說：殺人乃賊。《左傳》的注裡寫著：賊即傷害之意。這是古意。但後來在中國，「凡與天子為敵者統稱為賊，此產生於人君獨裁國家之風俗，乃過分尊敬主人之陋語」。在日本，原來賊之字沒有訓讀。在《平家物語》和《太平記》裡，把與天子敵對的人叫做朝敵，而不叫賊。但到了後世，接受了中國的惡習，給朝敵冠以賊之名。《日本外史》亦受其陋習之毒。西村認為：「與天子敵對者中，有可稱為賊者，亦有不可稱為賊者。或欲與天子爭權威，或欲制止人君之暴政，或欲救人君之艱苦，或因意見相異而抵抗政府，此類皆不得稱為賊。唯盜人之貨財，殺無辜之人，為民之禍患者，方可以稱為賊。故與天子敵對者有可稱為賊者，助天子者亦有可稱為賊者。」美國反抗英國而獨立，後來美國南部諸州的叛亂，用日本人的話說，都可稱為國賊。然而，英國的歷史書只把美國的叛民稱為美國人（American），而美國的歷史書也只把南部稱為南部同盟（Confederate），都沒有視為盜賊，這是很公平的。正如視外國為夷狄是野蠻的稱呼一樣，如果今後執筆寫史的人能對朝敵不附上賊字，那「可謂是邦人知識之一進步」。

他的結論與明六社的啟蒙主義很相符。但西村的這個不太顯眼的主張，卻是以對幕末維新內亂的切膚感受為基礎。而且，在意氣昂揚、乘潮而進的同時代人中，未見有出現這種認識。不僅如此，後來西村茂樹組織了日本講道會（後改稱弘道會），歷任宮中顧問和華族女學校長，被公認為保守主義思想家。而他的「賊說」在近代日本並沒有成為常識，相反地，他所批判的「國賊」用語，不僅被濫用於對待政治的叛逆者，而且用來對待權力的批判者。這讓人不得不重新認識那個時期的思想水平之高度。再往後看，滿洲事變（譯按：一九三一年，九一八事變）後，長野縣諏訪郡某尋常小學的一個六年級兒童，曾經就當時常出現於報紙上的「匪賊」一詞，寫了以下作文：

> 匪賊是什麼意思？似乎都是壞人。實際上是不是壞人呢？日本動不動就講忠君愛國，所以一說匪賊，人們就認為那真是賊。這大概也是因為新聞雜誌這樣寫了。試舉一下被日本人稱作賊的例子。首先人們把神武天皇隨便進入我國的壞事束之高閣，然後一有人對抗天皇，便不分青紅皂白稱之為賊，用自己一方所擁有的先進武器把之幹掉。和這一樣，今日有人把反對日本富翁的人叫做賊，殺掉了我的兄弟，……。

負責教育這個兒童的教員，被認為是與全協教育勞動部和新興教育同盟準備會的長野支部有關聯的人物，他是昭和八年二月被當局一起檢舉（所謂長野縣教員赤化事件）的一百三十一名教員之一。上述作文被作為無產階級教育之「危險」影響的一個證據，引用在當局的文件上（《無產階級教育的教材》，昭和九年，文部省學生部）。此文若除去其幼稚的語言表現和樸素的「激進性」，光看其深層的批判方式，可以說是與明治初年西村茂樹的觀點有邏輯上的關聯的。日本的所謂「驚人的進步」到底是什麼？

## 福澤的名分論批判與謀反論

西村之所論雖是劃時代的，但其論只停留於指出用語的傳統因襲的使用問題，還未能到達對忠誠問題的傳統思維方式作本質性批判的高度。而在這一點上，對以大義名分論為根據的「順逆」邏輯進行正面開刀，挖出其意識形態性質的，是福澤諭吉（一八三四－一九〇一年）。在此，與其說舉出福澤著名的初期著作，抽象地、一般地來論述這個問題，不如把論述的焦點放在福澤寫於西南戰爭硝煙未盡的明治十年十月的《丁丑公論》上。當時新聞報紙對西鄉、桐野等人是「罵言誹謗無所不至」，福澤在這種氣氛中，出於「保存日本國民之抵抗精神，不讓其氣脈斷絕」的觀點，寫下了《丁丑公論》，藏於筐底（到了明治三十四年才公刊，與《瘦我慢之說》收錄於同一單行本〔譯按：「瘦我慢」相當於漢語「強忍硬撐」之意，在此表達「不屈服」的精神〕）。下面擬以《丁丑公論》為中心，並在與之關聯的問題上引用福澤的其他著作來闡述。《丁丑公論》不僅活生生地描述了福澤所看到的當時維新的忠誠與叛逆意識的混亂，而且超越了時事評論的層次，將之與他的基本思想從內面結合起來了（以下沒有特別標注的引用，都引自《丁丑公論》）。

福澤強調的第一點，是要否定以名分論為基準的忠臣與逆賊的先驗性或自然法式的區別。他說：「既然冠有政府之名者不可顛覆，顛覆者為永世之國賊，那麼世界古今任何時代無不有國賊。舉近期的顯著者為例，今日政府之顯官，皆乃十年前與西鄉一同顛覆日本國政府的舊幕府者，其國賊之汙名理應千歲不可雪。然而輿論不僅不視之為賊，反而稱其為義，為何？此只因舊政府空有政府之名義，而無保護事物之秩序和增進人民幸福之實。此例證明，對可斷定為有名無實之政府，顛覆之並不違背大義。」關於這後半部分的主張，將在後面論述。

在此先指出，福澤對「維新」的評價，誠如周知，雖在廢藩置縣以後出現了一百八十度的大轉換，但他否定政權的先驗正統性的「相對主義」和「現實主義」早在幕臣諭吉的時代就已明確表現出來。比如他在著名的〈關於長州再征的建議書〉（慶應二年）中說過：「一切所謂名義，皆可由兵力左右。光秀若能殺信長，將軍則會立即向光秀宣召。而秀吉殺光秀若能成功，則豐臣家便能奪天下。……此度長賊對官軍苦戰，萬一長賊勝利，彼將伐入京都，使朝敵之名變為勤王之名。甚至也有可能把朝敵之名給予官軍。由上述情況可知，朝敵亦好，勤王亦好，名義雖正，但其名可由兵力之強弱左右。所謂敕命，無非與羅馬法王之命同樣，只不過是給兵力賦予名義而已。」這種對順逆的相對性的認識一直貫穿到他的晚年。如他在《福翁百餘話》中這樣說道：「古來無數戰爭內亂，其名義多種多樣。但就敵我雙方來看，雙方皆忠臣義士，恰如忠義與忠義相衝突，察其人之心事，皆相同也，正邪唯憑勝敗而分。勝者為官軍，敗者為匪賊，此諺語乃事

之真實，忠臣義士與亂臣賊子之間不可分黑白。」（《獨立之忠》）

在這種相對性認識的立場上，福澤毫不留情地揭露了傳統忠誠觀——包括王朝的和「封建的」——的意識形態作用。這種意識形態性在結果上掩蓋和美化了「強權便是正義」這個不可否定的現實。然而認為「勝者為官軍」的相對主義，在福澤那裡，是作為揭露先驗性名分論的偽善和虛妄的反證價值來運用的，只在這個意義上表現大義名分論批判的消極側面。它既不是表示忠誠對象的選擇原理，也非作為對歷史的價值判斷準則提出來的。關於政府的選擇原理和歷史判斷的積極準則，正如上述引用中明確表示的，他是以「推進人民之幸福」的「功利主義」為價值的。福澤一貫否定以王朝的正統性作為維新變革之基礎的「俗論」，同時他又根據上述準則來肯定幕藩體制瓦解的必然性。其結果，他通過批判名分論的忠誠觀，撕下了動機論和個人道德論的畫皮。

他說：「大義名分與道德品行是相互無緣的。今雖說西鄉舉兵破壞大義名分，但其大義名分只是今日政府之大義名分。……官軍自稱為義而戰，賊兵亦自稱為義而死，其心想之事毫無相異。而且，既然為爭權利而決死冒險可視為人的勇氣，那可以說勇德反而在彼方。」他不是以心情的純粹性，而是以實際貢獻的業績為價值判斷的中心的，這個想法與他《勸學篇》第七篇所舉的著名的「楠公權助」論（雖是不正確的表達）相關聯。這同時也是對那種依憑「譜系」和「家世」來斷定順逆之理的歷史觀的猛烈批判。

福澤說：「足利尊氏當上將軍，曾被視為可惡之極者，然一、二百年後侵犯足氏子孫者又被視為第二個可惡之極者，此乃史家筆誅之法。剛說信長得權之原由極其無聊，又說秀吉以愚弄信雄逞其志實屬奸邪，……如此沒完沒了。以我見觀之，此種史論並非治亂之歷史，只是譜系的爭吵，而且其爭吵只可評為易忘卻的爭吵……總之因史家無獨立自由之思想，將天下國家之治安與人之身分家世混同一氣，……故使是非得失論之標準偏於名義一方，以致陷於此窘境。」（《福翁百話》，史論）在此，福澤所嘲笑的對象顯然是《日本外史》和《大日本史》等史書。確實是直到幕末維新，由於這類史書的正統論側面被誇大到超出實際的程度，所以一般的認識將之視為「偏於名義一方」的史觀的典型。但至少如人們所見，賴山陽的史論並不是那麼觀念型的，在那裡，天道論作為「是非得失」的準則，與名分論並列，貫穿於名與實之間。福澤針對其「譜系」史觀與「仁政安民」準則的二元矛盾性所做的批判是擊中問題的，但是，他在指出「對可斷定為有名無實之政府，顛覆之並不違背大義」時，他的立場實際上是要把內在於傳統忠誠觀的原理超越性契機，從對人格的忠誠裡抽取出來，並徹底地將之客觀化。福澤認為，所謂「出於孔子春秋的」大義名分論，是「公私混同的糊塗論」。判斷「公」或「天下國家」的客觀規範不應該是「道德品行」或「家世」，而應該是人民的安寧和幸福。如果說，「大義名分乃公、乃對外之物，廉恥節義乃私、乃一身之物」，那麼當把「私」＝廉恥節義從「公」的原理中分解出來時，「私」到底應置於什麼位置呢？在此，我們便可接近福澤的「謀叛論」的核心了。

王臣與逆賊的範疇在不同時代往往會發生一夜之間的逆轉。這個問題對於福澤來說，並不是抽象的「理論」問題，而是直接觀察的眼前事實。但他在幕末到維新的歷史變動漩渦中看到的，絕不僅僅是昨日的賊軍成為今日之官軍，今日的義士成為明日的奸賊等宏觀的事實。福澤透過那些急匆匆的變化，以痛切的感慨去凝視人的各種社會適應形態——那些被一舉打破了常規的社會大群一邊沉浮於激流，一邊拚命地摸索自我的生存方法及其依據的情景。他具體地看到了：一方面，「數萬幕臣，有縊死於靜岡之溝瀆者，有乞食於東京路旁者，遭沒收之房子多半成了王臣的居所，荒廢之墳墓轉瞬成了狐狸的巢穴，慘然情景不堪入目。豈止幕臣淒苦，東北諸藩的所謂走錯方向者，其主從之艱辛亦多有苦不忍言之處」。另一方面，「當初自稱為佐幕第一流之忠臣，不少漸已變節為王臣。不僅變為王臣及首領，其中穎敏神速傾斜之最急者，早已奉當朝之御用被採納為官員」。而且，那些一時憤然，揚言「與其捨義當王臣，毋寧當不忘恩之遺臣而餓死更痛快」的「東海無數伯夷叔齊」，下首陽山一看，便吃驚於周圍一新之光景，不禁喊出：「嗚呼！彼一時一夢也，此亦一時一夢也。昨非今是，勿忌改過，超然脫走之夢已破，首陽之眠已醒。……昔日無數夷齊成為今日無數之柳下惠，……出仕大義所在之處，領取名分相符之俸給，唯恐其利祿之所失。……此可謂絕奇絕妙之變化也。」以上由於是一小段一小段地摘引，福澤連珠砲般的語勢和不可切斷的辛辣風格在此沒能充分表達出來。但至少由此可知，福澤是把忠誠的轉移問題作為轉向的問題，在自我內部窮追猛究的。

「天下之大勢」這個客觀法則畢竟是法則，「勝者為軍官」這種事實畢竟是事實。但法則乃至事實在自我的層次上成了忠誠轉移的根據或藉口，這是福澤不能容忍的。所謂絕對的名分論如果是純粹扎根於自我內部，那麼不管它是「盲目」的還是「愚鈍」的，都不會發生上述那種浪潮洶湧般的轉向。從這個觀點來看，「今日的所謂大義名分，無非只是默然順從政府而已」。因此，假如西鄉之舉能成功，也許現在給西鄉扣上逆賊帽子的那些官僚們，「定會輕易神速地叛變，此不待智者判斷而自明」。「而且，那些像新聞記者一般擅長於輾轉反側而妙得自在的人，也定會忽轉筆鋒向後進取，贊成正三位陸軍大將西鄉隆盛公的盛舉」。「如果從樹立人民氣力之點來考慮，出現第二個西鄉乃國之慶幸事矣。然其並無出現，吾輩反倒悲之」。他的這個立場後來在《瘦我慢之說》中得到了再次發揮，在那裡，福澤痛烈地責難了勝海舟和榎本武揚的行動，指出其「不僅背離了三河武士的精神，而且破壞了我日本國民固有的瘦我慢的大主義，使立國根本之士氣渙散了」。

人們常說，福澤的「瘦我慢」精神與「文明」精神、「士魂」與「功利主義」是矛盾的或二元性的。如果只是抽象將之視為兩個「主義」，確實可以這麼說。然而思想史中的逆說和興味恰好在於，抽象地看來並不相容的「主義」能在對具體狀況所提出的問題做回答時相結合。面對幕末的動亂，隨著武士內包的家產官僚因素與戰鬥者因素發生分裂，忠誠對象的混亂使「封建忠誠」這個複合體的矛盾一舉爆發。曾在家產官僚的精神支配下被恭順於秩序的意識所淹沒的君臣

「大義」，剎那間就露出了其醜惡的真面目。而且，具有諷刺意義的是，「恭順於秩序」的意識正作為支撐「自上而下」的或「外來」的文明開化的精神而繼續生存。所謂矛盾的結合，確實存在於福澤所批判的對象當中。「察近來日本之景況，在似是而非的文明虛說蠱惑下，抵抗精神日益衰頹」。在這樣的現狀認識下，福澤力圖通過逆轉上述形式的「封建性」與「近代性」的結合方式——也就是說，力圖使從被家產官僚的大義名分論所異化的主從關係中游離出來的廉恥節義和三河（戰國！）武士之魂，轉化為自我層次的行動能源——從而推進文明精神（對內自由、對外獨立的精神）的確立。在這個立場上，《丁丑公論》所主張的「抵抗精神」與《勸學篇》、《文明論之概略》所提倡的「人民獨立的風氣」是緊密相連的。

可見，福澤是要徹底地推進「封建忠誠」的分解。但他的作業並不是簡單地用「近代的」去替代「封建的」，而是利用現實中出現的解體現象，使其內包契機的作用發生轉換。換句話說，就是把由「封建忠誠」中浮現出來的精神徹底內在化，並使之昇華到公共的高度。在此過程中，自我的＝心情的契機反而能在個人內面扎根。這個作業，是福澤洞察出維新後「集體轉向」現實之後打出的肉苦處方。正如《葉隱》的非合理忠誠具有逆說的強烈自我能動性一樣，福澤把合理價值的實現寄託於非合理的「士魂」的能源之中。如果說「本無忠節之人，終究不會有逆意」之論是《葉隱》的能動性，那麼反過來說，難道能期待連謀反都不會的「無氣無力」的人民真正忠誠於國家嗎？這就是，福澤注視幕末以來十多年來去匆匆的人心變化時，心中一直翻騰著的問題。

# 4 自由民權論中的抵抗與叛逆

眾所周知，自由民權運動的社會主力最初是「士族民權」，而到了明治十七年以後的激進化階段，就普及到廣泛的社會階層並出現了「貧農民權」。但至少可以說，整體上在運動中發揮領導作用的是士族和豪農以及中農層，特別是到了以國會開設請願運動為頂點的全國運動高漲期是那樣。如果不考慮上述這種特殊的＝過渡性的中間階層的基礎，是不能充分理解自由民權運動的歷史命運及其獨特的思想史作用的。[10]

下級武士層在政治過程中的配置關係，從明治七、八年到十二、三年之間發生了與幕末的狀況完全不同的變化。民權運動是由抱有所謂「不平」的士族點燃的，但必須注意那是由兩個本來性質相異的「不平」合流起來的。一個是維新之時站在積極變革一方的群體，他們或是從尊王攘夷的側面，或更多地是從「萬機公論」的側面來理解維新「精神」，作為積極分子來行動的。不論是出於哪一種理解，維新後的事態——由「有司專制」來自上而下地推進「文明開化」——無疑是對維新精神的背叛。因為他們從主觀上對變革的大義名分深度參與，所以當他們意識到歷史

10　本節也是要避免關於自由民權運動的歷史階段及其意識形態等一般性分析，而關於民權論中的忠誠與叛逆的構思主要聚焦其與傳統的忠誠與叛逆如何關聯，以及那些關聯的社會基礎是什麼等問題，在這個範圍內，將之作為那個時代以後的伏線來闡述。

的進程背叛了其大義名分時，其曾經參與的程度愈深，其熱情就愈是轉化為對變革的現實執行者的激烈憤怒和攻擊（這種現象也見於某種前共產主義者或托洛茨基派的事例中）。這種由革命的挫折意識產生的「不平」是一個源泉。另一個是原來的幕臣，以及身處佐幕或中立諸藩之下受變革浪濤翻弄的分子的「不平」，他們因而始終對西南雄藩的領袖抱有「遺臣」意識的怨恨。上述兩種「不平」是因廢藩置縣、廢刀令、秩祿處分等維新政府的一系列措施使士族的生活基礎喪失、名譽感被毀損的狀態下自然合流的。

正如前節所說，維新政府的大量官員、軍人、警察、教員的百分之八十以上都是從士族層採用的，而沒有追究他們是佐幕系還是勤王系的。這樣，幕末的敵我關係就被摻混在一起，形成了新的戰列，而那些在野的「不平士族」則成了這個暴風雨式的轉換期的一大群「new poor」（E. Hoffer 的用語[11]）投入了民權運動。

不久，由於鐵道、通信的開通和縣廳的設置等等而失去了往日繁榮的街道和宿驛的名望家，或從政府的殖產興業的粗大網眼中滾落的地方商人、「工廠手工業」者、自耕農等也加入了這個「new poor」。相反地，在「平民」之中，也有特別是由於西南戰爭後的通貨膨脹和米價地價騰貴獲得了生活條件的上升，因而逐漸轉為商品生產者的地方豪農以及中農層，他們在府縣議會開設和新聞雜誌的影響下，也帶著減輕地租和地方自治的要求出現在政治的地平線上。如果說前者的人群是「new poor」，那麼後者的人群就是「new rich」或「about to be rich」。他們在這個階段，與得到明治政府特惠保護的「政商」資本和官僚採取明顯對立的立場。而且，不久就遭受了因松方財政「整理」的風暴打擊。總之，這些「new rich」和「new poor」在上升和下降的多重交錯中，都同時形成了積極的中間階層[12]。而且，他們是國民的基礎中具有知性和力量的代表者。舊武士階級的習性中，家產官僚的側面被天皇政府的官員迅速吸收，但其慷慨的氣勢、自主和氣節等特性則不得不沉澱於「下」一個層次。竹越與三郎對地方的豪農、中農有以下的考察。

「波爾克（Edmund Burke）稱讚的那種維持了中世元氣的紳士品格的特性，豈唯英國紳士有之？我紳士實亦有之。……如果說他們都已衰微，那麼我町村都邑就早已被封建大名的壓力輾

11 E. Hoffer, *The true believer*, 1951, p. 25. 貧民窟的極貧階層或在幾乎停滯的生活環境中過著貧窮生活的階層反而不會發生大眾運動。但那些貧困只是最近的、因社會的原因急遽地失去了曾有過的財產和地位的人則對勃興的大眾運動反應得最敏感。Hoffer 把這些人稱為「new poor」。與之相反，剛剛擺脫了長期停滯的生活環境並開始發展的階層——「about to be rich」——也會產生積極的行動。「其不滿的強度跟其熱烈期望的目的之距離好像成反比。這對於正逐步接近目標的人，和正逐步遠離目標的人都是一樣的」（ibid., p. 28）。總算有望獲得期待的土地的人，和雖然狀況淪落了但期待的狀況仍在視野中的人——在此上限和下限之間集中著強烈的社會不滿。

12 英國十五、十六世紀的自耕農，以及一八三二年的選舉法改正前後的「中間階層」（middle class）、魏瑪·德意志擔當勃興期納粹運動旗手的下層中產階級等都是這種積極活潑的中間階層，與之相對，馬克思痛罵的法國革命後的分割地農民、十九世紀德意志的「中小企業者」（Mittelstand）、高度成熟的資本主義體制下的官廳和大企業中過著比較安定的薪俸生活者反而屬於靜態的中間階層。當然，積極的政治作用在具體的社會條件下也各有相異，不一定都是「進步的」。

滅，猶如雞蛋已被大石壓碎，雖有大聖，亦無再集合瓦解因素使其重振之術了。然我國民能一旦呼吸自主自由的元氣就迅速產生出能源，實因有此鄉紳來保護町村都邑，而所謂自由主義運動亦是因作為町村市邑保護者的鄉紳加入，才得以擺脫階級嫉惡的性質，一變為國民的性質。觀此時所發生的天下之改革黨，不可僅知道士族，亦不可僅知道豪農。此乃兩族精英之相匯，社會變遷之一大時期也。」（《新日本史》中，明治二十五年）關於竹越把改進黨的偏向與英國的鄉紳類比的觀點是否妥當，是可以提出任何疑問的，但那些積極活潑的中間階層面對國家權力，能代表「國民」保持了自主性，僅這一點，僅在那個期間，民權運動具有了現實的社會基礎。這是不可否定的。

「看啊！大凡立於天地間可稱為人民者，並非借國家之力而後成為人民的，人民本乃自然之人民，故其權利亦非借國家之力而後才有之權利，權利乃其固有之權利，各人可自由行之。」（兒島彰二《民權問答》明治十年）這種關於人民及其權利的自然存在的主張，是由「我所擁有的田宅即我的田宅，絕不是君主的田宅，我所購得的衣食即我的衣食，絕不是君主的衣食」（同上）這種生活手段的固有性的實感支撐，因而並不是單純的外來意識形態。無論是要「奪回」已喪失的那些生活手段的固有權，還是要「擁護」已獲得的財產，這兩種動機都必然會產生出要立足於統治體與社會的二元論來「抵抗」的思想。當然，自由民權運動中也有國家＝共同體的想像，上述意識不一定貫穿於所有場合。但通觀日本近代史，還沒有哪個時代能超過明治十年代那樣、抵抗權觀念在比較廣的範圍扎根的。「革命」的思想和運動當然是到了後來才真正展開，但「抵抗」或「叛逆」的思想卻整體地走向了衰退。這其中的祕密是與上述意義的中間階層存在方式的變容有著很深的關係。

## 圍繞忠誠與叛逆定義的鬥爭

天皇制作為「國體」的思想的正統性，是進入了明治二十年代之後才基本上確立起來的，明治前半期不如說是埋頭於建立政治、軍事、財政、教育等各領域的基礎制度的時代。儘管如此，維新是由恢復神武創業之古的天皇親政觀念來推進。特別是「擁戴」幼年天皇的寡頭政府，是一律用「普天率土」的意識形態來使急速的政治集中和「文明開化」政策得到合理化，但同時又早早地通過發布《讒謗律》和《新聞紙條例》，把人民對「官員」的侮辱和反抗等同於對「天子陛下」的侮辱和反抗，所以民權論者幾乎從最初就必須直接面對「國體」的忠誠論。《評論新聞》的總編輯關新吾因〈國政轉變論並評〉而受到彈壓時，與大阪裁判所的所長有過以下對論（同新聞，第八十四號，明治九年。這條消息也被《大阪日報》轉載）。

清岡裁判所長說：「看啊！我國是帝國，故人民與政府共有等說法實在是我國不該發出的論調。我政府官員上至太政大臣下至十五等官職，皆朝廷官員，不是人民可以自由抵抗的。汝就是心醉於西洋之學……忘了我日本之國體的惡逆者。」對此，關反問道：打倒德川政府的不正是

「日本人民之一部分的貴族勤王者」嗎？於是清岡說：「開設今日之自由政府是朝廷的所為，並不是什麼貴族之輩的所為。」闞又再問道：那麼將來政府成了貪官汙吏的巢穴，苛法聚斂，使人民受塗炭之苦，人民也絕對不能抵抗，「不得不唯命是從嗎？」清岡堅持說：「當然是的，帝國的人民必須那樣。」值得注目的是，在這裡採取對立立場的闞與清岡，就維新變革的主導者而對論時，都同樣是把「朝廷」與「貴族勤王輩」作為二元的存在來把握，只爭論是前者還是後者。這一點姑且不詳論。總之，在清岡那種強硬的簡單結論中，鮮明地呈現了一個連「公議輿論」的面紗都拋掉而直奔絕對主義官僚國家建設的明治政府的相貌。

面對權力單方面強制的這種「邏輯」，作為民權論者亦迫不得已去追究「忠誠本來是什麼？」這個根源問題。他們的確在忠誠與叛逆的重新定義上展開了鬥爭。第一，他們首先把對國家（nation）的忠誠與對君主乃至上司的忠誠在範疇上區分開來。布魯塔斯（Brutus）曾說：「不是因為愛凱撒淺，而是因為愛羅馬深。」這句話的邏輯在此超出了啟蒙學者的學說，明確地成為了運動者的意識。可舉出的事例很多，以下作為一個典型，引用植木枝盛的文章〈論人民對國家的精神〉（《愛國新誌》第十三－十六號，明治十三年十一月十二日－十二月五日）。

「……人民的精神的主要部分只有君而未有國，而且沒有己，只講對君奉公、對君盡忠義、尊王、勤王，……似乎己之事和國之事皆歸於君，只知愛護君、服從君，卻不知還有其他事，這是人民對國家的第一階段的精神。隨著逐步開化，至國家政理稍微明確時……第一階段的精神就漸漸變化……這時精神的主要部分刻印了國，昔日的盡忠在今日則變成報國或愛國，主張為君就是為國，服從君就是服從國法，為君盡力就是為國家盡義務，此時其物稍大其事稍廣，這是人民對國家的第二階段的精神。」（圈點是原文所有。）植木此後還進一步展望文明進步第三階段的精神，那就是，「人民完全居於人民的地位，所關心的是我們人民如何，我們人民如何」，「我們人民」占領了精神的主要部分，達到從 nation 中產生出 state 意識與 people 意識的分化。一般民權論雖然沒有植木所論的那麼徹底，但強調政府的首長或代表者與 nation 本身的區別，是幾乎所有民權論都共通的。

第二個定義就是顛倒叛逆的方向性，或至少不是指人民對政府的單向叛逆，而是將之擴大為雙向的。比如德川時代「被遺忘的思想家」的思想——「掠奪民之直耕，如此對民施政，可稱仁乎？此乃逆賊矣」（安藤昌益），在這個時代總算有了繼承者。

《評論新聞》第三十四號社論寫道，所謂名分論者說人民對政府的反抗是謀反，不說政府背叛人民是謀反，這是錯誤的。本來應該「把以正誅不正稱為伐罪，把以不正敵正稱作謀反」。因此亞美利加十三州的人民對英王發出獨立通告不是謀反，相反地，把約翰王帶領法國兵對抗貴族兵稱為英王謀反是恰當的。「謀反伐罪之語通上下而論之，便應如此」。《中外評論》的〈逆臣論〉（第十號，明治九年）也說，「逆臣是什麼？掌握一國政權者呈現奸謀邪術，上蠱惑君主視聽，下壓抑人民自由，賞罰以愛憎為由，政令以姑息為務，……甘受外國的凌蔑，忘卻國家的醜辱，因循苟安又一日，終至全國陷入衰亡之域，則是也。」（圈點是原文所有。）

不過，這些關於忠誠與叛逆的重新定義，並不是民權論者突然從歐洲的歷史和思想那裡輸入的。日本對盧梭（Rousseau）、彌爾（Mill）、史賓塞（Spencer）等思想家的理解一般是以傳統的範疇作媒介推進，對民權論的理解也不例外。那就是從對具體人格或官府的忠誠中剝離出對 nation 的忠誠，在這個「抽象化」的工作中發揮槓桿作用的是「天下為公」的觀念，「天下乃天下之天下，非官府之私有物，今更無須喋喋之辯。故國家不論官民，應由全國人民維持之」（〈國會論〉《愛國新誌》第二號，明治十三年）。換句話說，就是要進入植木所說的第三階段，即人民主權階段的「精神」：「人民乃國之主，應考慮己之情況，而完全無義務考慮政府之情況。……在往昔的封建時代，君臣之間不同於今日，國家皆為一君之私有，人民皆為一君之奴隸，人民，不，臣僕必須事事考慮君上之情況、時節、場所。而今日已明確天下乃天下之天下，人民乃人民之人民，又有何理由復效昔日之做法？」（同前引）

上面所論的第二個定義，即政治權力對人民的謀反，這個思想依據的也是天或天道觀念。比如認為「政府並非人民之天也，人民應以正理為天」（《愛國新誌》第九號，明治十三年），或「從道者興，逆道者亡」（明治十五年四月在福島縣三春的演說會的柳沼龜吉的標題——參照，家永與莊司合編的《自由民權思想》青木文庫版，中，頁二四四）。既然國會開設的要求是繼承維新指導理念之一的公議輿論思想譜系的，「萬機公論」本身是在與天道觀的密切關聯中誕生的，那麼民權論者以實現維新之「諾言」的形式來提出要求，也理所當然。「明治初年我聖明的天皇陛下已發出萬機決於公論之詔，加之有太政大臣四年交替之敕諭。然至今年即明治十五年仍未交替，此乃天皇陛下之健忘乎？故此岡野知莊與聽眾諸君向天皇陛下忠告，不，不對，是決心申訴」（同上書，頁二六五）。這裡也表現了松陰的那種忠義的「逆焰」。

## 民權論對「封建精神」的否定與肯定

本稿已反覆指出過，民權運動中包含有「士族性」和「封建」意識形態，這一點在此不是問題。然若作為思想史脈絡的理解，對那種拘泥於比重是在「資產階級民主主義」要素還是「封建」要素的二元論式研究方法，反倒需要重新商榷。將之與民權論者的「身分意識」和「愚民觀」一概而論也屬於這種情況。在這樣的問題把握中，一方面對士族意識或身分意識的理解在觀念上是曖昧的，另一方面對歐洲「資產階級民主主義」的理解也潛在著不恰當的單純化。[13]

13 如果指責或痛罵民眾愚昧、無智、無氣力就直接意味著「愚民觀」，那麼，從路德到盧梭、從馬基維利到馬克思等歐洲近世史上顯著的思想家，包括「民主主義者」和「社會主義者」，幾乎都是「愚民觀」的持有者了。

還有在歐洲，中世就不用說，即便宗教改革時代的抵抗權理論，無論是舊教系還是新教系，都一貫不承認人民自身的「直接」行動，而必採取有「監督者」或「中間審級」（Mittelinstanzen）代表人民來發動抵抗權的立場。被譽為近世社會契約說人民主權論的「始祖」約翰涅斯·阿爾德修斯（Johannes Althusius）也認為作為契但在此不能涉入這種一般性問題。以下就直截了當地考察自由民權論者的忠誠或叛逆構思與他們意識中的封建精神論是如何關聯的。題為「怎麼，不愛封建時代的精神嗎？」一文（《愛國新誌》第十四、十五號，明治十三年）就是具有代表性的一例。

在那裡，論者（大概是植木枝盛）一邊逐一反駁所謂士族不是良民、不平士族有害等對士族的攻擊言詞，一邊展開了他的「良民」論。「啊，良民是什麼？鑿井而飲，耕田而食，無知無識而順從帝則，就是良民嗎？堯舜之世其如何不可知，但在今日之世那只能說是無知覺的服從。……良民應是有知識，有元氣，有獨立自主精神，有愛國忠誠心情的，因而有其應有之權利，應盡之義務，而無愧於天地之稱呼者。今日之士族固然不是完美者，但與平民相比，毋寧更接近於良民。」那麼，平民的現實怎樣呢？「平民昔日全然不參與國事，又缺乏知識元氣和辨別能力，故只會在關係自己一家一身的地租等事時發起暴動，但在全國的大政上不會做叛逆政府引起大亂之事」。在這裡，通過指出對公共事情的日常關心與為公共事情而反抗的對應關係，反照出了日常的無關心與非日常「暴動」的對應關係。

在這個議論中，論者也談到封建社會「在制度上士與平民權利不同，士對平民有些殘酷」，而且承認他自己上述那種關於士族與平民對比的說法有偏向，這都是容易的。但須注意到，論者不僅把封建制的解體，而且把「士族」這個特殊存在本身已處在被消滅的命運這個現實，作為整體所論的前提。正因如此，他用諷刺的語調主張要愛「封建時代的精神」，並要「保存」之。這讓人直接聯想起福澤的《瘦我慢之說》。四民平等也許是為了造出「能讓專制政府滿意的良民」而推進全國民的平均化，福澤抱著這種隱憂說：「地方只有良民亦不足以增進全國之力，所謂良民只是好人。亞美利加的強盛不是因為好人多，而是因為活潑積極的人多。」（《覺書》明治八－十一年）上述論者的議論與福澤的這個認識剛好相呼應。

在植木關於人民對國家的精神的論述中，把「昔日的封建時代」定義為「人民，不，臣僕做『一君之奴隸』的時代，這個定義與「愛封建時代精神」的立場又是什麼關係呢？如果說這是矛盾的話，應該說那就是兼有家產官僚側面和戰鬥者側面的武士階級的歷史由來本身所內包的矛盾。即使同樣是身分意識，但那裡既有恪守「分限」、對上恭順、對下尊大的凸凹鏡頭組合成的家長意識，也有「恆產」的持續性和固有性的感覺所培養起來的名譽和自立的「恆心」意識；既有把地位物神化而憑靠之的被動意識，也有與「貴族抱有義務」這種職能觀相結合的活潑的業績

續

約當事人的 Gemeinde 在內部承擔著不少共同體的要素。一種有力的研究（比如，Herbert V. Borch, *Obrigkeit und Widerstand*, 1954）認為，那種需要有具體身分基礎和擔當者、發動的手續也有具體規定的抵抗權理論因為在法蘭西革命憲法中演變成了一般抽象的「人民」抵抗權，反而使抵抗權的實質變得空虛，以致容易出現人民投票的獨裁者。這些學說也值得參考。當然，歐洲傳統的抵抗權思想中的二元論結構如果原原本本不變的話，會與近代國家的結構原理發生矛盾，所以要在近代國家中活用那些傳統，那就需要某種形式的機能轉換。但即便如此，抵抗思想與體制革命思想之間的緊張關係，和立憲主義與民主主義的關係並列，都依然是現代的自相矛盾問題，不能單純地說前者在後者的發展中被「揚棄」了。

主義。其境界在現實中非常微妙。不過，同樣的微妙在「民主意識」或「平民意識」中也一直存在著，比如把質的等級在量上平均化，或通過人民與權力合一的神話來使體制物神化。

關於民權運動中的「士族的」或「鄉紳的」要素，無論是作為社會基礎還是作為「精神」，如果認為其即便有進步性也是受「封建性」「制約」的，只採用這樣的觀點來把握，就不可能看到正因為那是「封建的」所以才具有抵抗的能源這個側面。至少，明治政府對官僚制的急速編成中，比如「在其家（福島縣令三島通庸的家）的層面，與舊幕時代的大名沒有不同，家內總共六十三人，其委任者都是八九等的屬官，這些屬官已在三島家接受委任，故其他勢力不能掌握縣廳事務，致使縣官全部成為三島的奴隸」（福島事件中的花香恭次郎的陳述《福島事件高等法院公判錄》）。顯然，這基本上與近代的專業官僚制相去甚遠，如記載所示，不可避免地伴隨著「家產」精神的籌措。這樣，對之進行抵抗的民權運動便以從體制中剝離出來的、另一個側面的「封建時代精神」為據點，這在政治運動的動態過程中不一定是「反動的」。[14]若進一步深入論之，毋寧說早在德川幕藩體制下，原有的封建特質——不僅武士，而且寺院、商人、行會、邑村的鄉紳等多元的中間勢力的廣泛分散和獨立性——已經弱化，致使那些「身分」或「團體」的抵抗傳統根柢甚淺，正因如此，明治政府一君萬民的平均化才具有了比較容易推進的基礎。可見，民權運動的政治主義或集中主義偏向——「今日的民選議院論並不是擴大人民的領域，而只不過是欲瓜分政府之權而共弄之」（福澤《覺書》），與那種自主團體之傳統的脆弱性並非無關係的。縱觀日本「近代」的發展過程，正如植木在論說的結尾所指出：「士的精神」這種「無雙的既珍且美之物若今日不保存，以後就不可再復得，想想啊！想想啊！」植木這句話也許表達了一種超出論者意識的象徵性吶喊。[15]

## 5 信徒與臣民

在今日的世界裡，「nation」被公認為忠誠市場裡的、即便不是獨占體也是寡占體。但從人類史的漫長發展過程來看，這是極新的現象。本來人的忠誠對象毋寧說壓倒性地集中於宗教上的

14 政治過程中的進步和反動，與生產方式的歷史「發展階段」的進步和反動不一定是一致的。關於這個問題，丸山在論文〈反動的概念〉（《岩波講座　現代思想》第五卷）中有若干論及。

15 自由民權運動在與「士族反動」最糾纏的初期階段，戰場的「名譽觀」是如何體現的？作為一個例證，在此引用《西南記傳》（下卷二）的以下插曲。在熊本民權黨中，緊急馳援西鄉軍的協同隊到了敗勢分明之時，自殺論和對刺論一時沸騰，主管崎村常雄重申了一同舉兵的目的，並提議說，今日百戰連敗，一兵亦不可徒然傷害，「模擬方今文明諸國所做的《陣上虜》（丸山注：指戰時俘虜），從容就縛，到法庭陳述各自懷抱的夙願」。全體投降的官兵，法庭裁判官使用了降伏還是歸順的詞語問之，被告異口同聲地說：「我們成了陣上虜，沒有悔意。」並說明國際法的俘虜之意，毫不屈服。其敘述也許有所誇張，但這裡表現出來的「精神」至少要比東條英機的《戰陣訓》要「近代」得多。

絕對者（或其代理人及其教理），直到今日在廣泛的「發展中地區」還依然是那樣。世界史上，政治的＝俗權的與宗教的＝教會的勢力圍繞著忠誠的爭奪發生了激烈的糾紛。眾所周知，在產生出國家這個統治體模式的歐洲，國家與教會的關係是不僅貫穿於思想史，而且貫穿於文化史和政治史的主要旋律。而且在現實生活中，國家的忠誠占絕對優勢，也只是十九世紀以後的事。馬基維利說出「比起愛靈魂，更多愛祖國」這句名言時，遇到了同世代人的喧囂非難，被指責為犯了瀆神之罪（cf. Morton Grodzins, *The Loyal and the Disloyal*, 1956, p. 9）。那麼，日本怎樣呢？

所謂神道，無論是作為國家神道還是作為共同體的民俗信仰，從一開始就沒有與世俗權力的緊張關係，反而是因為本質上與其黏合在一起，俗權與教權相剋之事本身並沒有發生的餘地。佛教作為世界宗教是徹底超越的信仰，但因為最初傳來時的原由和「鎮護國家」的傳統，致使「沙門不敬王者」的原始佛教因素發生了明顯的變質，特別是通過「本地垂跡」說（譯按：「本地垂跡」指神道的神是佛陀在日本的垂跡）與日本諸神「習合」（譯按：折衷地黏合）在一起了。儘管如此，直到戰國時代為止，還有法然、親鸞、日蓮等的受難、北陸和三河的一向一揆，而且正如在叡山和石山本願寺與信長做激烈鬥爭所象徵的那樣，即便世俗化了也依然具有抵抗政治權力的能源。但是在德川時代，寺院完全被剝奪了自主勢力的基礎，在寺社奉行（譯按：「奉行」是政府官職）的控制下被編入行政機構的末端以後，就幾乎喪失了對抗俗權並與之爭奪人們忠誠心的可能性和現實性。在近代日本，從僧門產生出對權力的叛逆者的事例，也就只有幸德事件之時和昭和初期的「新興佛教青年同盟」等個別的例外。毋寧說，特別是圍繞基督教而對信仰自由產生尖銳對立時，佛教不僅不能站在宗教立場的共同戰線，反而出於對基督教的敵對心，大多都主動承擔了動員國民忠誠於俗權的作用。這樣，宗教的忠誠與國家的忠誠，或更直截了當地說，對神的忠誠與對天皇的忠誠之間的緊張和相剋問題，在近代日本幾乎只是圍繞基督教來展開的。

## 精神氣候的變化與基督教

天皇制的「正統性」作為原則確立起來，是在明治二十二、三年以後，亦即在強硬鎮壓了自由民權運動的狀況下相繼發布了帝國憲法、施行了市町村制、廣布了教育敕語之後。大概從這一時期開始，對整個社會展開了使「臣民」歸信日本帝國信條體系的同化過程，此過程在明治三十年代中期就基本完成了。在經濟方面，由於明治十年代資本原始積累過程的推進，地方產業的自生性萌芽被殘暴地摘掉，在平整土地的基礎上，從二十年代起，日本的「政商」型資本主義的正式發展基本就緒。德富蘇峰說：「此刻之前還切齒扼腕揮舞手杖、穿著高屐的世間壯士們，也變成提著手提革囊，身穿新型西裝，以一副企業家模樣吹噓闊步。由此般風景，亦可見實業之風已颳遍社會。」蘇峰在《國民之友》寫下這句話時正是明治二十四年。從整個體制來看可以說，日本的「近代」是從這個時期開始的。

社會意識比起其他的制度等領域來說，連續性的契機比較大。但即便如此，明治二十年以前的一般精神氣候與二十年以後在所有方面都是不同的。宮崎滔天回顧他的少年時代說：「我的家屬親戚、村中的老爺爺、老太太都極端地鼓動我要像大哥那樣。所謂大哥就是明治初年主張自由民權，漂泊四方，明治十年參加西鄉之亂而戰死的長兄八郎。那時我雖不知大將豪傑為何者，但希望成為大將豪傑，不知自由民權為何物，但認為那是善事，而且認為把官軍、官員以及帶有官字的人都看作盜賊惡人之類，稱之為賊軍或謀叛者，是大將豪傑該做的事。」（《三十三年之夢》大正十五年）即便需考慮熊本地區的條件和宮崎的性格，但從西南戰爭到自由民權時代所流行的這種氣氛，確實是到了明治二十年代以後就迅速衰微了。

「國體的精華」、萬國無比的君臣關係等觀念本身雖然是「王政復古」以來一直提倡的，但在具體的政治形態方面，關於什麼是維新精神的正統實現、什麼是國家的忠誠（愛國），也曾有過廣泛的解釋餘地。如前所述，自由民權運動正是援引五條誓文和明治八年立憲政體之詔敕等文獻為根據，來強烈斥責明治政府違反「聖意」背叛維新的。但那些對正統性或國家忠誠的判定權，後來因帝國憲法和教育敕語的發布而被政府強力奪走。不僅如此，對國家的忠誠與對天皇人格的忠誠二者在著名的「忠君愛國」的象徵下愈益黏合（井上哲次郎《敕語衍義》〔明治二十四年〕還在用「共同愛國」之語，這說明那時相當於接續前代的轉換期）。

然而，自基督教在日本傳播以來，傳統的意識形態指責基督教是「無君無父」之教，這種攻擊在維新以後仍然間歇地持續著，安井息軒的《辯妄》（明治五年）就是其代表例。不過，整體的教團活動在明治二十年之前依然旺盛，特別是明治十年代的基督教不論在指導人物方面，還是在農村社會基礎方面，都在很大程度上與自由民權運動並行發展，這是眾所周知的。民權運動在明治十六年左右連續受到鎮壓，然後出現內部分裂、再轉為暴動的惡性循環，並開始衰微。而「復興」運動以後的基督教恰恰與之形成剪刀狀，乘歐化主義的浪潮出現一路上升之勢。小崎弘道《政教新論》（明治十九年）所表達的對既成意識形態的果敢批判，一方面表現了其明朗的色調，另一方面又反映了這個階段的「先鋒」基督教信徒所站的位置和姿態。小崎指出：「在未開之國，（君主的）權勢獨強，臣下唯其奴隸而已。……其教風之中唯有忠之教，卻無君主對臣下盡力之教誡」，「隨著人民的思想進步，君臣關係轉變為政府和人民的關係，思君之心轉變為主動思國之心，忠節之教轉變為愛國之教」。這種從忠君到愛國的忠誠進化的主張，雖說是繼承了植木等民權論者的邏輯，但其作為異質的原理與「儒教主義」展開了正面碰撞的公開鬥爭，這在路線上恰恰與同時登場的同志社出身的德富蘇峰的平民主義極為接近，正好代表著〈新日本之青年〉（蘇峰在明治二十年的著作標題）的軒昂精神。前面所述的明治二十年初的舞台轉換，正是在這時發生的。

作為社會問題的忠誠與叛逆，往往是以邊際效用（Marginal utility）的法則發揮作用的。剛剛還是基於跟昨日相同的信條來採取相同的言論或行動，但今日卻並非由於自己的意圖，而是由於周圍狀況的變化，就急速地被推到了社會能容許的忠誠範圍的邊界線，而明日則更是被打上不忠誠或叛逆的烙印，這種事情並不是罕見的。就這樣，抱著對遠大將來的期望而逐步發展的基督教徒們，一朝醒來便發現周圍已籠罩著嚴重的氣氛。以著名的內村鑑三不敬事件（明治二十四年一月）為契機而急遽轟動起來的「教育和宗教的衝突」問題就是一例。

剛從德國留學回國的「新露頭角」的哲學者、帝國大學教授井上哲次郎在明治二十四年出版了教育敕語的半官方注釋書《敕語衍義》，同時又在《教育時報》發表了文章〈帝室與宗教的關係〉。自那時以來直到明治二十六年《教育與宗教的衝突》的出版，對基督教的攻擊達到了最高潮。與之同時，橫井時雄、高橋五郎、植村正久、小崎弘道等基督教信徒乃至大西祝那樣的「支持者」對其攻擊展開了激烈論戰。關於論戰的內容和經過及其影響已有很多書籍闡述過，而且本講座（《近代日本思想史講座》）中各處也有談到，所以在此就不詳述。當然，歷時數年的這場非常熱鬧的論戰並沒有直接給日本基督教的思想方向帶來致命的影響。井上那種盛氣凌人的論調背後，是有一般的國家主義——相對之前的國民主義而言——風潮的急遽抬頭作背景的。但是這個階段的國家主義（nationalism），不論在朝還是在野，都與日清戰爭（譯按：甲午戰爭）後的風潮有很多不同，天皇制對臣民的同化還未能完全滲透於社會。

儘管如此，以這個問題為契機，對基督教信徒忠誠問題的態度開始出現了之前不曾有過的陰影，而且這個陰影愈益濃重，這也是不可否認的。當初，關於內村事件，有的基督教徒發出聲明表示：「如果說皇上是神，必須朝皇上行宗教禮拜，那麼我輩就以死抵抗。」（押川方義、植村正久、三並良、丸山通一、巖本善治〈特告白世間之有識者〉，《福音週報》，五十一號）或關於「衝突論」，有的基督教徒認為：「政治上的君主不可違犯良心，不可侵入上帝專領的神聖區域，基督教徒知道作為一個國民有義務服從政府，同時確信對神的義務。」（植村正久《今日的宗教論和道德論》明治二十六年）但這些完全不迴避問題的核心而積極抗爭的基督教陣營，也因為無形的社會壓力的加重，逐漸轉為防守態度，連那些對單個的攻擊者進行激烈反駁的人，最終也只能在立論根據上表示基督教不反對忠孝，或基督教是與忠君愛國一致的。如此漸漸被逼得與對手在同一個台場上角力，這個趨勢直到後來都沒有逆轉的機會。

姑且不論像海老名彈正那樣採取與平田篤胤倒逆的形式，把神道整個地包攝進基督教之中的做法，就連曾經在《政教新論》明快地闡述了原則立場的小崎弘道，也在明治暮年說出：「在基督教裡忠君與信仰不應分離，我以為將來能成為真正的忠臣和皇室的藩屏的人應是具有此信仰之人。」（《基督教與我國體》明治四十四年）能始終不迷失「與其服從人不如服從神」這個基督教核心，敢與政治現實對決的明治基督教徒也只有極少數人。比如，柏木義圓敢指出「今日妨礙思想自由的是忠孝之名，使人的理性屈抑的是忠孝之名，偽善者裝飾自己的器具是忠孝之名，這些奇奇怪怪的現象不是專發生在教育社會嗎？竟然以敕語為工具來反對最高者立於君父之上，這是何等的諂媚」（香峰生〔義圓的筆名〕，〈敕語與基督教〉《同志社文學》五十九・六十號，明治二十五年）。植村正久敢指出：「真正的自由是真正的服從，人無論如何不能脫離服從的範圍，若不服從神便會服從世間。……當然，若沒有所奉行的應服從者，便會屈服於不應服從者。」（〈真正的自由〉《福音新報》四百三十七號，明治三十六年）還有後述的內村鑑三等等。[16]在此先不要性急地說：「基督教徒啊，連你都這樣了。」在當時社會主義運動還未大規模興起的情況下，基督教徒作為對天皇制式忠誠的幾乎唯一的競爭對手是非常孤立的，社會對他們的壓力何其之大今日難以想像。從這個意義出發，下面介紹一下明治三十年的《文藝倶樂部》（第三卷一號）刊載的廣津柳浪的短篇小說，以傳達當時的一些精神氣候。

## 廣津柳浪的「非國民」

此作品的情節如下：主人公是二十六、七歲左右的青年箱崎，在牛込（譯按：日本的地名）附近的一個教會任長老職。他同時又是新體詩人、小說家、批評家，在報社工作。性格有點不修邊幅，就連穿著的鞋子左右兩隻顏色不同也不在乎，在報社內是有名的「獨斷家」。他最近剛剛與杜操的妹妹花子定下婚約。故事首先從操與他的六歲孩子英雄在桂家的對話開始。英雄想起了星期日在學校聽老師說過神創造了世界和人，又聯想起人們常說「日本的天子最偉大」，他就天真地對父親說：「欸，爸爸，世界上天子和神都是最偉大的吧？」操聽了感到很不愉快。但孩子忍不住再問：「爸爸，究竟誰更偉大，天子還是神？」操便用激烈的語氣斥責說：「……日本人必須敬仰的神只有天子！知道嗎？明白嗎？絕不能再說那樣的話，那是大不敬！」之後就不允許孩子星期日上學了。桂操還向妻子小夜講了這段對話，然後告誡她：「……現在就給英雄這樣小的頭腦灌入那種思想，以後可能會受害的。日本人無論如何都要持忠君愛國主義，所以你們也要領會這一點來教育英雄……。」

場景轉到教會。在那裡圍繞著宮城縣海嘯災害而募集義捐的問題，山川牧師和田澤等三位長老與箱崎對立（作者讓山川等人代表萬事圓滿的妥協派基督徒，讓箱崎代表原則主義者。不過作者並不是對箱崎抱有特別的好感）。箱崎對來到教會的未婚妻花子說：「日本犯了絕對不義之罪。……借義戰為名，掠奪別人的國家，這也是義者該幹的事嗎？（無疑是指甲午戰爭）……這和一個人一樣，一國也必定會受到神的懲罰。這次宮城縣的海嘯就是一例。……如果說不幸，宮城縣的人民確實不幸。但是，神絕不僅僅是懲罰宮城縣的人民。……那些違背神的意志而模仿慈善者的人，在我看來就是偽善的人。」並說你應該按自己的主義去行事。花子有點茫然，但終於下決心回家了。她把決定不做義捐的想法告訴了兄長夫婦。操非常驚訝，不過他說：「箱崎如此提倡異端，是因為還年輕，拘泥於學理而未能看透現實世界，相信他早晚會歸正的。」然後就談

16 關於這一點，德國的酉賓根（Tübingen）派（譯按：以酉賓根大學福音主義神學部為中心的教派）系統出身的所謂自由主義神學的影響，即教義批判，在日本的土壤裡反而會在基督教「日本化」的名義下，帶來與天皇制或「家族主義」的妥協。而與之相對照，由植村、內村、柏木等所代表的抵抗路線則是來源於守護正統派信仰的系統的，這是很有意思的歷史悖論（paradox）。

妹妹結婚的事。

就這樣，箱崎與花子的婚禮選擇了天長節那天在教會舉行，故事由此進入高潮。箱崎在說教台上講：「……我們信主的人，必須相信總有一天萬國之民會一同跪拜在唯一神的面前。……我們期盼之主的國一旦到來，將會是無君無臣的平等世界，所以除了擁戴天之父，我們沒有其他必須敬拜、侍奉、盡忠之主。我確信那個時代一定會意外地早日到來。」當他講到基督再臨之日，場內發出一片吵嚷，桂操「在大叛逆者面前聽他們那些非理非法的宣言」，感到渾身悚懼。但是，箱崎仍繼續講述那個沒有徵兵和沒有「戰爭那種野蠻之極的殺人」的世界，還朗讀了一封堅持絕對和平主義立場，拒絕入伍，因而被關進監獄的荷蘭青年發給司令官的信函，並明言：「日本人如果不趁今日慶祝天長節，那麼主的國到來之時，就不會再有可慶之君和國了，這一點望諸君銘記於心。」當他說到這裡，聽眾席間響起了「非國民」的呼喊。

有的年輕人非常感激箱崎的一番話，也有斥責他的聲音，滿場騷然。這時，一個名叫曾我的信徒站起來以滔滔熱辯反駁箱崎，桂操受其鼓舞，從座席上喊叫說：「不忠於現世帝王的人，又如何能忠於來世的帝王？只要作為人生存著，就有父子之序。……試問托爾斯泰伯能打破親子之序和親子之愛嗎？如果不能，那麼人間就不應排除尊卑和階級。……伯是俄羅斯帝國的非國民，……而在我國祖述伯之主義的人就是帝國的非國民。」箱崎想繼續明辨，但山川牧師不允許，於是便進入祈禱。之後，操向山川提出對結婚的異議。箱崎一邊哆嗦一邊回答：我就是希望花子成為非國民，怎麼樣？操主張由花子自己內心決定。這樣，一切都取決於花子的回答了。花子被痛苦撕裂，快要崩潰了，她說：「我不能違背國家和兄弟。我是日本人，在我的國和我的愛之間，我捨棄愛，請神可憐我這個不幸的人。」——自此事以後，星期日的學校失去了學生，大半信徒離開了教會，箱崎也被「教會政治」除名，新聞紙上再也看不到他的文字。不過，花子依舊常去教會熱心地祈禱。此事就成了日後人們談論的故事。

這個「通俗」小說是否有藍本不得而知。雖然柳浪對箱崎這種復興派「世界主義」的理解也有問題，但是明治二十年代末期（末尾寫著「二十九年十二月十三日未定稿」），在一個文學者的眼中，圍繞天上的神與地上的「神」的忠誠相剋，是以這種形式作為一個社會問題來把握的。這件事本身給予了我們不少思想史的暗示。

## 內村鑑三的問題所在

近代日本的基督教徒中，如要舉出徹底站在信仰的立場、以一身之力與忠誠國家的問題堅持正面對決的思想家，那麼誰都無法與內村鑑三相比。正如前述，他指出「不見有產生出一個愛國者，但愛國心的噪音卻幾乎淹沒國土」（〈病態的愛國心〉《萬朝報》明治三十一年，原文英文），在這種氣氛亢進的狀況中，他本人把「為了日本」的自我與「為了耶穌」的自我的尖銳摩擦集於一身，作為這種摩擦的預言者度過了一生。內村的特異性，既不在於單純地徹底忠實

《聖經》之命，排除與「世間」的妥協，也不在於像柳浪等人那樣把「世界主義」或人類愛置於祖國愛之上（如果僅僅是那樣，那麼白樺派與內村的距離就不會那麼大）。把世界僅僅從空間上視為包括各個國家的廣大領域來理解的觀點，或把人類從身邊的存在推廣到遙遠的存在的觀點，都是與他無緣的。內村指出：「一說到人類愛，現在的日本人就將之理解為愛外國人。有人說：『雖然吾人為了世界，為了人類，但此國此民不能放棄。』但這是謬誤之最甚。……離吾人最近的人類就是吾人的同胞，吾人首先第一要愛吾人身邊的吾人同胞。即便對吾人的婢僕也要表示人類的同情，即便是吾人的車夫也不是牛馬而是人類，所以吾人對他們應表示等同人類的同情與尊敬。」（《東京獨立雜誌》第十七號，明治三十一年十二月二十五日）

正因為把「內」與「外」的遠近之差和對待之區別徹底否定了，所以世界與日本、人類與日本人在內村的腦海裡是作為重疊形象而存在的。在他看來，人類愛還是祖國愛、世界主義還是國家主義、國家主義還是個人（人格）主義這種二者擇一是不可能的，那是個偽命題。實際上始終是日本與日本在相互鬥爭，一方是在神的無限恩寵和榮光下履行其天職的日本，另一方是充滿腐敗和虛飾和偽善的日本。他的內面意識同時屬於這兩個「日本」而難以分開，這形成了內村的忠誠觀的辯證法。[17]「有誰生於日本而不愛日本的呢？只有形式之愛與真誠之愛的區別，……《忠君愛國》之愛與單純無飾之愛的區別。」（同上雜誌，第八號，明治三十一年九月二十五日）「我輩可為日本國而愛日本人，但不可為日本人而愛日本國。日本國是帶著某種明確的理想和天職而存在的nation（不應譯為國家），就像純清無垢的處女。與之相反，日本人內部有熊襲八十梟的子孫，有阿伊努和克魯波克魯的遺孽，還有被稱為大和民族這個侵犯者的後裔。他們的目的是卑賤的，遠不能達到日本國的理想，他們愛掠奪，好虛名，炫耀仁義卻媚強凌弱。我輩不能愛他們。……日本國若是薩長政府，我輩立即與之絕緣以保我輩的潔淨。日本國若是自由黨或改進

---

17 不言而喻，在人與地上的政治權威的關係上，一方面是受肉體之所縛而不能缺乏強制，另一方面是在神的榮光下沐浴無限的祝福，這兩個側面總是在本質上形成難以分割的二元對立，形成了基督教忠誠觀的動態性。由此出現了著名的羅馬書第十三章中保羅的服從之教，和使徒行傳第五章中「彼得約款」所象徵的不服從的義務，兩者在本質上引起了內面的忠誠的相剋。但是，基督教的人格內面性倫理與日本的精神土壤相結合之後，很多思想家和文學家一方面是通過在領域上與「世間」區別而使自我走向「私」化，另一方面是通過跨越「世間」而走向「自然」與自我合一的方向（或兩者結合），因此，忠誠的相剋所構成的自我向社會不斷作用的精神源泉就變得稀薄了。從這個意義來看明治二十年代初山路愛山與北村透谷之間展開的著名的「人生相涉」論爭，這兩個人都同是在初期基督教充滿水靈靈的活力的氣氛中成長，而且都同是在對俗流的功利主義和俗流的反俗（！）主義展開果敢的兩面作戰中開始登上思想界的，儘管如此，論爭最終在愛山的行動＝業績價值與透谷的「內部生命」價值不相交的平行線上結束了。這可以說是日本近代思想史路程的不祥「預兆」。

當然，日本的封建忠誠的特性（ethos）本來就沒有徹底的原理超越性，也沒有人格的內面性，但那裡有心情倫理與行動＝業績價值的特殊結合方式。然而其解體以後所滲透的「近代」精神，在內面心情方面，則演變成將妥當範圍僅限於私人空間的「個人主義」，在強調行動＝業績價值方面——包括與「成功」、「富國強兵」等象徵纏繞在一起，或相反地與「革命」的象徵相結合——則愈來愈發展成由他人志向型的行為方式來支撐的集團主義。

黨或帝國黨，我輩唾棄之以免讓其汙染我輩的視聽。然而，日本國是日本國，應知那是超越政府和政黨的東西，我輩欲盡我輩之所有而供之。」（同上雜誌，第四十六號，明治三十二年十月十五日，括弧和圈點是原文所有。）

基於以上的雙重日本像，內村不得不按自己的思考來重新定義忠誠與叛逆。在這裡，第一種方法是原原本本地採用傳統的範疇，重新解釋其內容。

「成敗並不是判斷人的真價的標準，如果是，那麼楠木正成便是大逆不道之臣，而足利尊氏便是聖賢君子了。前者之所以是忠臣，是因為抵抗世俗而以失敗告終，後者之所以是國賊，是因為利用時勢謀取成功。是忠臣還是國賊，只能看其是否依據正義而失敗。」（同上雜誌，第五十號，明治三十二年十一月二十五日）這種以「原理」來裁斷的方法及其具體的運用，與前述的賴山陽之所論（參照本論文第二章第（三）節）明顯相通，只是這裡的「大義名分」已發生含義的變化。福澤是通過揭露「大義名分」的意識形態作用（即對既成體制的追隨），來跟現實對決的，而內村則正好與此相反，他是通過把「原理」純粹化的方法，來否定那些追隨現實的價值判斷的。

內村還常常以悖論式手法來使用習慣裡的忠誠觀念。他指出：「對君不敬則國民皆囂囂而責之不已，對民不敬則國民皆靜寂而無人責之。」（《萬朝報》明治三十年九月二日，旁點是原文所有）「在我心裡，愛國心燃起之時是欲談論國事之時，……而我談論國事之時是冒著我被視為國賊的危險之時，故我要努力壓抑我的愛國心，以此成為順良忠實之民。」（《東京獨立雜誌》第二十六號，明治三十二年三月二十五日）但內村還進一步把忠誠與叛逆的價值顛倒過來，強調謀反的積極意義。他說：「無論在任何國家任何時代，真正的政治是在政府之外，真正的宗教是在寺院或教會之外。叛逆北條政府的楠木正成開拓了皇運中興之途，叛逆西班牙王菲力普二世的橙公威廉（譯按：Oranje Nassau）奠定了荷蘭共和國的基礎，為英美兩國普及新制度開了先河。釋迦是被婆羅門教驅逐出宗門的，基督是猶太教的謀叛者。我輩不知還有不是謀叛者的大改革者、大宗教家、大愛國者」。（同上雜誌，第二十四號，明治三十二年三月五日）

他彷彿從近鄰清帝國的戊戌政變中，看到了國家處於末期症狀時忠誠範疇完全倒錯的活生生實例。「在海之西，滿洲頑冥黨逞威，革新黨或被驅逐，或被斬首，或被下獄，……而其結果是國家瀕臨滅亡邊緣，將近被分割。改革黨的賊子要保全國家卻被擯退，保守黨的忠臣雖是滅國者卻受歡迎。……在海之東，本願寺和貴族院等保守黨相互勾結，或依靠權門，或擁戴勢家，把主張民權者視為亂臣賊子，或舉行高等教育會議發表排外的決議，或拿出石川舜台師的檄文，在護國擁法的名義下排擊進步的政治和宗教。在海之西，保守黨的跳梁確實意味著社稷的滅亡，在海之東，難道不會以同一原因導致同一結果嗎？」（同上雜誌，第十二號，明治三十一年十一月五日）

他把忠誠與叛逆的這種倒錯又再顛倒過來，結果也就自然地導出了以下那種作為預言者的激進主義。他說：「依據東洋的倫理，任何場合都是下面無權抵抗上面，政府在上人民在下。……日本人的政治思想需要基礎性的革命。否則，憲法政治不久就會從日本消聲滅跡。」（《東京獨立雜誌》第二號，明治三十一年六月二十五日）不過值得注意的是，他那種對「基礎性革命」的激情，既不是發自於現實與理想這種抽象的對置，也不是發自於對「必然發展」的信仰，而始終是基於連接著信神之人與自然之人的同時現在性的意識，並由兩者的摩擦而產生出來的猛烈火花。從這裡可以看到內村的忠誠觀在日本近代史中所占的獨特地位。

## 基督教與抵抗權

在內村那裡，對傳統的「封建」倫理和對自由民權論者的情況一樣，都是給予否定和肯定的兩面評價。他認為，一般來講，東洋的倫理中沒有「抗上之權」的傳統，對其奴隸性的臣從道德，他用「西洋的倫理」來批判。但同時如眾所周知，他以自己是武士的兒子自豪，對被譽為「有代表性的日本人」的日蓮和西鄉南洲抱有很深的親近感。這種抵抗明治政府的訴求和傳統忠誠觀的相互纏繞，以最露骨的形式表現在〈起來，佐幕之士〉一文當中。他說：「薩長之族讓諸子背上賊名、屠殺諸子的近親、使諸子長達三十年不能脫離憂苦，現在不是又在使國民成為他們私利的工具嗎？如果雲井龍雄今日還在，他們能以何等面目來面對這位清士？他們以勤王為名揚起錦旗，直至掌握了日本國的實權，這些行為是什麼？那並不是維新改革者的道義的改革，而是一種利己的掠奪，今日的結果已表明這一點。嗚呼，洗清諸士被強加的賊名就在今日，諸士為何不站起來？」（《萬朝報》明治三十年四月二十日）

不僅內村，還有本多庸一、植村正久、井深梶之助、押川方義等明治初期的基督教領袖人物也多是幕臣或佐幕藩出身，在青少年時代體驗過「戰敗者的痛苦」、「國破山河在的逆境」，放棄對世俗地位的期待，就成了他們信仰告白的心理跳躍台。這一點是山路愛山早就指出過的（參照《現代日本教會史論》明治三十九年）。明治初期皈依基督教之事本身，或多或少都是沒有對「世間」的叛逆和獨立決斷就做不到的，所以初期基督教信徒的行為方式直接從武士的特性中獲得能源也是不奇怪的。

不過這裡必須注意的是，從譜系上看，初期基督教的領袖和民權運動的領袖確實共有著很多社會的和精神特性的「根基」，但那些「根基」的實體在數十年的歲月中，已發生了顯著的改變。士族作為獨立的社會階層已經消失，而那些與士族共同作為積極的中間階層而支撐了民權運動的「鄉間紳士」後來的命運又怎樣呢？正如蘇峰所說：「有些人當上了町村的幹部，因而常與郡吏縣吏直接交涉，……他們很快就官化了。他們有些人當上了縣會議員，或常置委員，其一年的一半或一部分時間都在地方的小城市度過，所以他們已經市化，市化也叫做軟化。他們還有些人當上了國會議員，或請願委員、總代表，或由他人推薦或自己率先來到東京，這樣他們就都化了。不，實際上他們是為了都化而上京的。」（〈中等階級的墮落〉《國民之友》第一百七十二號，明治二十五年）也就是說，官僚化和都市化這兩重意義的「近代化」浪濤已經大幅地沖洗掉了中間階層的自主性基礎，把他們送上了「月薪者」或寄生地主的軌道，或者掃進了「車夫馬丁」等下層社會。因此，經歷過這個舞台暗轉的明治三十年代的基督教徒，即便強調其「封建的精神」，也已不可能找出民權運動階段的那種積極活潑的反應了。不過，從別的意義上看是有反應的。那正是明治三十年左右在思想界開始出現的「武士道」熱潮，那裡反映出了帶有日清戰爭後的國家自負和軍國色調的復古風潮。從這個意義上看，比如像海老名彈正那樣試圖把基督教精神和武士道精神直接結合起來的嘗試，在這個階段實際上是貼近體制方面的精神動員路線的。這個路線一直連續到明治四十五年的「三教會同」。而內村關於「佐幕的」抵抗的呼籲也正是在這個微妙的階段發出的。

如果冷酷地看當時的事態，只能說那時候強調的封建忠誠從反彈感覺上看是起了反動作用的，而且在與抵抗思維相結合的方面，也已成了沒有社會基礎的「荒野」的喊叫，內村也許是對此太了解了。但他看到在所謂人道主義和社會主義陣營的「解放」聲音中，自我與集團之間太直接地相互肯定，或反過來說就是其內面的被縛性（譯按：自我約束性）意識太弱。正因看破了這一點，所以迫不得已地向社會呼籲要對天皇制式忠誠做抵抗。在這種狀態下他的語調自然就帶有近乎自虐的諷刺挖苦。

日本的基督教意外地迅速向天皇制同化，這不僅是基督教徒個人的精神結構的問題，而且與明治基督教主要依靠的社會基礎的變遷有很深的關係。初期的對地方農村的活潑傳教已到了極限，教會集中於大中城市，這與前述的自主中間階層的變貌互為因果，「信徒」大都被吸收進「臣民」裡了。

明治十年代的自由民權思想雖然在抵抗權發動的構成條件、主體、手續等問題上幾乎缺乏研究，但即便如此，抵抗權作為一般性的思考在那裡還是可以普遍地看到的。在歐洲，抵抗權思想本來是產生於基督教，並在與基督教不可分的關係中發展起來的。從這一點來看，日本的近代基督教甚至連自由民權運動那樣含糊的抵抗權思想也消失了，這不得不說是個大問題。[18] 比如在卡爾文（Calvin）教派裡，權力對信仰自由的侵害就是對神的主權的叛逆，對其行使抵抗權，正是為恢復被侵害的神的主權的、信徒的神聖義務。[19] 侵犯信仰自由的君主「連螻蟻、蛆蟲同等的待

18 當然，歐洲的抵抗權思想不僅來源於教會的抵抗權，還有一個源流是來自於前面談過的日耳曼的 Treue 觀念，但後者的 Fehde（武力自救）的行使是一種習慣法，並沒有固定的規則。能做到把手續和領導者明確化的是教會的抵抗權理論。抵抗權的具體的歷史＝社會基礎倒是因文化和時代而各異，至少抵抗權的基礎之廣狹，是與社會結構中的家產官僚制要素的強度成反比的，這幾乎是一般的「法則」。正如日本的「近代」官僚制中〈官吏服務紀律〉最明確地表現出來的那樣，絕不是純粹機能性的權限關係，而是同時兼有全人格隸屬於天皇和上司的階層關係的，而且其形態也廣泛轉移到企業體等私人的官僚制之中。

19 在卡爾文教的理論結構中，神在非常事態下可以不通過最高官職，而直接通過 Magistrate 這種中間機關來發動絕對主權。因此，這時中間官吏對君主的獨立性是絕對重要的。波爾西（Borch）說，卡爾文抵抗權的歷史基礎，

遇都不能得到，因為蚤虱也是神的創造物。作為神的代理人受到神的任命卻侮辱上帝，那就只是一個無賴漢」（*Institutio religionis christianae IV, 69. 395*）。而內村雖然各方面都與卡爾文教派很接近，但與上述這種觀點（不是指表現的「過激性」，而是指思想結構上）還是相隔很遠的。就連內村和柏木那樣一貫對「忠君愛國」的忠誠展開的批判，也最終沒有建立在明確的抵抗權的基礎上，這無疑是因宗教傳統的相異等種種條件發生了作用。但是同時，由日本帝國的頂點下降而來的近代化確實以異常的速度和規模把傳統階層和地方集團的自立性解體掉，並直接與底層的共同體連接在一起了。其結果對於中間階層來講，無論公的還是私的（比如企業體），被編入官僚制系列的牽引力，要比代表「社會」與權力拉開距離的力量強得多。考慮上述問題時是不能把這種巨大的社會背景置之度外的。

## 6 忠誠的「集中」與叛逆的集中

一般來講，在那種個人同時屬於各種或複數集團，因而個人的忠誠也分割成多樣的社會裡，政治權力要獨占國民的忠誠，或遇到戰爭的非常事態要迅速集中國民的忠誠，都是困難的。但另一方面，在那樣的社會裡——特別是那裡的各種集團所依據的價值原理或組織原則也是多元的情況下——即便是被某個集團乃至其價值原理疏遠，或對其歸屬感減退了，那些疏遠或減退，也會通過把自己的忠誠投入同時所屬的其他集團或價值原理而得到補充，所以，社會整體的精神安定度會比較高。與之相對照，政治權力如果與宗教權威結合起來獨占社會的忠誠，就反而會造成在社會各領域產生的叛逆能源一舉集中地衝向政治中心的可能性。當然，那種可能性在什麼時候、以什麼形式轉化為現實性，那是由各種客觀情勢和主體條件決定的。總之，忠誠的政治集中對於體制來說具有雅努斯（譯按：羅馬神話中的雙面神 Janus）之頭的意義，這在十九世紀沙俄的歷史中已典型地表現出來。日本帝國把德川時代還能分散的權力、榮譽、財富、尊敬等各種社會價值迅速吸入天皇制的金字塔型的胎內，不斷地從具有忠誠競爭的可能性的對手中將其萌芽拔掉，把對 nation 的忠誠併入對組織（官僚制）的忠誠，進而把對組織的忠誠再併入對神格化的天皇的忠誠。恰恰在這個過程達到告一段落的明治末年，就發生了所謂「大逆事件」。面對「大逆事件」所象徵的叛逆的政治集中，人們不得不感到震撼。

---

續

存在於複數的自主社會集團各自分別擁有高權的前絕對主義身分國家之中（*ibid.*, p. 190）。

總而言之，抵抗權不論在理論上還是實際中，本來都是在實定法以前就已存在，作為保護具體事實的既得權不受權力侵害的思考方法產生出來的。在這個意義上，C．舒密特有這樣的命題：如果沒有 Standesrecht（身分權）——或沒有那種實感，就沒有 Widerstandesrecht（抵抗權）的餘地（比如 *Der Leviathan in der Staatslehre des Thomas Hobbes*, 1938, p. 71f）。這裡面就包含了超出語言修飾的含義。當然，這時的「Stand」不一定必須是文字所示的中世的「身分」。

儘管如此，明治天皇制與十九世紀的沙俄的命運之歧路在哪裡呢？如果從本稿的題目這個側面來考察，可以說天皇制忠誠的集中在意識形態方面和社會結構方面都比沙俄的狀況更為複雜，其實那種集中只是在同一個盾牌的反面伴隨著忠誠「分散」的、缺乏實質性的集中。

在製造象徵的操作方面，最明顯地表現這個過程的標誌是，從明治三十年代後半起不僅在國家，而且在所有集團的層面開始強調「家族主義」，還有所謂「國民道德論」登場，以穗積八束等為中心所推進的小學修身教科書的全面改訂（明治四十三年完成）等動向。這裡最重要的是從明治二十年代起的局面變化。關於「忠君」與「愛國」的結合，在明治二十年代，不論是提供象徵方面還是接受象徵方面，都比較明確地意識到問題在於政治上對忠誠的籌集。但從明治三十年代後半起，隨著對「忠孝一致」、「祖先教的傳統」、「家族國家」等等的強調，天皇制的忠誠象徵普及於社會，而作為政治裝置的國家形象就隱退到共同體形象的背後了（明治末年，天皇機關說開始被穗積八束和上杉慎吾作為國體問題提出來，正是以上述變遷為背景的）。

而且，那種舞台的暗轉不單是特定意識形態的「灌輸」問題，那是有社會基礎的。隨著寄生地主制在全國「完成」，地主自主地充當「國家」與「共同體」的媒介的機能就漸漸被吸收進官僚制。正因如此，所謂中堅自耕農的維持和地方自治的「振興」在明治四十年前後被提到日程上來了。[20]在組織上重編「鄰保共助」的動向，一直貫穿於系統農會的成立（明治四十三年）、市町村制的修改（明治四十四年）、兼管「報德會」的技術指導和「修養」的地方團體不斷湧現等一系列現象的深層。「帝國在鄉軍人會」的創立（明治四十三年）也成了這個「地方自治」重編過程的一環，並發揮了很大的社會機能。當然在明治後半期，不僅地方而且都市，都從實業、教育、宗教、軍事、社會事業等廣泛的領域不斷湧現出社會集團。這是第一次和第二次產業革命的自生性結果，不論作為意圖還是結果，其活動不一定是直接服務於體制的統合的。但是，這種一般性集團的湧現對於本稿的忠誠問題所具有的意義，與其說是在實質性的機能上，不如說是在那些機能集團的成員無意識地表現出的忠誠形態上。也就是說，這些集團和組織儘管其目的是多樣的，但其內部的人際關係和組織法則都是兩個「模式」的結合——來自上面官僚制的「下降」和來自下面家或村落共同體的「上升」——而成立的，在這一點上是大同小異的。如說得極端一些，就是那裡只有大小無數的相似的三角形在累加。一君萬民的天皇制的統合推進，在機能上是

20 明治四十一年八月八日《東京每日》的〈地方政務的實情〉所介紹的東北地方見聞記載道：「這時各處的地方……比如紅十字，愛國婦人會，武德會、體育會一類並不專屬政務的事業的發達，都無不是由地方官吏勸誘的，而實際上呈現出越過了勸誘領域的干涉，……與之相反，直接以自治體的進步發達為目的的事業卻在各個地方都幾乎沒有出現。」就這樣報導了以機能集團為媒介的官僚制形態對地方的滲透。山崎延吉在《農村自治之研究》（明治四十五年）中引用了這個報導，憤慨地指出：「地方官之所以對人民採取如此措施，是因為要培養出能把地方官的權威限制在適當的範圍以伸張民意的公職人員，就需要為地方自治造出一些聲勢。但不幸的是，今日的很多公職人員……都把地方團體作為政事的目的物，這樣一來，人民能靠什麼來保全其利益和安寧呢？」這種抵抗官僚化以維持國家與社會二元性的「公職人員」的消失，就是德富蘇峰所說的那個〈中等階級的墮落〉過程的終點站。

多樣的，但在忠誠形態上是整齊畫一的，正因為這種社會實體的存在，才以忠誠似乎分割到多元價值和複數集團的外貌來發展的。這一點在別的方面，又成了集團甚至集團內部的無限的「陶罐」化或宗派主義[21]發酵的源泉。可以說它雖然常常阻礙社會的效率，但在分散來自天皇制忠誠過度集中所引起的危險上發揮了絕妙的效果。

與之相對照，叛逆的政治集中則是有實質性的、單純的集中。那是作為對被偽善、腐敗、阿諛所侵蝕的體制進行抵抗的「志士仁人」的社會主義（或無政府主義）而結晶出來的，因而純度很高，但在國民的基礎裡卻無法與缺乏實質性的天皇制集中相匹敵。在這個時代，能「從下層」支撐「志士仁人」之希望的，並不是在固定的生活中具有自主的組織和訓練的無產階級，而是完全被社會的保護和福利疏遠、在殺伐粗放的貧民窟的生活環境中被赤裸裸地甩出，並受到殘酷驅使的半流浪的「勞動者群」，是他們幾乎如同生理性地爆發出來的反抗（比如明治四十年以後，足尾銅山、別子銅山的暴動，以及基幹產業的罷工頻發）。這些反抗行動在表現形態和精神特性方面，與其說是「運動」，不如說是德川時代的暴動或搗毀行為等「騷亂」的直系。而且由於其生活地盤是流動的，沒有「根」的，因此可以說是缺乏持續性和積累因素[22]（所以，軍隊和警察的有組織的暴力鎮壓就可使之結束）。一方面是外來引進的革命思想，另一方面是以自生的 anomie 狀態（譯按：沒有規範的混亂狀態）為基礎的激情爆發，這兩種純粹的激進主義的「直接」結合在後來的很長時期構成了日本社會勞動運動的傳統。但在資本主義還整體向上的明治末期，皆很難扎根於一般國民的日常生活和日常關心之中。而且，天皇制這個忠誠象徵在國內，正如後述那樣，雖然漸漸失去種種形式的集中力（intensity），但在另一方面，通過日清、北清、日俄等一連串戰爭以及伴隨那些戰爭的對外榮光，擴大了共同體國家形象的普及。幸德秋水和木下尚江等「志士」，把對忠誠象徵的攻擊作為展開反戰論所不可缺的課題來把握，在這個意義上是擊中要害的。但是因此，他們不得不背負共同體感情亢進中發出的「非國民」、「國賊」等罵聲的指責，在這裡保持具有光榮的孤立。

---

21 但是那種「派閥」、「學閥」或「部局」的宗派主義，是發生在巨大的機構內部，或通過十重二十重的人和物的網絡而從屬於那種機構的集團裡的，所以並不具有原來封建「割據」的自足性和獨立性，這一點需要注意。

22 在最初的〈勞動組合期成會〉的設立趣旨中，有寫著「防止地位的墮落」、「共同提高品位」、「以自主和自重之念而奮起」等文字，沿著那個方向，從明治三十年代起，以造船、鐵道、鋼鐵等重工業以及軍需產業部門為中心，勞動組合運動出現了勃興。不久便如眾所周知，因〈治安警察法〉（明治三十三年）和其他的彈壓，致使本來就基礎薄弱的組合的擴大運動極其困難，當初的自主「地位」（status）的構思連扎根的機會都沒有就迅速「政治化」了。這時候，圍繞著採取所謂組合的直接行動主義還是議會政策的問題產生了對立，其中關於勞動者的權利的自然權思想與實定法主義的對立、日常利益的擁護與體制「革命」的關係的對立、鬥爭方法上的「積累」主義與「一舉」主義的對立等等，各自層次不同——因而客觀地說，有各種搭配的可能性——的問題潛伏著。論爭的當事者（不，有時也包括運動史的研究者！）並沒有清楚地意識到那些層次的區別和關係。姑且不論這一點，而包括那些多樣的細微之差，從整體來看，由「主義者」領導的運動較強地帶有本文所指出的性格，但關於那些叛逆集中的方式，本文不得不放棄對大正以後的社會主義和勞動運動的忠誠問題的歷史過程的考察。故在此僅以極簡略的語言談了以上幾點。

彌爾頓·邁耶（Milton Mayer）試圖通過實態調查還原德國納粹下的精神氣氛（Milton Mayer, *They thought they were free*, 1955），他指出，統一為對體制「忠誠」的世界和少數異端的世界被完全分割開來，形成了互不交流的兩個世界（當然一方是壓倒性地巨大），所以對小世界無論施行怎樣嚴厲的法和殘酷鎮壓，對住在另一方大世界的人們來說，都無法切膚感受，他舉出了各種事例來闡述這一點。「在納粹德國，出席共產主義者的集會就不用說了，連閱讀《*The Manchester Guardian*》（《衛報》）都是危險的。但是，究竟誰想去參加共產主義者的集會，誰想閱讀《*The Manchester Guardian*》？」（pp. 51-52）如果把共產主義者改寫為「主義者」，把《*The Manchester Guardian*》改寫為《平民新聞》或《光》、《新紀元》等激進報刊，那麼就可發現明治四十年的日本與那個社會並沒有多遠的距離。就好像與日本資本主義在明治末年早熟地進入壟斷階段的過程並行一樣，可以說近代日本的精神狀態已早熟地到達了邁耶的書名所象徵的「全體主義」下的「自由」氣氛。以下利用所剩的篇幅，稍微深入地考察一下明治末年的精神狀況，闡明這個時期在忠誠與叛逆的思想史上所占的過渡性地位。

## 封建忠誠的變質與退化

作為歷史複合體的「封建忠誠」的變質現象，從社會背景來說，如前所述，是自主的中間階層在被編入體制組織的同時，又作為寄生地主或都市新中間階層被系列化的過程中發生的。但從意識形態來說，其本來具有的「逆焰」（前引，吉田松陰的語言）等特性已消失，只剩下靜止的分限意識和恭順精神等契機，這些被新的「臣民之道」繼承下來了。本來，忠誠的活力之強度與集團目標的明確性是成比例的，富國強兵這個目標意識當初就是由「要使自國不亞於外國」這一強烈的對外動機來支撐的。但在明治前半期，關於為達到富國強兵必須做什麼的思考上，朝野都認為首先是解決國內體制的問題。但以明治二十年左右為轉折，隨著體制正統性的爭論點得到了基本解決，國內方面的目標就變得模糊不清，或至少沒有以前那樣能燃起激情了。這樣，傳統忠誠觀裡的行動＝業績主義和自立意識，在國內就沒有了體現的條件，轉而表現為直接對國際的＝對外「發展」的志向。可以說由作為「志士」的自由民權家演變成大陸浪人的途徑，就直截地體現了這種歷史的變動。但這並不是個別的特殊事例，廣大國民對 nation 的忠誠，與國內方面日益被動＝靜態的性格形成了反比，其充滿活力的側面發揮到擁護日本對外「發展」和「膨脹」的活動上了。[23]這樣，國際地位的提高和榮光的增大又反過來增強了共同體的一體感情，從而導致作

23　「忠君愛國」在國內方面已變得形式化和禮節化，但在對外方面，起碼在整個明治時代還未完全失去其自發能動性的契機。作為其中一個例證，以下引用石光真清的《望鄉之歌》描寫的一段對話，那是在日俄戰爭的沙河會戰時，川上素一大尉與曾在近步二連隊任教官的作者的交談：「在巡視戰線時常常感到，這樣的戰鬥光靠命令和督戰是不能做到的。因為即便不下命令和不做督導，每一個士兵都很清楚如果不取勝就會亡國，因而勇敢地赴死。這種勝利並不是天佑的，也不是靠陛下的御威勢。而是靠士兵每個人的力量。……我這樣說，教官認為不對

為政治統治機構的國家的性格走向倒退。

岩野泡鳴在明治時代末期，回顧了那僅僅四十年的國家忠誠觀的巨大變化（〈先帝崩御的二大暗示〉《近代思想和實生活》大正二年），有如下記述：

「際遇了孝明天皇崩御的人中，仍有不少老人或中老年人尚健在」，培育了那代人的「維新前的思想……與足利尊氏建立北朝時的時代思想沒有多大差別。……國家統一的觀念——更準確地說是皇室與國家一致的觀念——是遲鈍的，不少人為了國家，為了直接左右國家政治的當局者，甚至敢做對皇室最不敬的行為。」據泡鳴的回顧，即便已有「天皇與國家是同一的，為君殉死就是殉於國難」的思想，但直到日清戰爭之前，「那只是一般國民的理想或空想。教此者和受教者都好比去了遠國，對未曾見過的父親只能抱有每日供給飯食的心情，而實際上不能供給」。經過日清、日俄兩場戰爭之後才開始說「先帝的面影歷歷出現於一般國民眼前令人時常感到親切」。當然，必須考慮到這一觀察帶有泡鳴獨特的「日本主義」思想的偏倚，但即便如此，這裡暗示了由於組織的＝機構的完整化而使曾經疏遠的天皇人格形象又重新臨近國民的重大要因。不僅如此，「無論是敵方還是友方，都把政權的分立或內亂的結果直接視為對國家本身的相互占領」，這個觀念在當時、那些老人或中老年人的青少年時期還普遍是活生生的，但這樣的觀念驚人地在短期間內發生了穿越幾重山河的變貌，「皇室和國家一致的觀念」成了國民的常識映入了泡鳴眼裡，這裡濃縮地描繪了兩種情景的對照。而對同樣的過程能從內側進行觀察的，可舉出德富蘆花的《黑潮》的一節。在那裡有一位名叫神戶貞之的老人，侍奉於喜多川伯爵家三代，被稱為喜多川家的彥左衛門。他早前就慨嘆「君臣之義已與封建的末日一同衰亡，除年賀吉凶的儀式以外，來光顧喜多川邸的舊藩臣已不多，來者大體都是以利用舊主的名義或金庫為目的的」。對這個老人，「伯爵也知道他完全是為舊主考慮的忠義者，雖有煙氣嗆人之感，但他每次來都允許晉見，雖不情願但也聽他陳述強烈的意見」。這個神戶，對喜多川的荒唐行為試圖做「最後的諫言」：「你，我這樣說，你還不醒悟嗎？即便沒有人能壓住頭目，難道面對御靈位也不應有所慎行嗎？管家的、當家的、誰的、他的都領受了豐厚的重酬和眾多御恩，卻各顧自己，只知掠取御庫的財富，而無一人給與諫言。御家確實已到了末日。神戶已經七十五歲，不知何時就會死去，此給予諫言也不定何時就終了。」顯然，蘆花在此是想借神戶老人來描述衰亡的封建忠誠的純粹結晶。這時特別值得注目的是：第一、「君臣之義」、「為舊主考慮的忠義者」的核心絕不是對主人意志的恭順和默從，而是諫諍，這被視為當然之理，這個觀念也得到喜多川伯的承認。領受

續

嗎？」「不不，你說得對，我也認為是那樣。所謂天佑和御威勢，不過是給陛下報告時的文章而已。」

但是，這種忠誠在對外方面和對內方面具有「兩重結構」的落差，如果從病理上來表達，也可以說，「那些送別從軍時歡呼萬歲的人，其實就是曾希望其子能徵兵緩期，並想送子進官立學校的人」（幸德秋水《擊石火》）。

「眾多御恩」卻「無一人給與諫言」，這被視為「御家」沒落的確實象徵。第二、《黑潮》是在明治三十四年開始於德富蘇峰的《國民新聞》連載，小說所描寫的時期設定在鹿鳴館的舞會到《保安條例》發布之間，即明治二十年前後。也就是說，在蘆花的眼中，不僅是主人公東三郎那種從「幕府遺臣」意識裡發出的對體制的抵抗感覺，而且由神戶老人所象徵的那種散落於社會之中的「諫諍」精神，也都在明治時代還未度過一半就已變成了稀有價值。前面說過天皇制忠誠的集中並不僅僅是封建忠誠向國家規模的擴大，其問題也正關係到這一點。那絕不是隨著近代國家的形成而忠誠的主體和忠誠的對象發生轉移那樣自明的事。在廣泛強調日本「美麗的」忠義和臣節傳統的明治後半期，令人感到諷刺的是，不僅其傳統中的某些要素已大量地從社會感覺中消失，而且像蘆花那樣能敏銳洞察出此問題本質的眼光也成了社會的少數。也就是說，這裡出現了雙重的「脫落」。

如果從另一個角度來看這個變遷，也可以說，完全沒有親身經歷過幕末維新那種忠誠觀念的激戰和混亂的新一代人，在日俄戰爭前後陸續到了成年期。不能無視了這種世代交替的意義來平面地＝概括性地談「明治人的形象」。人們說從明治四十年左右到大正初期的時代，無論在社會過程方面還是在各種「思潮」方面，都構成了繼明治二十年之後的第二個新時代。要理解這一點，就需要將上述情況作為背景來考慮。

## 冷漠態度與「個人主義」

內面的被縛感以及與之不可分的忠誠的自發性，隨著忠君愛國象徵的普遍化而變得鬆弛。日俄戰爭期造出了大量的體制順從者，以此為轉折，各方面都出現了一種風氣，比如青年層、特別是有知識的青年層「對遼陽的激戰並不關心，而對壯士戲劇的評價卻很用心」（德富蘇峰），「與其關心國家，不如重視個人，與其立志當政治家，不如立志當演員」等傾向（三宅雪嶺）。蘇峰認為：「令人擔憂的不是非戰論者，而是無戰論者。」他說：「吾人雖然不與今日兜售一知半解的托爾斯泰論之輩為伍，但他們至少也是眼中有國家的，……還足以與之交談。至於那些對國家存亡的大事漠然視之，對任何喜憂都毫無感覺、毫不在乎之輩，就幾乎沒有拯救之途了。……真不知道！現在的青年中還有沒有不是這類無戰論者的？」（《青年的風氣》明治三十七年九月）。毫無疑問，那種冷漠的態度是對忠誠與叛逆兩方面的隱退。這種風氣究竟由來於何處？蘇峰雖然指出了自由民權思維的「舊時代性」並否定之，由此提出「平民主義」來展望「將來的日本」，但沒能回答這個問題。反而是三宅雪嶺等「傳統主義者」對此做了敏銳的分析。在雪嶺看來，對「無視國家的思想蔓延」感到憂慮的人，「大體都認為作為防止的方法愈益需要普及教育敕語」，但雪嶺指出「事實上，敕語的奉讀往往流於形式」。那些「冷國家」「熱個人」（蘇峰的表達——前引論文）的傾向，正是因為明治政府在數十年前，「不希望青年關心遽然興旺的民權運動並加入其勢力，對奉職於學校或在學的人們發出了絕不能參加那種運動的訓令，而且把自由民權一類的思想從教科書中刪除」等一系列教育方針所導致的結果。「權力者以為利用教育心得等平凡方法很方便，用權威來支配教育家，就可以達到預期的那種平穩無事狀態」。但「經過二、三十年以後，出現了預想之外的結果」（〈防止國民思想頹唐的便法〉《想痕》大正四年，所收）。與雪嶺的這些論點正好相對應，木下尚江在〈愛國心缺乏的原因〉（《直言》第二卷一號，明治三十八年二月）一文中說：「愛國心教養像今日這樣隆盛，是二千五百年歷史中未曾有過的。不料時至今日卻聽到人們非難青年學生缺乏愛國心的慨嘆聲。」以此諷刺蘇峰《國民新聞》表達的憂慮。還指出政府多年對教育設施的宗旨，「一言以蔽之，就是對有關愛國名義的命令一律默從，閉門讀書就足以達成學生之職分」。比如，「前年，得知渡良瀨川沿岸礦毒地的慘狀，首都的學生大舉赴其地視察，對其荒廢表示憤怒，主張有必要救濟。但政府立即對各學校下命令，嚴諭學生不宜注目社會方面的事情」。「多年來，以壓抑公心的發揚來訓練學生，時至今日已顯現出效果了」。這些論述與雪嶺的頗多一致，令人感到意義深長。

當然，那種冷漠風氣之所以蔓延，其一般背景不僅是因為有意識的政策導致的**反饋**，而且還因為前面簡單談過的那種「嚴峻的事實」，亦即由都市化急遽發展帶來的人口流動，和體制整體的官僚化帶來的組織僵化現象之間的剪刀差在明治末年已非常顯著。特別是日俄戰爭後的資本主義膨脹——企業的擴張與合併——需要臨渴挖井式地追加招募勞動力（當然，其反面是恐慌到來時又大量解雇），儘管如此，卻沒有伴隨與之並行的「經營」和「管理」方面的近代化發展。因此，大學畢業生的晉升途徑被堵塞，半慢性的失業化等問題漸漸引起世人關注。也正是這個時期，被稱為「多餘之人」的知識分子在文學領域登場。鳥谷部春汀在《青年與現代生活》（明治四十一年）中對此間的事情做了如下描述：「近來帝國大學以下，以及官立和私立高中的畢業生大多數不能就職，他們不知如何是好，這實在是社會的一大問題。……沒有獨立經營事業的志氣，只有指望領取月薪的願望，這種心情從一個方面來說是沒出息的。但近世的大事業愈來愈結構龐大，兼併之勢沒有止境，其結果，事業界漸漸出現了區分雇主與雇工兩個階級的傾向。對於那些只有學問別無他物的青年來講，打出獨立自營的旗幟來進入當時的事業界談何容易？他們把領取月薪作為理想也是情有可原的。……然而，對於一般雇主來說，實際上並不需要接受過太多高等教育的人，一般雇主所需要的，大體是下級雇員。……即便有智識也苦於沒有職業，因此產生不滿，最終成為自暴自棄之徒。由此便自然產生出激進的社會黨和無政府黨。」

當然，像春汀所說的那樣，把「激進的社會黨和無政府黨」的誕生直接地與青年的心理相結合，是難免有些邏輯上的跳躍。但事實上，「支撐平民新聞的大多數友人讀者是青年學生」（山路愛山《現時的社會問題及社會主義者》明治四十一年）。而且問題在於，「即使到了社會主義者與國家的對戰時，他們（青年）的多數毋寧將之視為有趣的遊戲，看到社會主義者與巡警爭執、與警部爭執，在法庭與檢察官爭論，就像看一個驚險雜技那樣感到愉快，並為其妙技喝采」（同上）。大概是這樣一種閉塞環境塑造出來的精神傾向支撐著《平民新聞》的粉絲。前面說過，叛逆集中的內部結構，是「志士仁人」與工廠礦山勞動者的「武裝暴動」的直接結合。如再詳細地說，那裡還有上述青年學生的那種，在天皇制忠誠圈的、廣大的但缺乏統合性的網絡中，與情緒性的「叛逆」發生共感的「聲援團」。但是那種聲援團的情緒，並不是以對積極原理的忠誠為依據的叛逆，那只不過是在忠誠和叛逆的活力都全面衰減的背景下發生的、日俄戰爭後的各種「頹唐」（雪嶺）的變種。在這裡不能期待會產生邁耶所說的溝通「兩個世界」的居民，或推進叛逆集中的精神特性，這裡只有脫落了內面被縛感的赤裸裸的感性的自我「解放」。他們的其他夥伴或者在唱著「美的生活」（樗牛）和本能的讚歌，或者宅在四塊半榻榻米的小天地中嘲笑「世間」。

因此在這裡，「意識形態」區分上的親疏關係，和與傳統精神特性的遠近關係之間有一個特異的交叉。如果用德富蘇峰的語言來說，「非戰論」的社會主義（或基督教）與「無戰論」的個人主義，在不同程度上都是受到正統的忠君愛國主義意識形態斥責的「風潮」，從這個意義上看，兩者是相近的。但是從自我內面的忠誠結構來看，非戰論者的「志士仁人」與無關心派是嚴肅切割的，他們毋寧與某種主戰論者（比如山路愛山和《日本新聞》同人等）相接近。關於蘇峰所說的「冷國家」＝「熱個人」也可以說是同樣的。雪嶺在〈事大主義與危險思想孰焉〉（《想痕》所收）中這樣指出：「個人（或世界）主義者」認為，「作為個人應與世界人類共進，蹈躋於國家之範域已是過時的遺物，新時代的新人與舊時代的舊人態度相異是順序之必然」。這種想法「乍一看好像是唯我獨尊的，反權勢的」，但那只不過是「認為新時代必須取代舊時代，順應之才有利益」，或者「單純是因為某些部分在歐美正在實施而提倡之」，實際上，那無疑是「完全純粹的事大主義」。與之相反，「幸德是從忠君愛國者轉變為無政府主義者的，但有可能再從無政府主義變為忠君愛國。成為無政府（主義）者的時候雖危險，但比起徒然諂媚於強者，諂媚於強國的強者，他又能如何選擇？……只順應於不通道理的小兒和地頭，默認天皇什麼都對，這是可以維持秩序的，但只能停留於維持秩序，而毫無發展地走向衰落」。在這裡，雪嶺說幸德從忠君愛國轉變為無政府主義，也許還會返回忠君愛國，當然不是要說幸德由「事大主義」的忠君愛國轉向或變節，正好相反，而是要說幸德是以內面的忠誠結構的同一性為前提，而做出自主的忠誠轉移。從這種自我的層次來看，雪嶺把幸德歸入跟自己相同的「熱國家」陣營，並點出了那些乍看相反的御用忠君愛國主義者與頹唐的個人（世界）主義者的內面深處都包含著共通的順應主義。

這種對角線交叉的事例，還可以從田岡嶺雲那裡看到。嶺雲在明治四十二年寫《明治叛臣傳》時，年輕一代的行動方式是怎樣映入明治創業期成長的嶺雲眼中的呢？

他說：「今日的青年太沒志氣，心中煩惱的盡是學校畢業後的就業困難問題。讓其心動的是絳紫色和服裙的擺動和緞帶的閃爍。不會揚眉吐氣論功名，卻不忘用美容洗劑擦洗臉上的粉刺。不會聳肩大罵天下英雄，卻不忘用髮蠟抹亮頭髮。……今日的青年太務實，太過拘泥於瑣事，但青年需要活躍於幻想。今日的青年太秩序性，太過苟安於小成。……霸心橫逸，朝氣蓬勃等青年的光彩在其積極能動性之中。……不正是明治維新的革命成全了青年的飛躍，不正是憲政建設成全了青年的活動嗎？……吾人並不是要讓今日的青年橫議治國平天下的經綸。……其可舉止優雅，其亦可修飾風采，其可學醫、學工、學商，各擇其所。但不論學何術修何科，其志向須高，其所圖須大。」（同書序文）

嶺雲通過這些呼籲描繪了自由民權時代的叛逆者形象，「特以此勸戒今日之青年」。這件事本身說明，實際上，從統治者的立場和新世代的氣氛兩個方面來看，《明治叛臣傳》的基調都是「反時代」的。同樣是講「叛逆」，但從民權派到嶺雲的系列與明治末年的脫政治的「反抗」之間有著巨大的鴻溝。已經進入社會的官僚化和專業化網絡的世代，與嶺雲一代人相比，已變為更加老成的「現實主義」。在以冷笑來面對「治國平天下」的慷慨這一點上，「用髮蠟抹亮頭髮」的就業第一主義青年也好，冷漠的「多餘者」青年也好，對世俗做「叛逆」的白樺派青年也好，顯然都是站在同一立場的。[24]但那裡隱伏著不能光以時代變遷和世代不同來解釋的重大的思想性問題。

## 抵抗的精神與謀叛的哲學

從忠誠與叛逆的範疇方面來看，明治末期，傳統的想法作為知識階層的社會意識已確實走向消退，而另一方面，「革命」的各種思想範疇還未大量流通，正好處於峽谷的時期。德富蘆花、田岡嶺雲、山路愛山、三宅雪嶺等思想家正是在這個峽谷之中，以自己的一身具體表現了上述那種特異的「交叉」，以此充當了對天皇制的「集中」進行各自抵抗的最後旗手。在他們那裡，對體制意識形態中的進步與反動問題，和自我內面結構中的隨順與抵抗問題，都能明確地將之區分為不同的層次。但這種層次的區別，在大正民主主義以後的思想中就變得含糊了，抵抗的問題被綜合到體制「革命」的感覺之中了。下面把這種思想史的關聯性作為背景，簡單總結一下雪嶺、愛山的抵抗思維和蘆花、嶺雲的「謀叛論」。

如前所述，三宅雪嶺從當時的世界主義者和個人主義者之中，看到了反事大主義的外貌背後掩蓋著的事大主義，而與之相對照，無政府主義者雖然在「兜售歐美某些部分所提倡的東西」時也難免有事大主義，但他們卻敢於採取那種「在物質上毫無所得，只會受到警察的壓迫而蒙受損失」的行動。雪嶺更加評價這樣的精神。他那篇題為〈奴隸根性與義務心〉的作品（《想痕》，

24 在這一點上，石川啄木是年輕世代中的例外。正因如此，他指出了「父兄」與「我們青年」對國家的接受方式是不同的。並敏銳地擊中要害地說，自然主義青年也好，「哲學的虛無主義」青年也好，「立志於實業界」的青年也好，其自我意識在「國家與他人的境遇」這一點上是基本相通的，「乍一看那似乎把強權（丸山：指國家權力）視為敵人，但……不如說那是服從了應當視為敵人之勢力的結果」（〈時代閉塞的現狀〉明治四十三年八月）。

大正四年所收）明顯地反映出了這種反事大主義的精神與傳統忠誠的活力的深度結合。他認為，雖然「服從是團體生活中不可缺的一種美德」，但「同樣是服從，也有基於義務心的服從與奴隸根性的服從的巨大差異」。服從的義務心與獨立心是相容的，但與奴隸根性是不相容的。「鎮西八郎為朝獨立不羈，不聽命於任何人，但能為九州而犧牲，……被流放遠島尚能呈武勇。」這正是近年倡導的日本人海外發展論的模範人物。與之相對照，「蒙古兵和土耳其兵之所以猛烈」，「實際上都是由於對統率者唯命是從」。其以集合的能源開闢了世界最大的版圖，但是，「正如洪水之來去，一旦退去便無痕跡」。這是為何？因為他們的服從終究是「依靠他人而顯力，不依靠他人就不能顯力」，也就是說，那是基於他人志向的順應主義的。——就這樣，雪嶺認為「我日本之所以有今日，是因為反事大主義才發展而來的」（〈事大主義與危險思想孰焉〉同上書）。從楠公的七生報國，到維新志士的「明知如此做便會如此……」，都貫穿著反事大主義精神，他正是想從這種精神中領會出日本的傳統。

雪嶺的這種歷史解釋雖有「片面性」，但對於本稿的題目不是問題。他以這種「解釋」來對抗近代日本的時代（事大！）精神，這一點對於本稿才是重要的。然而，發動維新和創造出近代日本的反事大主義的精神，在日本的「近代」之中，隨著「有才能有學識的奴隸精神」（用我們的話語來說，就是家產型的「恭順」和近代專業官僚的「技能」的特殊化合物）的蔓延而漸漸失去了。有人說，奴隸根性是「舊來的陋習」，「現在的青少年到了當事之時，就會大改旨趣」。

但是，「果然會那樣嗎？真有點令人疑惑。……讓討厭獨立心的官吏監督教育，讓討厭獨立心的教員擔任授課，那麼除了天生富有獨立心的人之外，人們都會變成對強者唯唯諾諾的，……難以期待能改變現在的趨勢」（〈奴隸根性與義務心〉）。雪嶺在做出這個診斷的基礎上指出：「如果時代思潮的勢力旺盛，足以壓屈反抗者的話，必定會導致推遲世間進步的弊害。如果時代思潮的勢力不旺盛，對其有很多反抗者的話，時代反而會相應地充滿活力，帶來促使世間進步的效果。因此，只要不是急需保全自己，就最好盡量不要屈從。」（〈請勿屈從於時代思潮〉同上書）他就是這樣把非順應主義普遍地視為「世間進步」的原則的。

當然，在雪嶺的「國粹」觀中，也有與基於共同體國家形象的「真的」忠君愛國深纏在一起的因素。這與他「愈益感到今日要提高獨立心而減低奴隸根性的必要性」的焦慮感相結合時，「甚至希望能有鼓勵此（培養獨立心）的詔敕。當然這個想法大概也是受了事大主義的影響」。他如此自嘲地表現出自己也免不了「循環論法」。但是，由南條文雄、井上哲次郎、澀澤榮一等人在國學院大學舉辦對蘆花「謀叛論」講演的反駁演說會時，這一天的講演者中僅有一人為幸德辯護，他就是以批判大逆事件的判決而引起了全場轟動的「國粹主義者」三宅雪嶺。再往後來的時代推移，又發生了作為第二個大逆事件而震驚於世的難波大助事件。今村力三郎擔任了這兩次大逆事件的辯護，之後根據其經驗對赤旗事件－幸德事件－難波事件之間的彈壓與叛逆的連鎖反應關係進行了嚴密論述，並寫成了非賣品的名著《芻言》。而恰好在此著頒布之後，雪嶺在《我觀》中寫了題為〈兩次大逆事件〉（大正十五年八月）的文章，勸導人們反覆精讀此著。在那裡，雪嶺介紹了以前《大日本史論贊》的〈逆臣傳贊〉中所記載的，關於聖德太子被判為殺害天皇的共犯，直到擁戴皇族為總裁的「太子奉贊會」成立，才使其從大逆事件中「復活」（名譽恢復），這就構成了兩次大逆事件。以此事作為諷刺性的對比，指出「對大逆罪這種事，不能只是吃驚和憤怒，需要詳細考察其原委」。可見，他那種「熱國家」的關心是一直貫穿著平靜的抵抗和諫諍的哲學的。

又如眾所周知，山路愛山作為民友社系統的新聞記者，是從與德富蘇峰極其接近的思想位置出發，並與蘇峰一樣都走過信奉共同體國家主義與「帝國主義」道路的。但是，蘇峰的以單純進化圖式為基礎的平民主義不久就與日本帝國型的近代化完全黏合了。與之相對照，愛山在幕末的少年期由於父親屬於彰義隊而負有賊名，所以在維新的變遷中經歷過心酸體驗，他努力從這些經歷中不斷抽取出思想的意義，在其歷史和時事的評論中持續表現出一貫的對天皇制式「集中」的抵抗。可以說，正如雪嶺所表現的那樣，愛山也是強調國民的傳統中與俗流的國體史觀完全相反的側面，以此對外來史學的官僚思想和已變質為「國民道德論」的忠誠觀展開兩面作戰的。

在最終未能完成的愛山的畢生之作《日本人民史》（未公刊[25]）中，可看到他對官．賊範疇的批判花了不少的篇幅，由此可窺見他執拗的基本思想立足於何處。在那裡他說：「自水戶系的史學流行於世間，義理名分的議論喧囂，……官賊不可兩立是支那歷史學家的口頭禪，說賊時不僅懲罰其行為，而且筆誅其精神，這種癖性傳染到日本的歷史學家，可以說其根源在孔子的春秋。」（同上書，第四章；這與前述的西村和福澤的觀點具有顯著的類似性。）同時指出：「在日本的歷史中，沒有一人可稱為賊。……日本的史學家所稱作賊的人，大抵不是言論方面的，而只是動用兵力的變形政黨。……國內的爭亂畢竟只是兄弟爭鬥而已。別忘了兄弟爭鬥無論怎樣喧囂也只不過是父母和家之事，……沒有不念著對萬世一系至尊的忠義。……即便是用暴力對抗當時的政府，但如果立即將之斷定為賊，就實在是無情殘酷之所為。」他通過強調日本天皇的政治超越性的傳統，來抗議國賊範疇的亂用。但是不如說，他的本領在於更進一步地，通過對歷史的分析，找出個人的自主性和抵抗精神以及積極的行動＝業績主義，從那裡抽取日本之所以有今日的精神特性。

關於楠正成和赤穗浪士，他並不是讚揚其「忠臣」的側面，而是讚揚其「始終堅持自己的骨氣，寧可殉於自己之所信」的「抵抗精神」（同上書）。他認為「大和魂」無疑是抵抗精神的同義詞（！）。不僅是他的史論，而且他的政治論基本上也是由以下哲學支撐的，即「任何力量，都必須有對其的抵抗力和妨礙力，才能受到節制，受到訓練，從而得以進入軌範。無論任何場合

25 〔後注〕：這篇未定稿的作品，是在本稿執筆後的一九六六年（昭和四十一年），由山路平四郎氏校注，岩波書店公開出版的。

都絕對不受任何抵抗的力量必然會變質為暴力」(《書齋獨語》明治四十五年)。他以這種哲學與明治的近代化形態對抗時,自然就發出了「起來吧,反動兒」(《獨立評論》明治三十六年六月)、「用野蠻的元氣當文明的主人吧」(《戰時的青年訓》明治三十七年四月)這種貌似悖論的呼籲。與那些「當世風格的俗吏」、「圓滿先生」、「完美的人物」相對照,強調維新前後的人物具有「以國家為己任之心,和功名富貴之外的另一種品格」。愛山在明治末年撰寫的以〈日本帝國的四根支柱〉為題的論文(《國民雜誌》明治四十四年六月),表達了他的抵抗的社會學基礎是設定在地方的自主中間階層對抗中央官僚的二元緊張之中的,這非常有意思。關於這一點他說:

維新的變革不是靠薩長,而是靠國民的力量推進的。但所謂國民並不是指「人民的整體」,而是指「那個時代在日本國能讀些書和多少關注國事的那種國民的嚮導者,具體的是武士、神官、僧侶、儒者等」。如果將此理應用於明治末年的現實,可以說是(1)鄉村的官吏、(2)學校的教師、(3)寺院的僧侶、(4)駐紮在村裡的巡警,這四者是代表平民自下而上地支撐日本元氣的「中等社會」。愛山認為,日本的繁榮和沒落並不取決於有沒有桂(太郎)公、西園寺公、東鄉大將、乃木大將,而是取決於上述這種日本國民的地方嚮導者,他們不是將其地位作為「一時棲身之處」的晉升階梯,而是扎根於當地,面向整個日本和世界,關心其不斷的向上發展。

他是想在這些中間層嚮導者中尋求自主和獨立和抵抗精神的社會據點,比如關於「四根支柱」中「學校的教師」的論述就明顯地表現了這一點，他說，「如果認為自己是學校的教師，只要按文部省吩咐的那樣去機械地運作就好，這種想法是對國家和君父的不忠和不孝」。在這裡，傳統忠誠的思維正是立足於跟官僚性的服從思維正面對立的關係中的。當然，愛山關注的那四根柱，在現實中究竟能否發揮愛山期待的作用是另一個問題。實際上，那些地方中間階層在這個時期已經被納入重編的體制之中，被系列化了，所以有些觀點認為愛山的「構想」已脫離時代的現實。但反過來說，因為大正以後的「革命」思想和運動過度地相信底層人民＝無產階級的「叛逆」直接聚集的意義，並相信「中間階層會兩極分化」的神話，以至於最終沒能恰當地評價中間階層作為政治活力的意義，這也是不可否認的事實。正因如此，在面對體制的危機時，反而是「右翼」中的激進主義者和革新官僚方面的人，能注重「地方嚮導者」所積蓄的能源。

而德富蘆花和田岡嶺雲的「謀叛論」，則可以說是日本近代思想史中，以謀叛或叛臣等傳統語言來把握政治叛逆問題的思想論的最後嘗試。這些「謀叛論」正好是在明治的無政府主義者的「爆發」時期出現，因此帶來了超出他們的意識的象徵性意義（當然，所謂「出現」，蘆花的主要是講演，那些講演也是最近才以滿篇避諱文字在全集中公刊而顯示出全貌。而嶺雲的《明治叛臣傳》也是一直被埋沒，直到最近才公布於世。關於前者，可參照《文學》昭和三十一年八月號中神崎清的〈德富蘆花與大逆事件〉，關於後者，可參照西田勝解說的青木文庫版）。蘆花明治四十四年二月一日在第一高中進行了感人肺腑的熱情演說，深深地打動了學生，甚至因此而掀起了新渡戶校長進退問題的波瀾，其經過就不一一詳述了。在此只想介紹講演的如下內容。在這個講演中，蘆花講述了他對天皇個人的人格親近感（他曾試圖直接向天皇請求〔譯按：對大逆者〕免死），但儘管與天皇有這種不可分離的關係，卻錯過了「讓真忠臣轉禍為福的難得的機會」，所以目睹政府對「並非賊之志士」的被告做出陰險冷酷的處置，他吐露了內心的憤怒。他還指出：「不僅是政府，而且還有議會等等，誰都對大逆之名非常恐懼，沒有一人敢為國君之聖明而擯除弊事。其實，對於出家的僧侶宗教家來說，哪怕只有一人能為逆徒祈求饒命，也應該是好事。然而，一聽說管轄下的分寺院出了逆徒，就驚慌失措要將其逐出宗門，剝奪其僧籍。即便上書請罪，也得不到一句慈悲之詞。」就這樣，他尖銳地指出了連宗教界都把原理的超越性完全埋沒於對俗權的恭順之中。這些發言暗示著他的忠誠觀的內在結構。

唯有對原理和人格具有活生生的強韌堅守，才可能在自我的層次，對那種主體地逆流而行的「諫諍」和由此而撕裂自己的「謀叛」有痛切的感受。這一點也表現在田岡嶺雲的思想中，嶺雲說：「我是每次經過皇城前面都悄悄地脫帽、奉上衷心敬禮的忠君愛國主義者。如果說後來我的思想多少出現了一些不同的色彩，那就是對所謂官僚主義的偽忠君愛國的壓迫產生了一種反抗。」（〈數奇傳補遺〉《中央公論》大正元年八月）（因此，把嶺雲這句話只看作小心翼翼的奴隸的語言是不恰當的。幸德的自我內面也有這樣的摩擦。）蘆花說：「不能懼怕謀叛，不能懼怕謀叛人，不能懼怕自己成為謀叛人。新的東西往往起於謀叛。……為了生存必須謀叛。」不論是組織、真理或信條，一旦僵化為一種「型」而發生停滯，就需要排除這種對「型」的順應。作為生命的脫胎換骨過程，蘆花是肯定謀叛的。但是，這個過程同時也是對易於依憑所與之自我的內面傾向做不斷的鬥爭，是「忍受痛苦」的解脫。那絕不是享受僅僅擺脫外在束縛的、平板的（譯按：毫無內在緊張的）自我解放感。當然，這一點如果無視了蘆花所受的基督教的影響，也是難以理解的。但另一方面，蘆花說：「幸德君被作為亂臣賊子消失在絞刑台了。即便有人對其行動不滿，但又有誰能懷疑他作為志士的動機呢？諸君，西鄉也曾是逆賊。但在今日來看，還有誰能像西鄉那樣不是逆賊的呢？」蘆花對西南戰爭的持續關心（《灰燼》等），與前述的《黑潮》的論調相呼應，暗示了那存在著一個不可單純歸結於基督教或西歐人道主義影響的、另一種謀叛論思想的重要譜系。

田岡嶺雲在《明治叛臣傳》（明治四十二年）中作為總敘所寫的〈謀叛論〉，是以他獨特的「進化論」哲學為基礎的。正好與同時期的加藤弘之從完全相反的政治觀點來論述的那樣，嶺雲也把進化視為「物質界的天則」，把表現為人間社會之大勢的東西視為「進步」。因此認為，當進步需要突破「故習舊型的執著」所帶來的障礙時，就會發生謀叛。「進步的離心力對拘泥保守的求心力產生衝擊」就是謀叛。「無波瀾則沉滯，謀叛是一種波瀾。……有謀叛，時勢才會躍動，有謀叛，歷史才會發出光彩。謀叛也可以說是對『現狀』的一種鞭撻。……既然歷史是意味著進步，即意味著向上和發展，那麼歷史就是謀叛的連續。」在這裡，嶺雲把謀叛的哲學結合到

——比較俗流的——辯證法中了。他說：「比如這邊是A，其反動方面是B，那麼對B的反動所產生的A'，就是A與B的統合，毋寧說是與A接近的。……就這樣，在主題與反主題乃至統合的交互進行之中出現梯形的展開，這就是有進步。」具體地說，「民權主義是對帝國神權主義的反動，那麼對民權主義反動的國家主義就是兩者的統合，而接近後者。對國家主義反動的社會主義又是兩者的統合，而接近前者。如此可見，反動亦即謀叛」。嶺雲在接下來的一節中，論述了維新的革命如何由於革命者自身的因襲化而轉變為藩閥專制，並強調自由民權運動才是遭到背叛的革命的正統繼承者。關於在這個運動中「天下志士最真摯熱烈地獻身於其所信」的事蹟，他採用實況記錄的手法分別把主要的「叛臣」描寫出來，試圖作為楷模提供給那些變得「沒有骨氣」的同時代青年。

嶺雲以「自然」對峙「惡魔的文明」，把「回歸自然」的原始主義與一種「社會主義」結合起來，以此作為抵抗官僚化和規格化的根據。這一點與蘆花相通。但是，蘆花把謀叛視為靈的生命對停滯之「型」的叛逆，所以謀叛在那裡幾乎替代著「宇內進步大勢」的歷史，就好像「謀叛」的自然哲學成了向「革命」的歷史哲學過渡的象徵。然而，因為嶺雲把謀叛的構思直接嵌入非一己之事的社會或「主義」的發展法則公式裡，結果引起了不可收拾的混亂。民權主義是對帝權主義的「謀叛」，國家主義是對民主主義的「謀叛」。「不僅政治是這樣，從文藝上看，浪漫派是對古典派的謀叛，寫實主義是對浪漫派的謀叛，象徵派是對寫實主義的謀叛」（！）。在這種萬物皆進化、皆謀叛的邏輯中，實際上什麼都不能特別地作為謀叛而具有特色。這個公式顯然與支撐嶺雲內面的特性不相符。

嶺雲的本領並不是陳述這種平板的「辯證法」哲學，而在於主張一種自我意識，即「我希望任何事都不要與自我一流主義切斷，我就是最高貴者。我不能相信沒有經我過濾的任何主義、任何學說」（《數奇傳》）。而且在其內面精神裡，被縛性的契機和自主性的契機總是結合在一起的，這正是構成嶺雲那種公共性的「叛逆」行動的發條。他指出：「今日的人討厭被束縛。……成為陳說舊習的奴隸固然是可恥的。……而今日的人朝往東暮往西，誤認為無操守無本分就是不受束縛，反而以為對自己的主張堅定不移的人是固陋的。但所謂有所束縛，不正是有所守嗎？而今日的人卻罵有所守的人，斥之為被束縛。殊不知，把自身的被縛感視為固陋的人們，自己正是被西歐輸入的思想束縛而流動變遷的人。」（《從豆南的客舍返回藝陽》明治四十二年三月）這裡正體現了與雪嶺的同一軌跡，那是在與歷史和體制問題區別開來的視角中，明確地意識到抵抗「客觀」大勢的那種「保守」和「固陋」在自我層次中的意義。「謀叛」也正是作為與自我的積極性相關的態度來把握，才成為符合嶺雲自己所意圖的「哲學」。

## 其後的情況

通過追尋從維新的忠誠相剋到天皇制忠誠的「集中」過程，我們已對福澤的「瘦我慢精神」

到田岡的「固陋」或他所說的「髮髻主義」（譯按：髮髻指舊武士的髮型）中表現出來的抵抗和謀叛哲學做了意義定位，在此就暫且擱筆。本來，如要凸顯出本稿的主旋律，最好也把叛逆的集中所結出的果實——社會主義以及無政府主義在大正民主主義以後的發展，跟人格內部的忠誠與叛逆問題結合起來做個闡述。但那就屬於另一個題目的論文了，故不在此論述。這裡就僅僅「抽象地」點出其後的問題所在來作結語。

蘆花那種形式上叛逆的、作為主體的自我或「生」的契機，與嶺雲那種歷史的社會發展法則的契機，不久便以更為精練的形式在大杉榮的「叛逆哲學」中合流了，這為大正的無政府主義運動奠定了基礎。但是，恰恰這時無政府主義思想把社會主義和勞動運動的主流地位急速地讓給了馬克思主義。與這一狀況相並行，那些繼承大杉課題的嘗試——讓叛逆立足於自我並發展為原理的這個方向，也被吸收到「客觀的」歷史發展法則之中，以致在「革命」陣營中消失了。總之從結論上說，可以認為謀叛思想的衰滅，和忠誠與叛逆問題在自我層次意識化的內在衝動的減退，幾乎是同時進行的。這個問題在思想史上意味著什麼呢？

「革命」是本質上具有社會性的，因此具有一定的歷史方向性。而「叛逆」和「抵抗」則是對某種既成的社會集團或原理進行自我的有意識的脫離，以及距離感的持續設定，它對歷史或社會發揮什麼作用並不是一義性的，因狀況和條件的不同而具有各種方向性。但另一方面，沒有讓「叛逆」在自我內部做充分過濾的「革命運動」，不僅隱含著其本身走向官僚化的危險，而且運動一旦開始退潮，也會難免出現集體「轉向」的脆弱性。雖然沒有歷史方向意識的「叛逆」往往盲目，但沒有叛逆精神不斷從內部進行更新的「革命」也會迅速地形骸化。從體制的層面來看，革命「運動」就是叛逆，但在「運動」的內部實際上有很多意味著雷同和順從的因素。在日本的革命運動中被稱為「天皇制」的諸種傾向之所以橫行，大體是因為沒有通過個人內面的忠誠相剋，「正統性」就在革命集團內部確立起來。那些採取把「忠良的臣民」分割為兩個陣營的形式，來構成社會規模的體制與反體制的運動，如果從自我的層次來看，對立的雙方往往帶有令人吃驚的共通性。而且在這種情況下，由於統治與革命雙方走向集中化的傾向，抵抗的獨自領域往往受到思想和社會侵蝕。因此與之相應，「國民」或「大眾」的表象就輕易地與「新體制」同一化，曾經那樣尖銳對立過的「權力」與「運動」，在自我的意象中就迅速地結合成同一個表象了。

當然那裡也是有叛逆的「感情」和「行動」的。但如前所述，對天皇制的忠誠，一方面通過官僚化而轉化為權限和恭順的倫理，另一方面通過社會化而同化為對「世間」的順應。這些都不可避免地制約了大正期以後的「叛逆」的內面結構。因為，隨著志士仁人意識的退化，叛逆的確是擴大了「大眾的」基礎，但那是在忠誠的相剋和摩擦的活力減退的背景下產生的叛逆，這種叛逆難免帶上平板式叛逆的性格，自我的內面制約和陶冶必然變得非常貧乏。而且，天皇制本身也不是用「原理」來統合的。就這樣，近代日本通過官僚化和世間化，連「天」的思想這種傳統的超越性契機也甩掉了。所以在反抗這種狀況的叛逆中，要使作為對抗象徵的理念從內面走向成熟，也變得極其困難。這就導致了叛逆的大眾形態不得不「直接」依存於「性情乖戾之人」的意識，或「怪僻的性格」，或對職場人際關係的怨恨等狀況。[26]

那些被慣例化的生活環境拋棄，或對既成集團的歸屬感走向減退等現象，都確實是忠誠轉移的條件，但只要叛逆的直接發條是由那些異化感和「無秩序」意識來形成的，那麼自然的自我就不能得到內面充實感的支撐，因而也難以期待從那裡產生出創造性的，並能持續地形成秩序的能源。即便因為客觀的條件而得到革命意識形態的滲透，但那在自我的層次只是與意識形態的情緒一體化而已，所以不可避免其思想的浮動性。

本稿在準備期就遇到了一個讓我再次吃驚和反思的事實。亦即，在既有忠誠對象戲劇性地崩潰和發生大量忠誠轉移的意義上可與明治維新相比較的，也就是一九四五年以後的「變革期」了，但在這個「變革期」，能從自我的內面呈現出忠誠與叛逆交錯和矛盾之力學的資料，或者說將那些問題自覺化的嘗試竟然是極其貧乏的。[27]那無疑是反映出天皇制下的國家忠誠在戰敗以前就已經實質上形骸化了。然而，難道就僅僅是這個問題嗎？本來，從一九五〇年前後到史達林批判和匈牙利問題為止的共產主義陣營的分裂與相剋，正是讓人不得不意識到對原理的忠誠和對組織的忠誠之間尖銳碰撞的「模範」事例。但是，即便將之作為客觀的意識形態論和組織論的問題（儘管不充分地）來考察，從自我的層次來看，也只能看到關於組織中直接的人際關係的描寫，或聽到關於「體驗」的感傷告白，而把上述那種緊張作為思想問題而展開的嘗試，卻貧乏得寥寥無幾。所以，本研究最終不得不越過忠誠的對象是什麼的問題，而直擊忠誠觀本身的內在結構。作為把握這些大問題的一個線索，本稿著眼於「封建忠誠」這個複合體，勾勒出了其解體過程的

26 前面談過，由於明治末年的組織僵化引起了青年學生的異化感，那實際上是隨著資本主義的急遽發展以及與之伴隨的日本型都市化，幾乎所有集團和組織的內外都蔓延著人們缺乏聯合性所帶來的異化感。本來自由競爭如果不確立「規則」是無法想像的，但在這裡，卻變成了為獲得自己的先機而採取一切手段和方法來排斥其他人或競爭集團的「武鬥場」，也就是說自由競爭成了這種「武鬥場」的同義詞（可以從尖峰時間的電車來想像其狀況！）。這種不斷被再生產的「規範缺失」的狀況，實際上是一君萬民天皇制的「近代化」這個盾牌的另一面。大正初期，即便在處置了集中在社會角落的「大逆」之後出現了一片安穩的大海原，但認真觀察就可以看到，實際上那裡有無數的小波浪在洶湧喧囂。雖然叛逆沒有出現體制形的集中，但現實狀況是，「當今的時代，人民對政府不滿，下級官吏對上官不滿，會社員對會社高階管理人員不滿，學生對學校的教師不滿，妻子和子女對家庭的主權者不滿」（岩野泡鳴〈新思想的由來〉《近代思想與實生活》大正二年）。如誇張一點來表達，可以說「今日雖然表面上風平浪靜，但水底下浪濤洶湧，如大小漩渦一起旋轉。撥開社會的一層皮，就可見到下面正在形成激烈的變動。甚至可稱之為精神的破壞期，不，稱之為精神的瓦解期更恰當。……今日如扁舟下急湍，要被自然之大勢衝下去了」（德富蘇峰〈精神的瓦解〉大正元年十二月）。這種在社會的官僚制中被微分化的「不平不滿」，特別是勞動者對職場上司的不滿，不久便構成了大正期「工團主義」的「自然成長」的側面。

27 大熊信行在戰後很快就指出了這些問題之所在，並執拗地對之進行了探究（《國家惡》昭和三十二年所收），他的業績在這個意義上是非常貴重的。但是連大熊氏這樣的社會科學者，也把作為機構的國家完全埋沒於作為共同體的國家像之中。這是另一個令人深思的問題。

粗略素描。

如果把近代日本的忠誠與叛逆問題浸泡到自我內面性的藥液中，那裡直接地只會顯現出「消極」的圖像，這一點我之前就已預想到。那是雙重意義的「消極」。第一是因為支撐武士特性的歷史＝社會基礎當然會隨著近代化——不論是怎樣形態的近代化——而面臨逐漸解體的命運。第二是因為只要以封建的忠誠觀為前提，「謀叛」作為一種價值象徵是難以消除其負面性格的。因此，隨著傳統忠誠的實質走向解體，「諫諍」和「謀叛」這些用語本身也落後於時代了，這是自明的歷史過程。如果光談這一點的話，就等於什麼都沒有討論。而且，近代國家的主權觀念如果不剝奪封建身分、行會、自治都市、地方團體等「中間勢力」是不能成立的，任何國家都是這樣的。若期待原原本本地「保存」那種歷史的形態，這個願望也只能是感傷的趣味。但是，那種中間勢力的自主性（這一點本來在日本就薄弱）的傳統，在近代日本為什麼沒能在自發團體中重新發揚起來呢？而且在日本，為什麼絕對主義的集中不能使國家與社會的區別明確地鞏固下來（儘管這正是絕對主義的重要思想史作用），進而朝著國家被社會攻陷，或社會被國家攻陷的方向發展呢？只有追究這其中包含的意義，才能使問題超越單純對歷史「過去」的敘述，而作為社會學的或思考的形態來連接現代的題目。

究竟是否隨著封建忠誠的解體，一般的忠誠意識就會失去被縛性與自主性的辯證張力呢？本來，「謀叛」作為否定的象徵是強有力的，正因為具有這種力量，忠誠的轉移成了痛切的自我內部糾葛被意識化，其摩擦又促進了叛逆的內發能源的積蓄。但是，當自我層次的「謀叛」意識被吸收到與「世界文化大勢的人類解放新氣運」的「協調」（新人會），或作為「歷史之必然」的體制革命思想之中時，卻反而強化了對組織的忠誠與對原理的忠誠相互黏合的傾向。另一方面，對組織官僚化的叛逆，無論在天皇制之中，還是在異端的「天皇制」化之中，又體現為沒有任何被縛感的、自我的「物理性」爆發和肉體的亂舞。近代日本的組織的精神特性，究竟繼承了舊體制下的忠誠結構的哪些因素？和沒有繼承哪些因素？——這些問題已不是懷舊的旋律，那已作為現代必須每日結算的債務闖係橫迫在我們面前。將「消極」僅僅作為「消極」來美化或抨擊並不是我們的課題。對於我們今日的責任和行動來說，從「消極」的圖像中讀出「積極」的圖像才是重要的課題。這時候，「本無忠節之人，終究不會有逆意」這句反語，就能超越糾纏在那裡的所有歷史制約，向我們敘述某種永恆的預言。

＊〔追記〕本文在資料方面特別得到了武田清子、石田雄、松澤弘陽諸氏提供方便，在此表示感謝！

# 幕末的觀念變革：以佐久間象山爲例

## 1

對於那些歷史上的思想家，我們今天看來，可以從各方面來加以評價。比如，我們可以完全不看他們生活的時代背景，只把思想家作為一個人，就那些人生永恆不變的課題，或我們日常生活中遇到的問題，看看他們是如何處理、如何回答的。還有一種方法就是反過來看，該思想家、這裡具體就是指佐久間象山，將他置於特定的、無法再現的歷史場景中，來辨析其思想在該時段的歷史背景下處於什麼位置，起到什麼作用或受到哪些制約。研究這些思想家的方法並不是抽象地說哪個好哪個不好，而是各自都有其意義。

只不過前一種做法，也就是無關時代，著眼於適用任何時代人的精神和心理活動，由此來描述出該思想家的人物形象，或將其課題作為具有普遍性的思想課題來研究，這種做法稍不留意，便會無意識地將現代人的心理感情直接投影到歷史人物身上，或者該思想家是舉世聞名的，亦即像象山這種偉人的情況下，研究者弄不好也會將自己心目中的理想人物與其研究對象等而同之，將其塑造為超人一般。

但是，我們如果用第二種方法，也就是只將象山的思想完全置於那種特殊的、一次性的歷史場面來加以說明的話，由於同一歷史條件的場面不會再現，無法回放，所以也就不會出現生活在現代的我們能從該思想家處學到什麼這類問題，結論也只會止於「象山真了不起，可是還是有其歷史局限性」，不僅如此，還會加上一句：「他畢竟是時代之子。」這話說得太籠統，象山是時代之子，藤田東湖也是時代之子，同一時代住在深山裡的什麼兵衛也都是時代之子。說這話實際上等於是什麼也沒說。就算再界定一下說成是下級藩士出身又能怎樣？下級藩士仍然很多，僅拿這種特定時代的共同項來框定的話，是無法把握該思想家的特性的。

特別是在今天，我們看過去的思想時，自己處在安全地帶，可以指手畫腳地去裁定過去的思想。我們慣於依據常識性的價值判斷，或心醉於今天大家都習以為然的想法，以這一姿態來研究過去的思想，當然能夠指出思想家的局限性。但是，基於這種想法的話，實際上對於過去的所有思想家，以我們今天的眼光來看，都很容易地能指出其「局限性」。而表面上看，似乎與之相反的評價，比如說象山：他真了不起，是個先知先覺者！這仍是依據當今的常識。就象山的思想可以解釋得多種多樣，但誰都沒認為他不是先行者。也就是說在這一點上大家的評價是一致的。已經有了共識，於是就可以放心地去說：儘管象山是先行者，可當時那些攘夷論的狂妄信徒卻不知道他的偉大，竟然刺殺了他[1]，真是太可惜了。這仍然是依據今天我們所能達到的歷史節點來說的話，說什麼他是被暴徒殺害的先行者，我們今天來紀念他的百年冥誕吧。這類話說起來很容易，但也都太輕飄了些。

也就是說，如果將我們至今已經達到的認識，和我們所處的時代的道德標準、政治價值觀，都視為理所當然的、不言而喻的前提來看歷史的話，便會稱讚象山說：在當時來說已經具備了廣闊的視野和洞察力，比如他說不能將外國稱為夷狄什麼的，這在那個時代可是了不起的。這類稱讚，反過來也同樣可以說在今天看來仍有些局限性。

照這種看法，我們今天能從過去的思想中學到什麼呢？我多少表示懷疑。那麼，我們今天學習汲取過去的思想究竟是怎麼回事呢？回到歷史的現場，而且又要將其思想運用到今天的這一節點上又是怎麼回事呢？我們今天就來一起思考一下這個問題。

我們今天要向生活在百年前的思想家學習，首先要將我們現在所達到的知識水準，或現在使用的語言，甚至以此為前提的價值判斷，統統都先暫且放到一邊，盡可能地置身於當時的場景，也就是當時的語詞用法、當時的價值判斷中去。有必要先做這種想像上的操作。站在今天來看，象山去世後的百年間日本一路走來的是一條什麼道路，世界是如何發展起來的，都是已知的事實。但是對於百年前象山活動的那個時段則完全是未知的。正如我們對百年後的日本會怎麼樣，

1　譯注：佐久間象山（一八一一－一八六四）在京都被刺，終年五十四歲。

世界會走向何處全然未知一樣。也就是要做一番操作，驅動我們剛才提到的歷史想像力，將我們至今明白的結局，還原到那一迷茫混沌的未知世界中去；把那些歷史上既成事實的走向再拉回到充滿各種可能性的地點上來，然後我們置身於其中。簡單地講，就是重新追溯過去的體驗。

但是，僅憑這種體驗的追溯，很有可能會成了從過去去理解過去，即所謂對過去的內在理解，或者只是加深了這種理解。其次，對於該思想家生活的歷史場景，我們不要當作是一種特殊的、只有那一時一地才會發生的孤立事件，而是有必要把它進行抽象化的加工，視為一種或幾種「典型的事例」。所有過去的歷史事件都不會原模原樣地重複，但如果把它作為典型的事例來看，那麼即便是在今天或今後，都可以作為我們有可能面臨的事件來看待。

當然，隨著關心的重點不同，抽出典型事例的方法也可以有各種各樣。假設要關注政治上的領導方式這一點，那麼，被大國包圍的小國，就面臨著既要把握好那些大國首腦的野心，又要爭得自己國家的領土完整和獨立這一「局面」；若以國內政治來說，就是重臣們以傳統權威自重，且又相互明爭暗鬥的「局面」。或者還能抽出其他各種「類型」。比如，馬基維利（Niccolò Machiavelli, 1469-1527）在寫羅馬史時就做過這些工作，他將那些千百年前的狀況以及那一時代的各種人物的政治活動，都再現於他自己生活著的文藝復興時代。他制定的政治準則就是不將歷史拘泥於過去，卻也不把歷史人物的行動完全從那一時代隨意切割出來，而是將各種局面及其對應都歸結為各種「類型」。經過這番操作，歷史的過去並非直接轉化為現代，而始終是以過去為媒介的一種轉換。將思想家當時的話和以當時的價值判斷所說的內容，從他所面臨的問題是什麼這一視點來重新審視，將之置於當時的歷史場面的各種關聯之中，然後再轉換到現代或今後的時代，從而我們就可以將該思想家面臨的問題當作我們自己的問題來主動對待。

前言說得太長了，不好意思，我自己不是研究象山的專家，所以今天就象山來作報告時，我自己只是想要思考一下：一般而論，我們從過去的思想家那裡究竟要學習什麼？那麼，下面我們就想稍微具體地來看看象山是如何應對他自己所直面的問題的。

## 2

鴉片戰爭的失敗，讓象山受到了極大的衝擊，天保十三（一八四二）年，正值他三十二歲時，他便上書給當時剛成為松代藩主的真田幸貫，題為〈海防八策〉。這份上書常被引用，一般認為當時他還持有攘夷思想，裡面是這麼說的：

> 外寇與內亂不同，事態進展或關係到我國皇統之安危，那可是世界萬國無以類比、連綿百代的，何獨關乎德川一家的榮辱。神州闔國休戚與共，生於此國者當不分貴賤尊卑，同心共患難。

我們從中看到，比如「外寇」這個詞就是舊的說法。越過語詞，我們再看其思考，或價值判斷的框架，「世界萬國無以類比的連綿百代之皇統」這種看法，一直都是貫通於日本的，直到二戰結束為止。現在的年輕人恐怕難以理解吧。更不用說「何獨關乎德川一家的榮辱」，這一力透紙背的說法對於當今的我們也是缺乏實感的，只會認為那些事沒什麼大不了的。但是，當時象山所面臨的典型事例是什麼？他的對策如何？這些問題我們如果考慮進去的話，那麼毫無疑問，這裡呈現出來的就是民族主義的邏輯，即面對外國勢力的壓迫，如何保全國家獨立這一問題，只是用他當時的語詞和當時的價值判斷說出來而已。象山在這裡強調的是「生於此國者當不分貴賤尊卑，同心共患難」，也就是說，國家的獨立並非一部分士人或少數統治階層的問題，而是不論身分高低，全民共同關心的大事。

那麼，這種觀念繼象山之後又如何被幕末維新期的思想家繼承的呢？吉田松陰在《丙辰幽室文稿》中是這麼說的：

> 普天率土之民，皆以天下為己任，盡死以仕天子，不以貴賤尊卑為限，此乃神州之道。

儘管這裡用「盡死以仕天子」和「普天率土」這一當時的概念和用典，但我們可以看出貫穿其中的邏輯與象山完全相同。不僅如此，而且變得更為具體了。「不以貴賤尊卑為限」所含的意思就是：如果有身分、階級的隔閡，那民眾就很難將國家的對外獨立視為自身的任務，這豈不成問題？於是，我們看到，松陰進一步提出誰來擔負國民之獨立這一民族主義的問題，由此思想逐漸趨於革命，幕府也好，大名也好，都靠不住，能靠得住的只是草莽志士，可他們也力量不足。他的這句有名的話表達了其絕望般的焦慮。總之他是想要將擔負起民族主義的志士擴大到民眾中去，至少他是朝著這個方向努力的。

其次，我們跳躍到明治初年，福澤諭吉在《勸學篇》裡是這麼說的：

> 為了抵禦外辱，保衛國家，必須使全國充滿自由獨立的風氣，人人不分貴賤上下，都應該擔負起國家興亡之責，也不分智愚明昧，都應該盡國民應盡的義務。[2]

我們比較一下上面三段引文，可以發現其中貫穿著同樣的民族主義邏輯。其間經過三十多年的歲月，隨著時代的變遷，使用的語詞也有些變化，愈來愈近代。特別是福澤的表述已經非常時尚了。「自由獨立的風氣」這種說法和思想可以原模原樣用於當下，他的民族主義邏輯是通過確立「自由獨立的風氣」，進而國家才可稱為全體人民的國家。這一點已經深入到精神革命的層次

2 譯注：群力／譯，《勸學篇》，商務印書館，一九八四年版。

上了。

這樣看來，三個人雖然語詞表達不同，對應的方式也不一樣，但是在面對國際危機、保全國家獨立這一典型的局勢下，呈現出各自的反應。我們當然也可以、也有必要將之視為民族主義邏輯的歷史發展。但是，與此同時，其各自的對應本身也可作為一個典型，並不意味著象山出現得最早，其現代意義就薄弱了。象山的對應自有其獨特的意義。

象山一直到晚年都為宋學的義理和正名之學所傾倒，所以，怎麼讓民眾成為獨立的、政治上的主體，或者怎麼全面變革社會與人際的倫理關係，這些都不能說是他的所作所為，在這一方面象山的思想沒有什麼閃光之處。那麼，他的民族主義邏輯有哪些特徵呢？我是這麼看的，就是讓民眾認識到了世界和日本，這就是象山的民族主義的最大特徵，他終其一生都在為此傾注激情。

他養成觀察與實驗這一科學認識事物的一面，不僅將之用於軍事技術，而且要以這種眼光看世界和日本，且不僅要使少數的士人先達，還要讓廣大國民都要具備這種科學認識的眼光，他認為非此則無法達到日本的獨立和發展。我認為這種想法和邏輯演繹便是象山超越時代的一大特色。

培養這種科學認識，何況不僅是限於少數蘭學家和當時的政治家，而是想在全民層面上養成這種科學觀和科學的世界知識，這無疑是一項極為宏大、漫長的事業，並非一兩天就能做到。在某種意義上來說，正是在他身上，這種不切實際的目標與迫在眉睫的、面臨外壓堅守獨立的課題結合在一起，才顯現出象山的偉大之處，但我認為同時也是其悲劇之所在。前衛的思想家大抵都具備這一特徵，想把宏大遙遠的根本目標與迫在眉睫的現實課題相結合，所以在現實政治中他們往往失敗。

象山想要將學問知識和探索精神根植於民眾中間，最能印證這點的就是他為出版《增訂荷蘭語彙》所做的不懈努力。其過程都已在各種傳記裡寫到，在此不再贅言。只要看看下面這段為刊行此辭典他在嘉永三（一八五〇）年九月寫給老中阿部正弘的上書，就能知道他的立場是站在如何要讓一般民眾了解世界知識上的：

> 兵法之先務就是知彼，無此為專；當今海防之先務也是知彼，無此為急。海防乃天下之海防，應使天下之人悉知彼情。欲使天下之人悉知彼情，則不若遍讀夷書，要遍讀夷書，則以刊行其辭典為先。

在這裡，國際形勢的緊迫危機感與切實的民族主義意識結合在一起，後者僅僅是要將荷蘭語辭典刊行頒布於世這一非常實在的、而對於了解外國來說又是十分基礎的工作，他對此有著執著的願望和熱情。不僅如此，他還說：

> 期望能兼備五大洲之學術，匯集五大洲之長處，使本國長久成為獨立世界之國，並將這一

根本弘揚於世。只要眼光能關注於此，則不管一群小人如何批評，均為蚊蚋之羽音。不必在意。

這裡他斷言：對這本辭典的刊行，不管有什麼批評，那些聲音都如蚊蟲之羽音，完全可以無視。「兼備五大洲之學術，匯集五大洲之長處，使本國長久成為獨立世界之國」，這當然是說大話，但其中包含的則是對刊行辭典這一小而又小的問題的一種執著。

同樣是思想家，比如拿他和其弟子吉田松陰相比較，正如松陰自己說過的那樣，兩人幾乎性格相反。松陰自己說我是性情中人。而對此，象山則自始至終是個知性之人。這種受感情支配行為的人和憑知性認識事物的人，是人類的兩大類型。但主知的合理主義容易形成知識精英主義。也就是對世界知識的獨占意識，其結局容易由此導致知識精英的絕對支配。至今也還是如此，由主知的合理主義常常易產生出知識精英主義，也就是專家治理：我什麼都知道，交給我好了，外行不要說三道四的。

這裡，仍舊存在著剛才提到的象山的民族主義邏輯。他從類型上講完全是主知的合理主義思想家，而且他的知識程度毫無疑問在當時的日本是一流水平。儘管如此，他非常鄙視那種獨占學問、對知識渠道祕不宣人，或祕傳口授「不許他人知道」之類的。相反，他非常熱中於向萬人公開其知識和學問。刊行蘭和辭典這一熱情正是與此相關聯的，儘管這一計畫最終落空。

松代藩的家老認為：花上百兩左右，製成五、六部辭典，供蘭學家自己研究研究不就行了，沒什麼必要去出版發行呀。對此，象山說：開什麼玩笑，辭典這東西就跟漢字字典一樣，學習洋學的人要人手一冊放在左右，可不是五、六部僅供蘭學家自己研究就了事的。而且，即便是自己能用上，不去管他人，豈不是非君子也。出錢百兩，刻成版本，比起抄寫本，錯誤也少得多，至少能印八、九十部吧。日本全國的話，少則三、五百部，弄不好還能賣出七百部。這樣對松代藩來說也是一筆收入，豈不是義利兩得嗎？

在那之後，他被閉門幽禁在松代時，聽說《培理提督日本遠征記》的原版書進到日本，馬上寫信給在江戶的山寺源太夫（安政五〔一八五八〕年三月書簡）說：如果搞到手的話，設法讓我看看。全部按原文翻譯恐怕讓當時幕府的官員臉面過不去，加上還有朝廷的關係，怕是難以出版。但是也只有日本不許出版，而人家一次印刷就流傳到五大洲。光是日本禁止刊行，真可謂掩耳盜鈴，毫無意義。[3]可見他關注信息公開的態度是一以貫之的。

此處所表現出的想法，完全不同於知識精英主義或專家主義。那是主知的合理主義者，或是那種對自己的知識價值非常自信的人往往容易陷入的窠臼。而且民族主義本來就是以非理性情感為基礎，但在這裡，它和徹底的主知主義，即對世界的實證性認識相互擁抱。

3 譯注：一八五七年美國出版的《培理提督日本遠征記》，五年後便有日文譯本《彼理日本紀行（稿本）》，由大槻磐溪主導翻譯了有關日本動向和見聞部分。現收藏於仙台市宮城縣圖書館。

# 3

那麼，象山孜孜不倦地述說的觀察世界認識世界究竟是怎麼一回事呢？看上去不起眼，我們還是有必要重新再考察一下其意義。無庸說，周圍的光景映入眼簾和自己主動觀看並不一樣。看見的事物和要看的不一樣。如果僅是映入眼簾就行的話，那麼，當然也就談不上用什麼眼光來觀察，或應該戴上什麼眼鏡來看的問題。

人們有事沒事愛說：「你看看現實！」但現實十分複雜而又矛盾重重，其實我們是通過一定的眼鏡來篩選無數的「現實」後才構成周圍世界的景象。「你看看現實！」的那番說教，往往只是想要將自己眼鏡過濾的「現實」作為現實來強加於人。要不然就是對以往的眼鏡不去調整，看看是否還合適，或者甚至連使用眼鏡的意識都沒有，只是觀看。

這裡的眼鏡，說得抽象點兒就是指概念裝置或價值尺度。我們無法直接認識周圍世界，只憑直覺觀察到的事物十分有限，我們認識的大部分，無意識中都是透過既有的價值尺度或概念裝置這些稜鏡來觀察事物的。於是，用以往的眼鏡便不可能認識到現在世界的新形勢，這就是象山所要極力主張的觀點。

當然，象山強烈意識到這一問題的契機，便是鴉片戰爭的過程和結局帶給他的衝擊。由此，他認識到自己本身的局限性，他說：

如今世界五大洲一體，此乃天地開闢以來未曾有之事。西洋諸國精研學術增強國力，頻頻得勢，連周公孔子之國亦被其擄掠，該當何故焉？（嘉永二年二月，《蘭和辭典》開版請求書）

這便是他的「問題」出發點，如今世界五大洲一體，此乃天地開闢以來未曾有之事。他所深信的宋學之本家、那個聖人之國居然被英國打得落花流水。這在迄今為止的常識上是無法想像的，究竟是為什麼？若不去檢討一下我們以往常識所認識的世界，則無法解決這個「問題」。從而，他進一步認識到這一問題恰乎關係到日本的獨立。

我們觀察事物的眼鏡、認識及評價的工具絕不是我們自己擅自選擇的，而是在養育了我們的這片土地的文化中、我們的傳統中、所受的教育中、漫長的習慣中自然形成的。但是，因為長期以來一直用它觀察事物，就好比長期戴眼鏡的人看東西時未必會意識到自己的眼鏡一樣，人們愈發意識不到這一認識工具，以為自己看到的就是直接的現實，根本想不到用別的眼鏡觀察事物會有不同的景象。眼鏡已完全成了我們身體的一部分，長期戴慣了，因此，即便能夠看見新「事物」，也很難看出其中所包含的新「問題」或新「意義」。

所以，人們常說象山早早就吸收了西洋知識，但其實真正問題不單是知識量的擴大，以往都是光關注漢學，現在則了解到歐洲的地理、天文、物理等許多新知，可還有很多問題並非知識對象的轉換就能解決。象山早早就洞察到這一點，由此也可見其作為思想家的卓越資質。

他有幾首〈讀洋書〉的詩，其中之一特別有名，寫於弘化元（一八四四）年：

漢土與歐洲，於我俱殊域。
皇國崇神教，取善自補翊。
彼美固可參，其瑕何須匿。
王道無偏黨，平平歸有極。
咄哉陋儒子，無乃懷大惑。

這首詩的意思是說：漢土和歐洲，從我們日本人來看不都是外國嗎？為何卻認為漢文化的學問是「內」，可以接受；而歐洲的文化和學問是「外」，不能接受呢？王道本不應該有什麼偏頗，可見世間腐儒何其多矣！他是這麼感嘆的，要是換作今天的語言來解釋這首詩的意義會當如何呢？

從認識的主體這一立場上來看，日本或東洋本身仍是認識的客體。然而，這一理所當然的道理適用於認識他者，卻難以運用於認識自己。況且我們在心理上總是將自己與自己所屬的集團等同起來。「我們」公司如何如何，這種說法就是源於同一化。我們出生的「家」、成長的「故鄉」、生活的「國家」裡，這種同一化作用更為強烈。日本在國際比賽中敗給對方後的那種扼腕嘆息，就容易將「自己」與「日本」化為一同。日本與特定的國家或地區有著長期的文化或政治上的密切關係時，這一「自己」通過與日本的同化，可以將之擴展到更為廣闊的特定地區。對於生活在儒教教養中的幕末士人來說，「東洋」正是這樣與自己化為了一體。

然而，要完成我們剛才說的課題，首先必須要將認識主體從這種既成的同一化中剝離出來。也就是說，要重新反思那種通過漢學教養、聖人之道的眼鏡所觀察到的世界，那就首先要把與東洋一體化的自己暫且分離開來，還原到作為認識主體的自己身上。這樣一來，對象山而言，連松代藩、日本、東洋、西洋全都可以作為同一觀察對象。他有段著名的話：

> 予年二十以後乃知匹夫身繫一國。三十以後乃知關繫天下。四十以後乃知涉及五大洲。
>
> （《省諐錄》）

其言簡意賅地表達了自己的認識逐步擴大的過程，而這裡直接面對「五大洲」的「匹夫」正是作為認識主體的個人。所以，在象山的內心裡，對藩、幕府、朝廷的忠誠程度不存在任何矛盾。於是，便需要重新審視自己過去靠著心理上的親近感建立起來的觀察世界的眼鏡，他在安政五（一八五八）年三月寫給梁川星巖[4]的信中說：

4 譯注：梁川星巖（一七八九－一八五八），江戶時代後期漢詩人。因與梅田雲濱、吉田松陰、橋本左內等交往甚密，亦為安政大獄的逮捕對象，臨逮捕前病逝。

> 那幫稱作國學家之流的，牽強捏合在一起，雖僅限於本國的碎語閒言，卻一直對豪族縉紳人家灌輸其流毒，想必也很難纏。

這裡把當時的國學家之流倡導的日本主義，即皇國主義稱為「僅限於本國的碎語閒言」也是這個意思。亦即首先必須從內心裡將自己從緣於同一化的「內」、「外」意識中剝離出來，不這麼做就無法客觀地觀察。這種拉開距離的觀察、認識不能混同於有無家國之愛這類自然的感情。如果不養成這種觀察事物的方法，就沒有真正意義上的日本的獨立。為何這麼說，他認為歐洲之所以優越，其基礎不正是建立在充分運用科學方法（即象山說的詳證術）上嗎？在同一封信中，他說：

> 縱觀世界形勢，哥倫布以窮理之力發現新世界；哥白尼提出地動說；牛頓闡明萬有引力，這三大發明以來，萬般學術皆以此為根基，毫無虛妄，扎實穩步相進。由此，歐羅巴、美利堅諸洲漸次面目一新，製造出蒸汽船、電報，實乃巧奪造化之工，令人驚嘆可畏！

我認為這裡重要的是，與其說象山實際上多大程度上理解到歐洲的科學方法，莫如說他的思想進步的方向正趨於何方。

上面提到的擺脫「內」「外」的距離感，在這一點上，將象山的看法和同時代的代表性思想家做一比較，更會凸顯出他的特色。比如，面對外壓，從幕末民族主義立場上來看當時的思想動態的話，大家都會首先想起德川齊昭治下的水戶學。幕末水戶學可是尊皇攘夷的大本營，但同是水戶的攘夷論，也並非都如文政八（一八二五）年出版的會澤正志齋的《新論》那麼寸步不離鐵桿捍衛的論調，再看齊昭的態度，特別是到了嘉永年間，就具體的開國鎖國措施，或對歐洲科學技術的態度，都富有彈性。其中藤田東湖被稱作水戶學的一員驍將，他跟象山也有往來，象山似乎也沒有把他視作頑固的排外主義者。另一方面，正如象山自己也在詩裡留下的名句「東洋道德，西洋藝術，精粗不遺，表裡兼該」一樣，他認為就道德倫理方面士大夫當自持，堅信聖人之道的普遍性。但進一步來看，與象山相比，其實東湖與歷史文化的同一性更為緊密。試舉一例：

> 夷狄之人智巧雖勝，然其教則禽獸之道，不可為人所用，皇國亦不可用。唯漢土地近，風土近似，其道可通用。（《常陸帶》卷二）

這就是說，儒教從根本上看是中國教，但皇國在地理風土上與之相近，所以有相通之處。這裡按照「內」「外」感情，明顯是東洋的同一化在起作用。而象山對於漢學和洋學的看法則與之迴異。如：

宇宙間真理無二，天地鬼神不可改。百世聖人不可移。（〈贈小林炳文〉）

在象山看來古代聖人的易學與西洋論證之理同出一轍，並非歸屬某一特定地區、國家和文化。問題不是漢土之學還是洋學，而只是漢學中什麼是真理？洋學中什麼是真理？

所以，據象山講，對於洋學的偏見和憎惡是自卑的一種表現，因為對修行聖人之道缺乏真正的信心：

漢學家之流的偏執多出自一種恐懼，……擔心西學興盛後壓倒漢學，自己所學無以立身出世。……所謂壓倒漢學之憂，畢竟是因為其所修行的道德不到家……自身不去完善其道德，反而妒忌其他學術技藝，可謂醜陋之極。見彼方風土不同、習俗相異，便比作異類；其學術盛行則擔心本國的美俗會隨之移轉，因而沮喪。（安政三年七月〈致勝麟太郎信〉）

象山的這種認識完全從反面可以看出前面東湖思想的盲點，後者還是依據地理文化上的親近感來決定「內」「外」的。

將與自己心理感覺近的視為正統、排除異質是我們自然的傾向，但象山的立場剛好相反，於個人，於國家如果真正能確信自己的獨立，那麼對未知的、異質的事物不會懼而遠之，相反通過積極接觸，充分吸收其養分，毒素也能轉換為胎內的抗體。這一立場不僅是在學術認識的層次上，而且在具體的外交措施上也都貫穿下來。培理艦隊叩關之際，他強烈反對下田開港，主張要開就開橫濱港，這當然有其軍事戰略上的考慮，但同時，他有意反駁當時的那種盡量將外國船隻遠離江戶的主流想法，他的邏輯也不可忽視：

> 我說應該離江戶近，好像犯了當今的大忌，正是因為這大忌，才要有對症下藥的良方。……所以要將開港地改為橫濱，讓幕府望著停泊的洋船，學勾踐朝暮嘗膽之志。（安政元年二月〈致藤田東湖信〉）

從中我們可以推測，在象山來看，要將所有一切都作為客觀對象來加以認識，這一態度不是出自靜觀的、被動的、只會原封不動地眺望某一事物，而是相反，以強烈的能動性或自主性為前提不斷地去作用對象。所以，同時代人裡面很少有思想家像象山那樣執拗地教誨人們：擺脫過去的因襲，去了解世界形勢！但同是象山，他也會說：

> 隨時勢之好而喪失自我、改變初心是那些士氣不足之輩的所為。有志之士則無論世用如

> 何，只要是有益於國家的事則應當不改其志，……於非常之時建非常之功。（安政二年十二月〈示弟子〉）

要認識世界局勢，到了這裡正是體現為不去追隨「時勢之好」和「世用」的態度。他上書主君說：

> 程子所謂「避嫌之事，聖賢不為。凡人避嫌者皆內不足。」，誠以為然。（嘉永二年二月〈上真田幸貫書〉）

支撐象山特立獨行的這份自信，正是源自這種天地鬼神亦不可動搖的宇宙真理。

內在定力強，則不為旁人議論所左右，也不會顧忌世間評說，這種生活態度強烈地表現在幕末的許多志士身上，特別是吉田松陰，完全是出自一種心情主義，從內在良心裡願為皇國殉一死。然而象山則是任何時候都是一步一個腳印地去窮理、去實證，這種對認識的熱忱始終貫徹如一。在日本的思想傳統中，松陰的那種付諸於行動的豪邁與視死如歸的態度很容易博得人們的贊許。與此相比，象山所代表的那種類型是否會少一些？他有知性和勇氣敢於積極接觸不同文化及學術，較之臨危不懼的那種激進而豪邁的態度，他是在認識事物之後才付諸行動的。

從主知主義來說，如「偏重智育」所示，容易讓人聯想起教師滿堂灌、學生死記硬背這套明治以來的教育模式，但我們只要讀過象山的學問論和對弟子的訓誡，就會明白他所努力要普及的科學認識與這種教育模式沒有任何關聯。眾所周知，象山親自製造加農砲，反覆實際操作，受松前藩之託，嘉永三年冬在上總（現千葉縣）舉行實地射擊，在眾目睽睽之下，砲身破裂，遭來一番嘲笑和責難，但象山毫不在乎地說：「三折肱為良醫」、「失敗乃成功之母」。當然這種態度也是他恃才傲物的一種表現，他平常反覆強調的方針就是，與其請外國專家，不如派留學生去外國；與其導入技術和機械，不如花時間、不畏失敗，自己動手製作、自己實驗。而且他的實驗並不僅限於直接為軍事目的服務的大砲鑄造，反倒令人吃驚的是他對知識的好奇心，像那些電信、照相機、玻璃、墨水、火柴等的製造法，或者釀造葡萄酒、種牛痘、分析溫泉成分等，幾乎是在做五花八門的、他稱作「詳證術（wiskunde）」的實驗。如果單純把象山看作主張軍事國防的論者，那麼這一連串與政治軍事並無直接關係的實驗趣味完全可以說成是業餘愛好。但似乎並非如此，不管後世如何看他的科學知識程度，他所謂的作為「萬學之本」的詳證術，說得再具體點就是將「推算重力幾何詳證之術」作為一定的方法來用，亦即近代科學的認識過程不單是靜態地觀察事物，而是由「為什麼」這一好奇心來發現問題，至少他預感到這點。所以他反對那種簡單省事的技術引進。

他對做學問反覆強調的是，學問是靠堅持不懈積累而成的，並非一朝一夕可成。他說：

由最初一天兩天的觀察乃至第三天，則能推測出（病情）的深刻程度。若能究其所以然，則救治方法亦不難知也。（元治元年〈上一橋慶喜書〉）

劇痛襲來時，的確是需要趕快實施應急對策，但要根治其病則不可能。「根治其病必須究其病源」，要究其病源就只有一步步分析積累，不管多麼麻煩，也不可求速效。他喜歡的話有一句是「堅持下去」，也必須堅持下去。大家知道，象山精通醫術，明白病情一般是長期緩慢進行的，所以不能立刻下猛藥除病，他說：「久病乃需慢慢治」、「積小成大，集微至顯」，其實這也就是做學問的方法。憑藉天地之理，他可以有不懼權威的態度，僅這一點的話，在傳統思想裡也可以找到。但是像上面那樣一步一步觀察積累，從根本上去理解世界，在今天我們都很難做到。比如我們常等颱風一來就趕忙修築堤壩，遇到火災就趕緊重建一間小屋。但誰都不願意花功夫打好地基，澆灌上混凝土，蓋起一座能耐百年以上風雪的房屋。似乎「羅馬非一日而成」這種想法沒有在我們這裡扎下根來。

## 4

上面我們說到，象山的方法不是去追求「一朝一夕」的感悟來「通曉」學問的，因為注重一步步的思考，所以他轉向西學也不是翻個跟頭就突然轉變過來的。如果是對自己思想負責的話，當然不會只因為眼前的現實改變就將迄今為止的思想和基本框架棄之如敝屣，絲毫不覺痛癢。在這一意義上說，象山真是一直到最後都在執著於他所傾倒的聖人之道和儒學的各個方面，從今天的角度來看真是都令人為他著急。但是象山將朱子學的「格物窮理」置於他所處的時代，最大限度地加以重新解讀，運用到新的情況中去。對象山而言，易學之理也好，「西洋詳證術」也好，在根本上都是同一真理。象山儘管師從佐藤一齋，卻排斥陸、王之說，一直到最後都傾倒於程朱之學也跟此有密切關係。弘化四（一八四七）年十月他在給好友川路聖謨的信中說：

> 程朱二先生之格致之說是放之四海而皆準的學說，……若傾向陸象山，以其觀點看西洋，則迥然不同。西洋窮理學果有不對，固然與其道不同，但其窮理學本是正確的話，兩者殊道不同歸，則說不過去。

也就是說，如果依據陸、王之說，同時又視西洋窮理之道為正確的話，就會出現主觀良心和客觀物理這兩個真理，而這兩者無法相融，便會各自分裂開來。

而且應該注意到，在同一封信中還說，隨著自己弄明白洋學之理，發現「程朱也難免陷入漢儒之窠臼」，有推崇五行說這類謬見。於是，他接著又說道：「隨程朱之學，廣用西人說，講明其理，以至辨明程朱之誤。」也就是說，始終不移地追隨朱子學，以此為媒介再學習歐洲自然科學。而這一過程也正是突破包括朱子學在內的漢學框架的過程。這也反映出格物窮理與其說是作為歷史的實體，莫如說是作為方法論，也就是在這一點上可以具有普遍性的真理。

一方面堅信傳統的聖人之道中所內在的普遍性，另一方面又在現實中將之最大限度地解讀，抽出有益於將來的正面意義。這一點上可以與象山對比的是同時代思想家橫井小楠。但是，兩人重新解讀傳統思想的方式不同。象山的立場若可以看作是偏重合理性、實證性這一認識方法上的普遍性的話，那小楠的「天地公共之道」則主要意味著約束人際關係和國際關係的正義的普遍性。「天地道理」這一傳統的範疇在幕末維新的思想史過程中，對以下兩個方面起到了媒介的作用：一方面是理解近代科學的方法，另一方面是理解近代國際法及啟蒙的自然法。但如果說要舉出這兩方面都付諸實踐的思想家，那麼屈指可數的只有象山和小楠吧。

德富蘇峰評論這兩位思想家說：

> 察人心作用之微妙，談笑風生解天下紛繁，橫井或可能之；然定事物先後之經綸，如解剖醫刀痕所觸，人體隨之剖解一般，則不能不說是佐久間的長項。……橫井胸襟如光風霽月般開闊；佐久間頭腦如百煉精鐵般犀利；……橫井眼光專注於人，而佐久間眼光則專注於物。兩人厭空話重事實之作風未嘗不同。（《吉田松陰》）

對兩人的這一比較評議基本還算公允。而且這兩位巨人都將傳統意識進行了內在轉換，最終，象山被當作「倡導西學、主張開港」的「大逆不道天地難容的國賊」；小楠則被視為「與夷同心，將天主教蔓延海內」的「賣國賊」（用的都是「斬姦狀」的語詞），兩人都死於非命。正是緣於這種共通的普遍主義志向，在當時多數人眼裡看來，他們像是被外國或耶穌教洗腦，失去了對祖國的愛和忠誠。儘管兩人都懷著滿腔的愛國之心。我們在今天感慨或嘲笑暗殺者的狂信都很容易，但是我們自己如果處在當時的情況下，很難說絕對不會陷入類似的誤解。

不過，通過轉換這種傳統的範疇和概念裝置，進而超越那些通常觀念的傳統的框架，這一過程在象山來說，並不限於狹義的自然科學領域。在這點上，有必要對他那著名的「東洋道德，西洋藝術」做若干修正。一般都認為它展示了明治時代的一個強有力的思想類型：傳統的「精神」與歐洲的「技術」折衷地結合在象山思想中。的確，象山在思想上的影響主要是朝著這一方向，但他自身的思想裡，有著按照後人追溯式的解釋所無法說明的一面。不注意這一面，就只會認為象山與高島秋帆和江川坦庵那些兵學家，或前面講過的水戶學一系的海防論者之間，僅僅在軍事技術的知識量上存在差距。果真如此嗎？

確實，在洞察近代歐洲的宗教、道德乃至政治體制方面，象山遠不及橫井小楠，但首先要注意到的是，象山在這一領域，其價值判斷上雖然很明確地站在傳統一邊，但在認識方面相當程度上表現出他的合理的實證主義精神。比如嘉永年間寫的〈國防說〉中，他是這樣說的：

本國君臣之義深厚勝於萬國自不待言，卻也不可肆意鄙視外國。……西洋諸國通商全世界，其帝王國君皆大商家，而漢土之帝王國君皆可稱為農家之長。大凡這類議論於世無益，無論是農家也好，商家也好，只要有長我一技者皆可兼收並用。

接下來再往後，他對美國的共和政體也有如下評述：

合眾國的政法無論再好，卻難以在本邦實施。其原因已與君談過，此不贅言，任何國家都是以人為本，從國中選出具有一流德行學問的人物，使其施政四年，然後替換。但這種做法與百代一統的皇國則如冰炭之別。（安政四年十二月〈致山寺源太夫信〉）

雖然拒絕採納美國體制，但對其政體還是予以內在的理解。

象山在傳統框架中最為發揮「活用」的是外交和國際政治領域。用今天的話說就是主張自主對等的外交。美國公使哈里斯（Townsend Harris, 1804-1878）在交涉締結《日美通商條約》時，老中堀田正睦夾在朝廷方面強硬的攘夷論和幕府與美國有約在先之間，陷入進退維谷的局面，這種情況下要求拿出具體的處理方案，可包括強硬論者在內誰都想不出辦法。象山這個時候還沒有完全傾向開國論，而且還處在藩內蟄居幽禁之中，聽到與美公使交涉過程的報告後，切齒扼腕地說：

你們怎麼連公使和領事的區別都不知道！還去問人家美國公使。真是無知啊，丟醜丟夠了。羞辱國體呀！蕃書調查所這個時候也真沒用！不是白設置了嗎？

到了事態緊迫時，象山也顧不得幽禁之身，寫了一份與美公使的交涉方案呈遞給川路聖謨和岩瀨忠震。該方案相當長，像是象山寫的那種論理性很強的文章，當然有相當的說服力，安政四（一八五七）年十二月寫給山寺源太夫的信和安政五年五月寫給勝海舟的信中，都寫到這個方案，內容大同小異，我們在這裡參考這些信件，盡可能地將他的議論綜述如下：

你們先問問美國公使：西洋各國想要在世界上一族一統，這是出於天地公道？還是出於國無差別，愛護生靈，互通有無之心呢？抑或是各國欲壑難填，分別營利，要將世界之利網羅一盡呢？於是，他肯定會回答說是出自公共之理。這時你們就說：「你說的道理完全沒法說服人。我給你講吧，中國人民年年受鴉片之害，官府嚴禁鴉片當然有其道理。可英國為了本國利益，犯了和睦交往的禁忌，且不顧人民蒙受災害，仗著堅船利砲，讓人俯首。不仁、不慈、無理、無義，簡直是強盜行徑！就憑這，能說英國是以皇天皇土愛護生靈為公共之道的嗎？英國能夠這般蠻橫無理，那西洋各國能說是在實踐公共之理嗎？而且以這種言辭來逼迫通商貿易，純粹是恐嚇我國，欲達到己願。前面的話如果是真的，那後面的就是假的；後面的話是真的話，那前面說的就是假的。到底哪個是真的？你好好回答我！」這樣一說，美國公使就會理屈詞窮了。

到那時候最好再加上一句，雖然在根本的地方，就這種偽善不值得一一細數，但還是要再說兩句。你們說迄今為止沒有動用過一次武力，都是以締結條約來開拓外交的，這是美國的傳統。可是六年前貴國首次派使節過來，裝備那麼多軍艦武器，到底是什麼意思？當時還極為失禮，使節竟送來了白旗。但我國朝廷不忍見生靈塗炭，以寬容態度處之，才使得日美兩國軍民得以避免一戰。如果那時不予以寬容，你們必然會行使武力。那時的所作所為難道是個例外，一時失去了平常的風範？這是第一點疑問。另外，你們喋喋不休地說起最近英國和中國的衝突（指亞羅號事件），可對英屬印度德里人民的起義怎麼不置一詞呢？這是不是因為說這些不利於恐嚇日本呀？這是第二點疑問。……英國對中國這麼大的國家都兩面三刀，一方面正式締結條約，一方面卻犯禁肆意販賣鴉片。更何況小國日本，條約上再怎麼說禁止，可實際上難以制止吧。而你們自己會說，美國只要在條約裡制定禁止條款，英國就是想要取消也辦不到的。但是，哪怕條約中無法取消，可他要犯禁，人民不是同樣受苦受難嗎？這不是哄小孩的說法嗎？……這是第三點疑問。

你知道我國至今沒有和外國互通往來，對外面的事情都不大清楚。於是，一旦與貴國結交，則一切均以和睦為主，沒有任何欺詐。我們以為貴國方面也是不會玩弄欺詐手段的，可沒想到有上面那種種矛盾的言行，真令人失望。藉此，還是將事態還於原狀，一切從頭做起吧。必要的話重新向貴國派遣大使，就以上各條一一究問清楚。所以，這次就請你先回去吧。

大體上就是這些內容。如果不了解當時日本所面臨的進退兩難的局面，就不明白象山的這番苦肉計似的論說，當然現實中，哈里斯是否就因此而撤回，甚感疑問。實際上象山自己從彼此的勢力關係上來說，或從以往對美國的關注上來看，也都會認為締結通商條約是萬般無奈的。只是認為：

> 即便是不得已而為之，可作為一國使節之言辭，我方不能坐視一言不發，不去駁倒他，國體則無法存立。（安政四年十二月〈致山寺源太夫信〉）

總之，這裡顯現出一副象山有理有據步步逼進的面目。國際關係上即便沒達成協議，各自表明自己的不同立場和想法，其本身就意義重大。於是，象山的這種論法如果派上用場的話，我想至少會有一點效果讓對方知道為何日本要這麼冥頑不靈地堅持鎖國。

「該說的就要說」這種思想表現在下面這一文脈中：「哪怕是處於無奈，答應相互貿易，但該說的還是要說。卑躬屈膝什麼也辦不成」，而象山轉為積極開國論後，用傳統來解讀現代的精神，表現得更為清晰。比如，象山在剛解除幽禁後的文久二（一八六二）年九月就上書幕府說：今後還是不要稱外國為夷狄，應當以對等之禮交往。這句話很有名，但這種主張絕非依據近代的國際法，而是求諸《周禮》，說什麼「待外藩概依賓禮，賓禮即五禮之一，不能不厚待」。也就是用這類傳統的做法來正名，以對應急轉直下的國際局勢，而主張的內容實質上與近代國家的外交原則相同。象山的這種立場，放在思想史發展的脈絡上來看，當然可以視為由儒教的「中華」對「夷狄」觀到近代國家的平等觀這之間的一個過渡。但是，如果換個角度來看，他的態度並非是一下子就跳到突然冒出來的新思想上，而是對照現實情況一步步回味舊的理論框架，重新定義之，於內心中使之成為自己的思想並豐富之發展之。由此來呈顯他在學問上的一貫性。也就是在這裡我們可以發現思想發展的另一種「典型」：既不是那種「信則靈」式的僵硬的教條主義，也不是無原則地看風使舵不斷改變自己立場的機會主義。

前面我們引了〈讀洋書〉這首詩，說是象山打破了通過漢學長年養成的「東洋」與日本的同一化。在象山的理論框架裡，這與深信聖人之道的普遍真理沒有絲毫矛盾之處。為何這麼說？因為把聖人之道固定在中國這一特殊地域和歷史文化中，再將日本歸屬於之，一同視為自己「內」在文化的話，便無法從中產生新的認識，也就不會將儒教的各個範疇以及概念裝置與新情況相結合，並重新審視、重新定義之。與此同時，要想替代過去的那種東洋與「自我」的同一化，只是簡單地轉換為西洋與「自我」的同一化，也不會產生新的認知態度：即將自身的**眼鏡**視為眼鏡的一種，使之相對化後重新加以審視。因為僅是東洋的現實換成了西洋的現實，而依附現實、不予以批評、不拉開距離觀察對象的姿態還是一樣的。對於觀察分析事物的主體來說，所有東西文化只有一旦客體化後，才能進行一番操作，將種種與**普遍真理**相混同的傳統的概念裝置剝離開來，區分其中可用的與不可用的。在象山身上，聖賢之道及格物窮理，絕不是稀裡糊塗地依附於傳統的，而是作為主體性選擇的結果，以追求一種普遍的真理。正因為如此，他同時也可以斷言：

> 現在的外藩……在學術技術方面已遠出於漢土之上，**闡發古代聖賢尚未發明之事**。（安政五年三月致梁川星巖信）

## 5

這種拉開距離的認識和分析儘管尤為必要，可實際上卻又最容易欠缺，特別是對動盪時期**政治狀況**的認識。之所以這麼說，是因為政治上敵我矛盾尖銳，個人的好惡和激情，抑或期許都容易介入到對現狀的認識中去，不光如此，昨天的敵人今天成了座上賓，**弄假而成真**，現今完全是一個變幻無常的世界。

我們讀象山的各種上書，作為政治思考的方法，從中可以學為今用的是，不以好惡為準、冷靜地認識政治現狀，而且把握其中矛盾的發展方向。比如，天保十三（一八四二）年他給松代藩主真田幸貫的上書，前面說過，一般認為這是他還持有攘夷思想時的上書，但仔細讀後便會發現，早在那個時候他就展示出一種認識模式：認識政治現狀最為現實的方法是什麼？他是這麼說的：

英國無疑對日本抱有野心，通過漂流民給我國傳遞了看似合乎道理的要求，那其實是一謀略，真正目的就是以兵戎要挾朝廷，從而達到所期的貿易交往。不能上這個當。

光看這話，完全可以看作是當時常見的一種夷狄觀，的確，與後來象山所達到的那種開放型想法迥然不同。然而，再仔細追蹤一下他的邏輯觀點，同一上書中他還說：

那些國家唯利是圖，習性如此。假設與我國有深仇大恨，也絕不會僅為此特意派遣軍艦花費巨資前來干犯。

這裡說的是，夷狄不懂義理、不知道德，只是為利益所驅動。但這並非意味著一定要對日本施以武力。不管對日本有多大的怨恨，或視為仇敵，光憑這點是不會花費巨資前來干犯的。只要認為沒有利益可索取就不會來。首先這是第一個命題。

然後，在同一上書中接著說：

> 本來夷狄就不辨道德仁義，擅於趨利。一旦構成兵亂，始終判斷的是能否對自己有利，即便與我無冤無仇，也會狂施暴虐，到這一步，我方再以禮待之，也很難指望對方消除怨恨。

乍一看，這一命題與前面說的正相反：本來就是不講仁義道德只圖逐利的夷狄，即便跟日本沒有什麼怨恨，但只要覺得有利可圖，或許也會輕舉妄動。

這兩個命題實際上是出於同一認識，是盾的正反兩面。也就是只要為利益所驅，為謀略所動的話，單是因為憎恨日本，或日本可惡，是不會打過來的。但是反過來看，正是因為為利所驅，即便與日本無冤無仇，有時也會對日本訴諸武力。翻譯成今天的話，就是依據國家理性所做的判斷是近代外交的基礎，與是否喜歡、是否憎恨特定的國度這種感情層面完全不同。也就是說利害關係才是行動的基準，從同一證據可能得出正相反的政治行動。這裡值得注目的是，看上去是出自非常通俗的夷狄觀，可實際上卻由此導致出一套國際強權政治的運行邏輯。

他在這裡提出的國際強權政治的運行邏輯不同於那種傳統的攘夷論者的言說，後者認為西洋各國貪婪缺德，必定要來征服我國。同時也不同於那種憑感情用事的好好先生的國際觀，所謂以人際關係為主軸的感情論：咱們都是人嘛，只要都是人，你對他好，他也就不會胡來吧。這其實是兩種固定的思維模式，一方面對方貪婪邪惡，肯定要打過來；另一方面大家只要處好關係、相安無事，就會萬事大吉。不管哪種，都是對政治上的「對手」抱有一定的期待感，希望對方會這麼做。可是在滾動的國際政治中，沒有比憑藉某種期待感來下判斷更危險的了。原以為人家要打過來，可什麼也沒發生，於是對於迄今猜疑憎惡的敵人，轉臉一變就開始抱有無緣無故的好感。昨天還在狂信攘夷論的人們立馬就被西洋所折服了，說的就是這類例子。反過來看，原以為對方是友好國家，抱著一種固定的期待感，可期待一旦落空，反而就是愛之深恨之切了。愈是缺乏政治的現實感，就愈容易被這種情緒判斷所左右。

對某一事件中所包含的幾種矛盾方向，同時把握其發展的趨勢是非常困難的，特別是對政治領導人來說，具備這種兩極性的，或多方向的認識眼光是必要的資質。由此才能從自己的立場出發做出政治抉擇：將一定狀況內的、可期盼的那一可能性盡量保留發展之；將那種朝著壞的方向發展的趨勢掌控在內。然後據此做出決策。所謂政治是一種「可能性的藝術」說的就是這回事。這當然與僅追隨既成事實的「現實主義」沒有半點關係。有些人總是愛說：理想或大道理是對的，可現實就是如此之類，這只會使得現實與理想固化為一種對立面。

而且，象山的現實主義，我以為也反映在政治認識中的目的和手段之中，我們還是援引同一份上書，由此可見象山在比較早期的資料裡就已經萌發出成熟的政治思考了。

提議建造西洋船艦，至今幕府規定以公議為重，尤難以提出。但如上所述，到了無法抵禦外寇之時，無論迄今有多麼重大的規定，都難以替代天下安危之急。畢竟先代已經制定下這些重大規定，也都是為天下後世著想，而當代的執政者則取巧應變，要破上述規定，於義理上無論如何又說不過去。但原本為保天下而立的禁令，今天有何忌憚不能為保天下而改之呢？若把先代的時代與當今調換一下來考慮的話，必定是不曾受制於迄今為止的法度。

象山是想說，過去的西洋與當今的西洋非常不同。應該想像一下那些制定鎖國政策的先代們如果還活著，面對今天這種局面會採取什麼政策呢？禁止建造巨型船艦，這無疑是當時鎖國政策的基本。在當時的情況下為了守護日本的獨立，預防外國的侵犯，以圖天下安泰，不都是為了這些目的而制定的政策嗎？然而，今天這一政策的重要目的卻被忘卻了，遵守規矩本身若成了政治傳統，那就等於是把手段和目的搞顛倒了。也就是說，先代們在那時的情況下立足於對外獨立不可侵的目標制定了一定的政策。那麼，換到當今的形勢下，同樣是為了獨立不可侵的目標，在不同的情況下要達到這一目標，就要考慮用什麼手段、什麼政策更合適，這不才是真正忠實於祖先傳統的正道嗎？在這裡，象山的想法仍是以傳統之名，在貫徹原則與對應事態這兩個問題之間不斷起著橋梁作用。既不同於以往的臨時抱佛腳或被既成事實牽著鼻子走的「現實主義」，又不同於「當代執政者的取巧應變」，即一拍腦袋就制定幾條臨時政策的手法。我覺得這點恰恰與象山的那種學術態度相照應，他在學問上也不是像發生突然變異般地轉向西學，始終是以朱子學或《周易》為原則來思考問題，立足於現實狀況來重新解讀之。

所以，文久年間，象山已經明確地主張開國了，即便是站在這一認識上看其後的主張，他也絕不是那種藐視一切、從觀念上排除鎖國、傾向開明主義的。還是承認鎖國政策的動機中有某些正確的成分。他是這麼說的：

鎖國就鎖國。假設鎖國是一目的。那麼我們就要考察實現這一目的的現實條件是什麼？在當下的具體情況中，為了實現鎖國這一目的能有哪些手段可用？而且這一手段作為政策採用的話，由此會導致出什麼樣的現實結果？這些問題都得考慮。

在此，他先不去就鎖國這一目的本身的善惡做價值判斷，只是作為一個冷靜分析和預測的問題來考慮。於是會得出什麼結論呢？那就是：

要鎖國，在國力和技術上卻始終都不敵外國，以至於無法實施鎖國。

就是說，所謂實施鎖國政策，其實連鎖國的這一重要的目的都無法實現了。這裡引用的是文久二（一八六二）年末給松代藩主真田幸教的上書，這種比較和考量目的與手段的關係後所提出的觀點，是從前面提到的天保十三（一八四二）年寫給真田幸貫的上書中一直貫穿下來的。

為一定的目的而採取適當的手段，或要不斷考慮採取一定的手段後會發生哪些派生的效果，會不會損害目的本身，由此做出決策，這無疑是一個冷靜的知性判斷的問題。面對風雲變幻的局勢，不沖昏頭腦，憑著這一知性來做出決斷的人，可以說是政治上「成熟」的領導人。象山始終都在實際考察國際政治，因而早已洞察到所謂強權政治是不會為物理因素的力量關係所左右的，反而是上述的政治理性在起很大的作用。他寫到：

> 寡不敵眾，小不敵大，弱不敵強，雖是如此，但如有智謀，則可以以弱制強，以小勝大，以寡馭眾，亦為常事。兵書經略則專論智謀取勝。（安政五年三月〈致梁川星巖信〉）

象山一直主張國力才是國防的基礎，他說的國力是指軍事、經濟、政治、民情等的綜合能力。正因此，他才說：

> 古今霸者之國，所以其上雖富下必虛，其兵雖強民必弊。見其效雖或速，而其流禍至久而不已也。（〈正誼館記〉）

在這裡，象山非但不是明治時代那種主張富國強兵的先驅，反倒可視為明治走向末路的洞察者。總之，通過以上敘述，我們知道象山對於政治局勢的對應，任何時候都是貫穿著主知的現實主義思考方式。

剛才說過，象山的這種思維方式，是不是與日本傳統的思想不大吻合？受吉田松陰偷渡事件的牽連，象山受審時的態度與松陰完全不同。松陰被審時說，我當然知道是犯了國禁，事情既然敗露，被處刑是理所當然的，早就做好心理準備了。這種從容自若的態度甚至讓官吏也佩服得五體投地。可是象山則自始至終都在抗辯：自己的所作所為是合法的，培理叩關是非常之變，所以不應照搬禁令。而且還辯解說：松陰帶到美國艦上的文件，我是修改過的，但沒想到他會真的付諸行動。這讓官人感覺極不好。當然，松陰到底是了解自己老師的，他說：

象山不甘心死。故有人誇我而貶先生為怯懦者，其實是沒眼光的。象山的毅力要強於自己。只是人各有所能和不能，我自己也未必能學象山。

一般人都深深感佩松陰的那種正氣凜然、慷慨就義的態度。當然象山也根本不怯懦，主動奔赴死地而毫不畏懼。看看他的京都之行的過程就會明白。從京都寫給愛妾阿蝶的信中表示出其昂然的決心：

有人擔心我的性命，但「天道如此，不違天命」，萬一自己遇害，日本則大亂。「整個日本的命脈在此，內心則坦然處之」。

但是，象山到底是象山，他的思想正如松陰事件所示，始終是要辨明道理和是非，沒有令人信服的理由是絕不服罪的。他的這種據理論爭的態度，比如說：觸犯了鎖國令算什麼？那都已經快成死法了。憑什麼剝奪我行使使命的機會？他認為這些都不過是在努力擴大合法性的範圍，才會在行為上表現出有些割捨不下。文久三年在給京都的弟子的信中，說到京都暗殺盛行，聚會時不要言論過激，「萬事莫若韜晦」，也都是出自同樣的考慮。同是以死報國，象山則是無論遇到什麼困難，為了達到目的，一定要頑強不屈地活下去，還要選擇相對有效的方法，這兩點結合之處可見其特色，與幕末大多志士成一對照。

然而，不管是哪種思想家，其各自的社會行為並非都由其根本思想所操縱，且思想本身無疑也打下個人氣質性格的烙印。今天我們在這裡本來就不是為了概述象山的人和思想，也不打算涉及這種性格問題，但還是想要再加上下面這些說明：

我們知道，象山是那種主知型的人，他那冷徹的現實主義與縝密的分析，對於觀察，或長期洞察國際政治及外交這類宏觀政治，可以發揮得淋漓盡致。但反觀身邊的日常，具體的人際關係其實會起到很大的作用。在這方面，他不諳「人情世故之微妙」，卻未必有利。何況天下皆知象山的性格傲慢不遜，這也給他的現實行動帶來負面效果。我們讀他的上書和書信，常見這類句子：「瞧瞧吧！老子十年前不是這麼寫過嗎？」「事態變成這樣，我三十年前不是說過嗎？」哪怕事實的確如此，不難想像，給周圍的人不會留下什麼好印象。象山自己在寫給姊姊的信（弘化三年一月三十日）和《省諐錄》中都意識到這點，也確有反省，但似乎到晚年也沒改過來。雖說已經具有放眼五大洲的視野，可到最後，象山仍是被松代藩內慘烈的派系鬥爭所箝制，這真是令人扼腕嘆息，也讓人抱以同情。但也有不能否定的一面，正是他自己的固執、非理性，讓他始終拔不出泥潭。歷時九年的蟄居解除前後，文久二年到三年之間，長州藩、土佐藩、朝廷幾乎前後都來邀聘他出山，卻都不得成行。其中明顯有這方面的因素在內。到了元治元年（一八六四），奉幕府命令上京，結果卻成了赴黃泉之行。

　　當然文久二年，坂下門外之變後的京都，正處在尊皇攘夷熱的最高潮，也可以說他的命運已經注定，但是*假如*接受了土佐、長洲之聘，在局勢混沌之中，象山*或許*會起到牽一髮而動全身之效。可到了京都的象山宛如雌伏之虎得到良機，想不張揚都很難，他也操之過急了。在這裡，何談「萬事莫若韜晦」，他自己居然光天化日之下騎駿馬配洋鞍亮相，全然不顧自己是被盯梢之身，這真是令人費解。一方面他可是小心謹慎，睡覺時枕頭底下都要放把槍。前面提到的給阿蝶的信中表達的決心固然令人感動，但仍然是急功之心太切，況且面對京都的風氣，還駿馬洋鞍般招搖過市，故意挑釁。最後真正以「萬事韜晦」的態度活下來的卻不是象山，而是他的門弟、也是其大舅子的勝海舟。

但是，即便撇開象山獨具的特性不論，在幕末的那種政治環境下，危機時刻始終勇氣十足的思想家，命中注定是要走一條孤獨的道路。「萬籟俱寂一聲喊，空谷回音無期盼」，從這首他寫的和歌中，可以讀出一抹的寂寥。他的周圍總是充滿讚賞和崇拜、嫉妒和憎惡。而他卻席不暇暖地一直活動奔忙，靜下心時，或許會從內心深處湧出某種徒然感吧。

## 6

最後讓我們再次簡單地回顧一下象山的思考方式和特徵。他生活在幕末的危機之中，大聲呼喚要改變舊世界，認識新世界。如何認識世界呢？他說如果不重新調適我們自己戴慣的眼鏡和傳統的概念裝置，就不會明白問題的所在。所以也就不會產生對應未知事態的方法。而且象山所說的重審當時的認識工具，就是通過對古典的解讀，將儒教的框架置於新的情況下重新解釋。

往昔的神聖時代若替換為當今的時代，……也會認為幕府迄今所做所為必有其格外的意

義。（安政五年三月〈致梁川星巖信〉）

古代聖人若是生在今世會當如何考慮呢？或者十七世紀的鎖國政策，放在十九世紀的世界和日本的關係上，重新翻版過來會怎麼樣呢？他總是這樣思考問題，能進行這種思考，其中有一祕訣，就是扎實穩健與富有彈性結合在一起。

那麼，我們今天向象山學習，仍是要把那個時代象山對問題的處理方法，以及對事物的看法放到我們今天的語境中來解讀，看看會怎麼樣？我覺得這樣做很重要。因為現代也正跟幕末那時一樣，要求我們的世界觀有一個根本轉變。我們所處的世界被稱為宇宙時代，已經急遽擴大到地球外了。這不單是科學技術的問題，還面臨著許多新問題，比如國際法，現在該稱作宇宙國際法了。同時，另一方面，數百年間被歷史發展所遺忘，或只是作為支配對象的地球上的廣袤區域，如果打上舞台燈光，讓居住在那裡的占世界人口大半的人民從多年的沉睡中爬起，進入世界史的劇情中，馬上開始扮演起重大的角色，這也是當今時代的特徵。儘管如此，我們看世界的眼光、觀察國家或國際關係的框架還都是舊態依然。現在國際社會的結構或觀念，只是把西歐自近世絕對主義到十九世紀後才形成的主權國家那套系統，擴大並適用於世界而已。國際聯盟也好，聯合國也好，都是由此應運而生的。甚至也可以說，聯合國組織現在面臨的苦惱，其根源正是在於這一傳統框架與亟待解決的問題之間存在著巨大的鴻溝。

舊的思維方式，亦即我們過去看世界用慣了的眼鏡，已經深深地嵌入到我們的肉體之中，以至於我們以為除此之外沒有什麼別的觀察事物的方法。這不僅是剛才提到的世界各國所面臨的共同課題，還有日本自己本身所背負的歷史沉積。面對「開國」這一歐美諸國所沒有的特殊問題，而且從歷史上看，這一開國與其說是面向世界，莫如說只是不得不面向歐美。這一點相當程度地制約了我們日本人的眼光。或許不會再把西洋視為夷狄了。可到了昭和時代，本應該是面目煥然一新的，我們不是還在高喊著「美英鬼畜」嗎？所以，殷鑑不遠，很難說幕末那個時代已經離我們遠去了。總之，我們說過多少遍了，象山的那種觀察世界和國際關係的視點，在今天可以說都已成為常識。但我們腦子裡的世界地圖是否真的符合當今的狀況，我們說的「世界」也好，「國際上」也好，其印象與明治開放交流的鹿鳴館時代以來所形成的印象相比，究竟改變了多少呢？我們有必要重新再思考一下。

剛才主持人在介紹我時說過，自一九六一年到去年（一九六三）為止我都在美國和英國，照過去的說法是稱作「出洋」的，且只有去歐洲或北美才能這麼說，你要去東南亞或中國的話，就不這麼說。「出洋」這詞是有點舊了，可我們現在說起「外人」一詞，還是多指歐美人，我們對朝鮮人、印度尼西亞人會用「外人」嗎？更何況你能想像這一場面嗎？我們嘴上說同為亞洲人，可我們的世界觀還是明治以來以歐美為中心的世界觀，我們真正改變了多少呢？不僅是亞洲、非洲，中南美和北美內部也發生了巨大的變化，世界結構正在重新整合時，我們腦中的世界地圖裡，究竟中南美占了多大成分呢？我並不是替現在流行的亞非主義站台，不會拿一個地方主義來替代另一個地方主義。在認可歷史上的歐美文化所蘊含的普世價值上，我並不落後於人。只是這裡應該想起來，過去日本一直學的是中華文明和漢學，而象山對這種學習有過以下批評：

中國文明從歷史記載看可以上溯到四千年前的堯舜時代，但並不是說堯舜時代馬上就出現了那種高度文明，實際上恐怕是在那以後千年或兩千年，才匯集眾智發展起來的。儘管如此，結合其後中國所經歷的歷史現實來看，「漢土儘管早就開啟智慧，可到後來卻變得亂七八糟了」。而日本「不久也跟著學其亂七八糟的部分，因而至今仍智慧不開」，所以今後不得不以西洋為師。（安政二年三月〈致山寺源太夫信〉）

近代日本從所謂歐美文明中孜孜不倦地學到的，或者我們至今仍在學習的，如果是歐洲文明內在的普世價值的話，那當然無可非議。但是，如果我們不過學的是「早就開啟智慧」的近代西歐各國的正所謂「亂七八糟」的東西的話，更何況現在還要模仿下去的話，那讓地底下的象山該說什麼好呢？正好比象山在那個時候改變了觀察世界的視角，告訴我們不能再糊裡糊塗地繼續使用儒學和國學的認識工具一樣，我們現在有必要再次重新思考他提出的這一問題。

比如，什麼是民族獨立？當戰爭不僅是主權國家理所當然的合法權利，而且在世界上帝國主義時代正要開啟之際，日本民族的獨立首先就是加強國防建設。在那個時代，強權政治幾乎是萬能的，軍備強、能打仗的國家受到尊敬，安全才得以保障。但在今天，我們看世界上擁有強大軍備的美國和蘇聯到底在多大成分上享受著國家安全感呢？而且受到世界上多少國家的尊敬呢？另外，如果單靠軍事力量來摧毀的話，為何對那些殖民地、發展中國家的獨立運動，看似如踩死螞蟻般容易，「先進」的大國為何消滅不了呢？就是說，國家是什麼？國家獨立是什麼？民族自決又是什麼？對於這些圍繞世界的根本問題，我們要暫時摘下戴慣的眼鏡，重新審視一下。該是時候了。

也許話說得有點過了，但我覺得，當時看上去像是說大話的象山，今天從地下向我們質問的不都是這些根本問題嗎？

＊〔附記〕：一九六四年十月「信濃教育會」在長野縣松代町舉辦了象山忌辰百年紀念大會，本文是在會上所作的講演的速記基礎上修改訂正而成的。

# 開國

「我們城邦的大門是向世界敞開的。」

——伯里克利，〈葬禮演說〉

「資產階級的真實任務是……建立世界市場和以這種市場為基礎的生產。因為地球是圓的，所以隨著加利福尼亞州及澳大利亞的殖民地化，中國和日本的門戶開放，這個過程看來已完成了。」

——馬克思，〈關於中國的信〉[1]

## 1

「開國」既可以被理解為某種象徵性事件，也可以作為語言概念明示一種特定的歷史現象。從象徵意義上來說，它意味著從一種「封閉社會」過渡到相對的「開放社會」；而作為歷史現象，其中自然涵蓋了十九世紀中葉以來，遠東地區各民族，尤其是日本、中國及李氏朝鮮或多或

1　譯注：一八五八年十月八日，馬克思致恩格斯信。

少地被強行納入「國際社會」的一系列過程。在這兩種意義的交織之處，本文所要探討的就是在思想史上如何定位幕末開國的問題。

從「封閉社會」到「開放社會」的發展過程並非一蹴而成的，至今仍不存在完全「開放的社會」——無論是最初建構這對概念的亨利．柏格森（《道德與宗教的兩個來源》〔*Les deux sources de la morale et de la religion*, 1932〕），還是在《開放社會及其敵人》（*The Open Society and Its Enemies*,1950）著作中持批判態度的卡爾．波普，都認同這一事實。亨利．柏格森認為「封閉社會」（sociétés closes）及其道德水準不過是一種初步脫離自然狀態的人類社會形態；波普也將其概念界定為一種利用巫咒和禁忌在方方面面制約行為模式的部族社會。誠然，這些觀點都是從史實存在的「封閉社會」汲取素材，而其特徵都具有所謂生物學上的共性，也因此反而不能排除掉這一共性，將之歸屬為某一特定的歷史階段之中，尤其在這些思想家所居住的西方社會中，這反倒是一個突出的**當前面對的**問題。柏格森說：「我們現在的文明社會也是一個封閉社會。」（平山高次譯《道德與宗教的兩個來源》岩波文庫）波普也認為：「封閉社會到開放社會的轉變——這一大革命是始於希臘的，但**現在仍處於開始的階段**。」（同上，頁一七一）這恰恰證明了這一框架對思考當前的問題同樣有效。

從象徵意義上來說，日本經歷過三次「開國」。第一次是室町末期到戰國時代，第二次是幕末維新，二戰潰敗後則為第三次。本稿僅以**第二次**的時段為研究對象，以對歷史的內在理解為主要內容。因為我們身處第三次開國的節點上，應該盡可能地從過去的經歷中把握當前的問題及意義，而不是僅將目光局限在那段歷史性開國的史實本身上。進行這種將歷史事實與現實意義相剝離的工作，我認為把柏格森與波普所主張的「非歷史」抑或「超歷史」的思考維度放入歷史情境中作為測試，是有一定的參考意義的。如上所述，這種思路能夠避免出現那種缺乏理論的見解，說什麼歐洲曾經出現過而日本卻沒有；或者陷入所謂的「發達國家」定式：日本今後將在一定程度上重蹈西方某些歷史階段的覆轍。[2]

2 這裡因為不去重新確認柏格森與波普的定義及價值判斷以及考慮其是否適用的問題，所以在關於「開放社會」及「封閉社會」的對比中，比起兩位學者在概念構成上出現的差異，我們將把注意力主要放在他們的共同點上，而事實上兩位在「哲學」上的基本對立也並不造成我們分析的阻礙。如巴勃（Zevedei Barbu，亦譯作巴爾布）在其《民主與獨裁：心理與生活模式》（一九五六）中作為民主主義的精神框架而提取出的各種契機要點，與前兩人的「開放社會」的定型觀在實質上具有極大的相似性。可見語言層面的表述並不是主要問題，而是其所指事態的一般傾向。這裡不去贅述他們的研究意圖，為了理解一個大方向，筆者將巴勃的「民主主義」簡略概括如下：

一、變化之感——社會成員平等地持有的一種感知：個人及社會生活處於不斷變化和再適應的狀態，由此他們認為自身所處的社會為一種開放的結構（open structure）。

二、社會成員確信這種變化是每個個人的活動及相互作用的直接結果，進而普遍相信自己就是社會的創造者。這種信念關係到是否關注個人參與公共集會和政策決定。合作雖存在於所有社會，但這種不同社會團體間的相互自主合作才是關鍵。

三、權力與權威的不穩定性和相對性的意識——不是看權力的轉讓而是思考權力的信賴程度。因為即使是通過民主程序完成的權力移交也並非民主。

四、內部理性的權威替代外部權威——由此產生出一種具有永恆價值的信念，使瞬息萬變的社會趨於秩序化。基本人權為這種普遍價值體系所支撐，統一不是一個既定的前提，而是通過多樣性得以實現的。

第二次開國作為特殊的歷史概念，我想不需要做過多的解釋了。「國際社會」不是自發自在地存於地球上的，就其產生的由來（基督教公社〔corpus christianum〕）也好，抑或近代國際社會的結構（主權國家基於平等的立場和權利行使「外交」）也好，都是一個以歐洲文化圈為前提的歷史範疇。自古以來，印度、伊斯蘭、中國等幾個文化圈並存於東洋，儘管它們之間也存在著一些偶然的交流和接觸，但被作為一種與歐洲世界平行的、具有統一意味的「亞洲文化」及「國際關係」則是直至十九世紀末才建構起來的。日本和中國都沒有像西方國家那樣，在既有的國際社會中逐漸形成自己的近代民族意識，而是在某個歷史節點上被一個整體的外來的「國際社會」衝擊，不得不喚醒「世界」與「自我」的意識，面臨著急遽調整以對應國際環境的問題。根植於歐洲、長期培育出來的各種文化要素——不管是基督教也好、「資本」也好，還是養老院、軍艦、大砲、義務教育、「電報」，抑或是國家主權和選舉制度——這些要素重合疊加在一起，於是那個名為「西洋」的龐然大物便陡然而至。面對這種與自己的價值觀以及傳統截然不同的「西洋」，是完全屈服，還是全盤否定、固守國體——這一困境便是「開國」的核心議題，如何應對這一進退兩難的局面便成為決定日本和中國（乃至其他亞洲地區）歷史命運的分岔口。

# 2

領主分國制產生於室町到戰國時代這一歷史劇變中，德川時代的幕藩體制則是原封不動地凍結了這一制度，並在此基礎上建立起來的。如果德川家是以否定大名分國制來確立其全國性領導權的話，那就會走向古典的絕對主義道路。但是，德川家還是維護了三河以來以代代正統為核心的主從結合模式作為權力構造的核心，依靠這一張力，將皇親國戚以及寺院勢力邊緣化，同時也控制了那些地方大小諸侯——他們與德川家基本上都是屬於同一組織結構的。德川家物質基礎的絕對優勢其實就是源自「天領」這種幕府直轄地的量的絕對優勢，無論是在政治上還是在經濟上，幕府都將自己的權力抽象為全國性的「主權」，正是在這裡才存在著近世絕對主義的歷史趨勢，如果不否定德川家賴以存在的基礎結構則是難以阻擋這一趨勢的。也就是說，對於這個「統一」政權來說，各大名的「所領安堵」[3]制度本應該取消的，但是為了實際制約權力，它卻成了一種被容許的「必要之惡」，不僅如此，反倒成為幕藩體制的基本原則了。

德川幕藩體制建立在凍結戰國割據局面之上，它體現為一旦事發就可直接將幕府及諸藩的行政組織轉為軍事組織，瞬間即可完成戰時動員。各藩之間的相互聯繫被幕府嚴加限制，各藩自身

3 譯注：對於效忠的地方諸侯，幕府保證並允許其擁有原本的領地。

保有其武裝權和行政權，嚴格維護自己的閉關自守和自給自足。幕末來日本的外國公使都對這種體制下異常完備的密探和相互監視機制驚嘆不已，比如英國駐日公使阿禮國（Rutherford Alcock, 1809-1897）就稱之為「最嚴密的監控系統（The most elaborate system of espionage ever attempted）」（《大君之都》〔*The Capital of the Tycoon*, 1863, vol.II, chap. 34〕），這也就是霍布斯（Thomas Hobbes, 1588-1679）所謂的「自然狀態」（戰爭狀態）的不斷潛移默化，即出於對重演足立時代的那種戰國亂世的一種恐怖。不考慮到這一前提便無法理解這種監控機制的。如果我們從二十世紀的極權主義國家形象中抽象出拉斯韋爾（Harold Dwight Lasswell, 1902-1978）所說的「軍營＝監獄國家」的話，那麼，世界歷史上與之最為接近的，首先當數德川的幕藩體制。而且它還不僅是全國單一組織的軍營國家，而是一種複式結構：在三百多個大小不一的軍營國家之上，再冠以「征夷大將軍」統帥下的全國性軍營國家。德川時代最大的歷史悖論就在於，兩個半世紀中一直以這種武裝到牙齒的極端軍事體制為基礎，支撐著免於內亂和革命動亂的「太平盛世」。我們還是舉幕末來日的著名英國外交官薩道義（E. Satow）的評論：「在那裡，政治的停滯被穩定所替換了。」（《明治維新親歷記》〔*A diplomat in Japan*, 1921〕）這種「穩定」不僅是在政治上，而且是以所有社會生活的固化和凍結為代價才得以實現。然而，不管怎麼說，在相當高度的文化發展階段，這一人為策畫的、波及各個角落的「封閉社會」能夠那麼長期地存在，其本身就可稱為文化史上的一個奇蹟。這一「奇蹟」得以實現，一方面當然是幕府的無以類比的巧妙的統治方式；另一方面則是與外界的完全隔離，特別是與歐洲世界的斷絕，沒有這一步是不可能達成的。於是，依靠凍結國內來加以固化和國際隔絕為函數關係的話，「國際關係」一有動盪立刻就會反彈為國內的流動化，巨大的冰塊隨之融化便成了自然之數。事實上，「開國」的衝擊首先便表現為一種歷史再現：戰國割據的解凍與足立時代末期「下剋上」的復活。

凍結軍事體制以謀求長期穩定和秩序，最能象徵這種二律背反的是幕府率先實施的「文治」（！）政策和振興「教學」，將那些本來就是戰士的「武士」們都培養成看似士大夫一般，一個個成為彬彬有禮的「君子」。通過這一步，把儒教這一中國傳統官僚制的典型的意識形態作為教學體制的大前提推到前台。於是，武士的新的存在理由就是教化那些「知利不知義」的庶民，將他們不斷納入到人倫的體系中去。無庸置疑，正如教祖的權威與真理判斷是合為一體的，本家的權威與美的判斷是合為一體的那樣，政治權威與道德乃至宗教合為一體是「封閉社會」的基本傾向。於是，「反對者」可以成為被消滅的敵人（自己以外的權威和流派），卻不能通過跟他們討論、競爭來辯證地做出客觀判斷，成為必要的對立者。只要本家掌門人仍是價值判斷的體現者，門弟對於本家教祖的批判或自主選擇方向，就意味著價值秩序的紊亂，幾乎必然就是對真理或美本身的一種反叛。與此完全可以平行而論的是，人民如果擁有批判政治或選擇領導人的自由，那麼，對這一價值體系的維護者來說，與其說是對權力的反逆，首先的問題就是道德和神聖性的崩潰，是直接關係到利欲和淫亂的無止境的氾濫。如後面所述，幕末的「古典的」攘夷論的思想根據之一，便是「西洋人棄義重利，稱為夷狄也未可知也」（大橋訥菴《闢邪小言》）這種印象，和「在日本，士與商涇渭分明，士以義和恥為第一要義」（大橋訥菴《嘉永隨筆》）這一認識相結合，對他們來說，開國在代表「利」這一點上意味著西洋與庶民共通的雙重勝利。水戶藩主德川齊昭等眾多統治階層的上書或詔示中常常出現「奸民狡夷」的說法，這不單是四字格或一種機械的組合，放在上面的文脈中去理解的話，就會知道其深層的思想依據。

然而，所有的這種兩極分化其實加深了形勢的不穩定因素。德川體制的凝固化得以完成，不是依存於統治者與被統治者、即武士對庶民在身分上以及價值觀上的隔閡，而是在統治階級內部又設定了相當細緻的階層區分，進而又將之推廣到被統治階層中去。於是，五倫五常的規範體系就不單限於「士大夫」階層，也包括了整個社會。「忠、孝、義理、奉公、身分」這些概念蔓延到商家和村落的所有細小的社會圈子裡，這些無數的大大小小的封閉的社會圈子將這種權威價值一環扣一環地牢牢地綑綁在一起了。

精神主義與形式主義結合在一起，到處可見軍事組織與原始性情的表露。德川時代的武士生活在這一點上，也可以視為是以戰時為前提的、並將這一特性化為平常的形態。比如，諸侯攜大隊出行原本是意味著戰爭中的「行軍」，可卻被徹底地儀式化了，甚至可以說是達到了戲劇化。本來，軍國主義時代的外裝和行動模式是為了在變幻莫測的戰場上識別敵我，明確指揮系統。可是在德川體制中正相反，一切日常生活中的客觀形態，都是為了服務於狀況與精神的固化這一目的的。

幕府成立當初，不用說，為了防止社會再次流變動盪，要傾盡全力先將地區與身分固定下來，努力阻止群居集聚和遷徙移動。這一方針表現在多種層面上，要將農民拴在他們的土地上，禁止徒黨結夥成幫，限制職業流動和旅行，就地解決局部紛爭等等。寬永十二年（一六三五）就有規定：「所有吵架爭論之時，均不可聚集圍觀。」正是象徵性地表達了排除群聚這一精神。江戶時代社會生活的最大特色就是將服裝、轎子、建築、座席、食膳、寒暄、尊稱（僅「樣」「御」兩字的字體就因人而異有七種之別！）等這些文化與行為的固定模式滲透到生活的幾乎所有細節中去。儒教的基本範疇「禮」在這裡絕不是「抽象的」規範，而是日常體驗中隨處所能感受到的一種「規矩」的束縛。因此，使之根植下來的精神不是來自戰國武士的那種「臨機應變」，而是與之完全相反的「墨守成規，停止新儀」這一徹底的傳統主義和「知足安分」明哲保身的消極態度。價值判斷與權威的合一在這裡絕不意味著各個首腦有自由的主導權，卻正如德富蘇峰年輕時所道破的那樣：

當時實際的主權者到底是誰？若有高眼明識之士在，必然會說：非天子，非諸侯，非士農工商，一定是另有別物。其物為何？就是習慣。且習慣最為跋扈者非封建社會莫屬。該封建社會依習慣而成，與習慣共存。一旦廢除這一習慣，則組織會陷入一時混亂。……蓋習慣的專制唯存於鎖國境況之中。（《新日本之青年》明治二十年）

這就是說，真正被神聖化的戒律所保護的，始終是經驗、感覺，是具體形式化的慣例，隨著「太平盛世」的維持，與其說它是政策或操作的結果，莫如說是作為「自然」的賦予來接受的。於是乎，「就好像日本全國幾千萬人民，被分別關閉在幾千萬個籠子裡，或被幾千萬道牆壁隔絕開一樣」（福澤諭吉《文明論之概略》卷五），完成了日本史上罕見的完備的「封閉社會」的重疊建構。這樣，「就無法區別社會生活的習慣規矩和自然中所能發現的規律性」，如果這就是封閉社會的基本要素（K. Popper, ibid., p. 168）的話，那麼將德川社會的根本規範五倫五常作為「天理」乃至自然秩序的基礎，按「理一分殊」所主張的有機秩序來給萬物規定其所應有的地位和職能，這種宋學的世界觀，正是作為最適合這一計畫性封閉社會的哲學，必當要占據教育的正統地位。

當然，大家都知道，在這三百年間「太平」體制下，新的內部的流動狀況在經濟、政治、文化等各個領域不斷發酵，這裡並不去追溯其過程及意義。如前所述，戰國體制的凍結，將武士統治及其行動樣式硬是比擬為以「文官優先」為基幹的士大夫統治，這本身就包含著一種悖論，從根本上就說不通。反倒是這種「背道而馳」居然成了規矩得以通行，而「人為的」居然獲取了高度的自然性，這才令人嘆為觀止。德川時代史可以說就是這種悖論在「太平盛世」中潛移默化成為常態的過程與那種逐漸暴露出矛盾的過程相互交織出的一幅畫卷。但是，正是因為這種相反的兩面同時進行，所以我們不能把後者的過程等同於通向「開放社會」的單向行進。在幕末的變革中最為活躍的「志士」們，大多出身於下級武士，他們強烈牴觸那些變為「士大夫」及家產官僚化的武士階層的行為模式，正是因此在這一點上才顯示出所謂「純粹的」戰國時期的「尚武」精神。這一認識特別是被日趨危機的國際關係所觸發，以各種形式延續到明治時代，「上自嘉永的攘夷論者，下至明治的國權論者，其思想都停留在一種兵法上的攻守之上……」（〈外交之憂在內而不在外〉《國民之友》第二號），「儘管平生只是侃侃而談自由民權之主義，可一旦鄰國事發便說什麼何不迅速踏破長白山頭之雲朵，蹂躪那中華四百餘州」（蘇峰《將來之日本》），連那些自由民權運動家的腦裡，這一思想傾向也滲透得很深。一言以蔽之，人為的「鎖國」與其悖論表現為「開國」促生的流動化的一種逆轉，「格式規矩」、禮的迅速崩潰導致精神及行為準則的喪失，一方面萌發了「開放社會」及其理論，同時另一方面，其本身成了「封閉社會」的重要一環：「總是要準備攻擊和防衛，也就是相互支撐著不得不採取戰鬥姿態的架式。」（柏格森《道德與宗教的兩個來源》）等於是復活了戰國時代的那種軍事思考模式。

# 3

嘉永六（一八五三）年五月，培理提督率領四艘軍艦駛入浦賀港的消息傳到江戶，一時間舉國上下震驚失措。《續泰平年表》中是這樣描述當時的情形的：

浦賀幾家官所不分晝夜，汗馬傳快訊……江戶大都市的繁華街巷頓時化為一片狼嚎狗叫，人們搬運各種武器裝備，經營舊衣的商家擺開戰披肩、短褲裙、蓑笠等，打鐵的給每家打造盔甲刀槍，武器商的地鋪前壘起了舊武器，價格比平時增倍。凡家居海邊的民眾，老幼婦女等均要疏散，人們紛紛搬運家具、拿出細軟，匆忙奔走，那寬闊的街道竟然人滿為患，沒有立錐之地。謠言也隨之四起，人心惶惶，驚魂未定。（《側面觀幕末史》，頁一四—一五）

流言蜚語隨著距離成正比地不斷誇張擴大，然後又將其波紋再更加擴散：

真如一犬吼則萬犬吠，四艘五百人的陣勢，到了江戶市街，被傳為十艘軍艦五千士兵，待到傳至京都時，就成了兵艦百艘，兵士十萬的規模，人人腦裡浮現出的只是蒙古襲來的弘安之役，囂囂嚷嚷，流言百出，人心浮動，恰若鼎之沸騰。（竹越與三郎《新日本史》上）

當然，「外國船艦的威脅」一直存在，早在文化文政年間[4]就有俄國和英國船艦入侵我國沿海，但培理叩關與以前性質完全不同，其緊迫感衝擊著朝野上下。你不接受我的要求，就一直停泊在你的海面上，黑船的這種威容森嚴可畏，儼然是一副近代主權國家的象徵，有牢靠的組織、縝密的計畫和強硬的外交方針。日本人通過鴉片戰爭的知識，一直想像、畏懼的景象現在就在眼皮底下成了現實。老中阿部正弘破例前往京都請示的同時，諮詢各藩大名有何對策，進而又廣為徵取旗本以下庶民的意見，這成了促使體制流動的象徵性的一步。當然，對此的答覆和建議（收在《幕末外國關係文書》）也充分表現出渡邊華山所感嘆的「井蛙管見」甚多。幾乎都是出於本能的厭惡和警戒、虛張聲勢和恐怖自卑，作為「封閉社會」接觸全然不同性質的事物時所顯示的這種反應當然完全不為過。我們在此暫不去對之加以分類，只是跟剛才講的相關聯，舉一個引人注目的例子，松平越前守說：

> 若同意通商則觸及國禁，違背神祖旨意……當以武備不到而延緩之，而若通商則再有兩三年或五七年，便會顯出神州之國運斷絕之前徵，如果武備充足而決策不當的話，又恐如足利氏之末世之亂，甚為耽憂。

4　譯注：一八〇四年至一八三〇年間。

這種看法表示出統治階級的一種本能上的直感：國際交往會立刻導致國內的解凍，即被凍結的戰國狀況將會融化而再現。這不僅是對解除大名割據的「休戰」狀態的一種恐懼，更為本質的則是對整個身分秩序弛緩的一種危機感，由此必然會產生前面提到的那種「奸民狡夷」的邏輯。即奸民的動搖→夷狄的煽動→奸民的反逆這種惡性循環。

去歲今年兩次來航之際，微賤之輩表現甚為難纏，令人感覺不好，喝酒暴飲，常引發爭論。還有不少人調戲良家婦女，更有不少憤世嫉俗者。然而外國人本是擅長懷柔愚民，不滿現世者多的地方，外國人容易鑽空子，施以小恩小惠，久可成大事。（安政元年正月，出自浦賀與力、中島三郎助的聽證）

作為夷狄的「間接侵略」手段，能想到的當然是隨著貿易悄悄潛入生活的「邪教」，這一論據與當年鎮壓基督教幾乎相同，「排耶穌」、「護教」又再次重演；而「邪教」一方也道高一尺魔高一丈，像《智環啟蒙》這種巧妙地偽裝成世界地理的解說書竟然也帶進來了。《安政通商條約》締結後，儘管還是嚴禁邪教，但慶應三（一八六七）年就有富樫默惠《內外二憂錄》云：「當時那兩三年間所著述的耶穌教文書，僅我目所能及的就有近百部……二百餘年的禁教在這一時勢下趨於鬆弛，這正是國家危機之所在。」兩個半世紀孜孜營造的堤防已經到了崩潰的邊緣。

時代再往後，由維新政府的情治機構「彈正台」派遣間諜，專門去對付基督教，他們就外國人的布教情況匯報說：「實施之則對其本國有利，做不到也沒什麼損失。故其本國政府表面上看似事不關己，其實暗地裡在支持。」（小澤三郎《幕末明治耶穌教史研究》引自頁三三七）這種印象恐怕與幕末時代的「當局」及攘夷論者都相通。對其「本國政府」表露出的憤懣，是不是讓人聯想起後來的資本主義國家對共產國際與蘇聯政府的關係所抱有的印象呢？順便再說一句，維新政府對於諸外國的強硬要求，又考慮到會影響「修改不平等條約」，到了明治六（一八七三）年二月終於撤銷了禁教令。可至此為止有不少間諜接近傳教士，受洗裝成信徒，將內部的動向一一報告。當然其中也有不少人弄假成真，結果一去不復返了。那些間諜們在辭職書中說：「逐漸投入到他們的懷抱，現在已被算作西教會中屈指的篤信教徒，自己內心抵不住時勢之力，而在外還沾有傳教士慰撫優待之惠，進退維谷，以致到了難以收拾之狀況，故……」也就是說，前面提到的浦賀與力對於「外國人的恩惠」之恐怖似乎也不是毫無根據的。

更何況統治階級直覺到對外貿易會導致社會秩序的崩潰，這絕不單是一種幻影。英國公使阿禮國（《大君之都》）就已洞察到：「由西徂東的商業是具有革命意義的實施者。」安政年間的通商條約導致開港和自由貿易的直接結果就是大量的金銀流出和物價上漲，其影響與幕府政權威信下降成正比，各種對體制的不滿也噴發出來。攘夷論已經超出特權階級的反應，為下級武士及庶民階層所接受，蓬勃發展為倒幕運動的政治象徵，其中的一個重要因素就在此。櫻田門事件後流行的順口溜就有：「貿易始來東西少，什麼都漲價，大米一斤半，芋頭百文錢，棉花貴來武家賤，武勢衰來賭博盛，邪教馬上會出現。」日光山麓的一家農戶的日記（萬延二（一八六一）年一月二十六日）裡寫到：「此次去神奈川橫濱做買賣，東西都漲價，而且人們議論紛紛，都在說公家的壞話……」（《老農關根矢作》所載〈萬控日記〉）這種幕末的社會變化已經呈現出晚期的症狀，如俗曲段子所云：「……什麼制度不制度，上面制定中途廢，下面人哪知世上事。」

## 4

要將這種開港以後的社會變化過程全面加以敘述，當然需要將鎖國論、開國論、攘夷論、和親論等消極的或積極的各種論調，再加上尊王論、敬幕論、公武合體論、倒幕論等各種意識形態揉合在一起，應該歷史地去追溯之，但是，這些工作我們都讓給幕末維新史的各個研究去做。在這裡，我們還是想把這種封閉社會的思考模式加以典型化，看看「古典的」攘夷論（無論是敬幕的還是倒幕的）在思想史上的實質脈絡是如何展開的。激進的攘夷論如果一味亢奮下去，襲擊外國人、打砸公使館、砲擊外國船艦，這一系列行動如果愈發激化的話，幕末日本在國際上的命運恐怕就與現實大不一樣了。之所以沒有走到這一步，僅靠說幸虧國際局勢對日本有利，或攘夷論只是轉變了戰術開始倒幕了，都不能闡明其精神史的背景。

攘夷論的變質與有利的國際環境，這些問題從思想史的角度來看可以從兩個方面來研究。一個就是對國際社會的認識問題，另一個是如何將開國作為具體政策加以正當化的問題。首先就第一個問題來看，十九世紀的歐洲社會由兩個側面組成，一方面列強勢力均衡，相互對峙，保持著一種所謂武裝下的和平，而另一方面在各國之上還有平等制約的規範，這一規範就是哪怕在國家之間發生全面武力衝突時仍會啟用戰時國際法來對應；權力政治和法的支配這種二元結構如果不一起把握的話，是不可能描繪出整體的情形。當然，均衡地把握上面那兩種對立的契機，即便在今天的日本也未必可以說是完全做得到。更何況在幕末的認知世界裡「國際關係」本身幾乎就是未知的新事物，不可能指望他們能夠立刻理解。然而，不管好壞，總而言之上述的兩種認識經過一番曲折後，終於被幕末維新的日本所接受了。即便不是作為嚴謹的術語用詞，哪怕只是極為樸素的形式。如果不是這樣的話，要想同時回應當時的日本所面對的「開國」和主權獨立這兩項進退兩難的要求，幾乎是難以上青天般的絕望。在這種情況下，就暫且不去管它什麼那些來自書本知識的歐洲歷史和國際法這類問題吧。為何這麼說，因為對不同文化和社會即便可以從書本上得到知識，但完全不借助既有的意象或傳統的思考習慣，就一下子能夠裝進腦子裡，這首先是極為罕見的。那麼，在幕末的日本，到底有哪些已知數可以成為解決那些未知數的工具呢？哪些已知的觀念起到了思想的緩衝作用呢？

我的假說如果直接表述出來的話，首先最初的問題，即列強對峙的格局比較容易被接受是因為日本國內不就是大名分國制嗎？我們很容易從這方面聯想。戰國時代就固定下來的大名分國制多年來在國內形成的印象受國際危機所觸發，現在擴展到世界規模而已。各藩都擁有自己的武裝和行政權，相互張開各自嚴密的戒備網，儘管各藩有俸祿多寡之別，但基本都以對等的資格去相互交涉，在殖產、教育、武裝上各藩相互競爭的狀況放大規模來想像世界的話，就好像許多大小不等的主權國家站在對等的「外交」關係上相互激烈競爭一般，所以對這種國際社會的現狀也能理解得八九不離十，至少要比清國的官員們在觀念上要容易適應得多。他們可是習慣站在普遍的世界帝國的原則上，從矗立的頂峰傲然俯視著遼闊的版圖周圍那些渺渺散布的東夷、南蠻、北狄、西戎等朝貢國家的。

另一個問題，就是國際法觀念的接受過程，我過去寫過〈近代日本思想史中的國家理性問題〉一文，收在本書下一章裡，在此不贅述。簡而言之，就是通過將儒教的天理、天道觀念中那些具有普遍意義的規範要素徹底地加以強化，從而對建立在各個國家之上、等同地制約其行為的國際規範的存在，承認得比較順暢。天道就是天地的公道，再到宇內的公法，最後再到萬國公法，通過這種概念轉換，逐步接近其近代的實質性意義內容。早在嘉永六（一八五三）年，橫井小楠所做的以下論述就已經暗示出這一方向：

我國勝於萬國、在世界上被稱為君子國，是因為體會到天地之心、重仁義的結果。所以在應對美國、俄國使節時只有貫徹這種天地仁義之大道，才會條理分明。……大凡我國對付外夷的國策就是兩條：有道之國允許通信，無道之國拒絕之。不分有道無道一律拒絕的話，必然會導致不明天地公共之實理，以至失信於萬國。（《夷虜應接大意》）

當然，擺脫「華夷內外之辨」這種古典的攘夷觀念，其途徑未必一定就邏輯性地內在於天理、天道的範疇之中，這點我們看看昌平黌的朱子學家大橋訥菴的例子就會明白。反倒可以認為，像小楠、象山這種對現實認識的態度本來就有一定彈性思維的人，才能夠「活用」那些既存的範疇。作為與之相對照的範疇，恰好有下面這種反面例子，我們來介紹一下其攘夷的理論：「既然上設征夷將軍之職，則征夷二字實為萬世不易之眼目。」（嘉永六年七月，佐賀松平侯答申）；梁川星巖也說：「今日不能除外釁，征夷二字則是虛稱。」征夷大將軍這一稱號本身就必然要得出征夷的措施。不以名為實的「道具」，而反過來予以名稱以本質性內涵，封閉社會的思維模式在這裡暴露無遺。

即便這樣，本來天或天道這類範疇本身是源自中國的，只要這一範疇在思想中存在，至少在中國和日本的關係上，哪怕是訥菴及後期水戶學者那種古典的攘夷論者，也不能不承認現實國家的日本和中國都同被普遍的天道這一上位規範所拘束（參照會澤安《讀直毘靈》），這對於完全接受儒教教養的幕末志士來說，當然也是共同的觀念。這一點與清朝士人自然形成的那種立場，即聖人之道等同於中華帝國（世界）還是不一樣的[5]。無論怎樣，在日本，國內政治上「天」對於「天子」的超越性意識未必很強（看看易姓革命思想在日本的變遷和否定！），反而在對外關係上「天」發揮了比較強的作用，成為接受國際秩序觀念的一個槓桿，這在某種意義上來說，作為德川體制正當性的「名分」觀念轉化為幕末尊王倒幕的意識形態，較之其歷史的諷刺意義，理性的智慧（黑格爾）不也正是起到更重要的作用了嗎？[6]

再看看如何適應國際環境，即剛才舉的第二個問題，也就是如何將開國政策（採用歐洲文明）正當化的問題。關於這一點大家都知道，象山的「東洋道德，西洋藝術」（這裡的藝術指學藝技術之意）或橋本左內的「取器械藝術於彼，存仁義忠孝於我」所採取的區分使用的態度，相對於大橋訥菴那種全面否定歐洲的狂熱的排外主義，始終是處於優勢的。而且採用區分使用的方式，可以逐步擴大攝取西方文明的領域：先將那些純粹的機械、技術、特別是軍事技術，進而加以吸收兵制、教育、官制、立憲制等。那時候，富國強兵始終是目標，而且與之並行的是集中政治力量和作為對外獨立之象徵的尊王論以至天皇親政這一方向成了主流，結果在這兩種至高無上的目的下，不用說一切「攝取」都變為從屬部分了。在這一意義上全盤拒絕論者大橋訥菴的這種比喻說：為了對抗西洋而攝取西洋技術這類議論，就等於跟狗鬥我們也要學會狗咬一樣，倒是整體地樸素地把握住了基督教文明和歐洲社會制度乃至技術之間的內在關聯（參看《闢邪小言》），這也是頗具諷刺意義的真實。但是，後面我們還會提到，維新當初作為開國的所謂實質性結果，就是西方事物幾乎無限制地流入進來，而另一方面政治狀況則一團混沌，所以「區別使用」也未必是從一開始就井然進行的（從體制趨於完善的明治後半期看，結果上只是這樣容易解釋而已）。

## 5

隨著與不同社會的接觸日益頻繁，逐漸「視野開闊」起來，個人從迄今為止所直屬的集團的全面一統的人格中解放了出來。一方面相對於同一集團內部的「他人」開始認識到「自我」；同時另一方面也增強了自己對更為廣闊的「抽象」社會的歸屬感。這無需照搬西梅爾（Georg

5　另外，就中國傳統的「朝貢」體系和近代條約體系如何達成思想上的妥協這一過程，費正清 (J. Fairbank) 'Synarchy under the Treaties' in *Chinese Thought and Institution*, 1957 裡有過簡明的敘述。

6　有關從國學及神道系統的「皇國為萬國之祖」這種泛日本主義中如何引導出對國際法的承認這一思想脈絡，我們已在前面舉出的〈近代日本思想史中的國家理性問題〉中論及到，只是要附加幾句的話，像本居宣長的那種神道思想，純粹排除道和天這種「抽象的」範疇，在幕末國學家之間也不是占主流地位的，大多都是瞑瞑或公然處於那種儒教觀念的影響之下。這裡如果再就近代日本的問題談談我的假設的話，那麼儒教教養在明治中期以後急遽淡化，而且天命或天道這類普遍主義觀念並沒有扎下根來，反倒成為傳統的神國思想容易變得極端的一個思想要因。

Simmel, 1858-1918）的著名的「社會分化」的定理，而是從我們日常生活當中就能體驗到的一般性的傾向。在這一意義上，如佐久間象山所說的「予年二十以後乃知匹夫身繫一國。三十以後乃知關繫天下。四十以後乃知涉及五大洲。」（《省諐錄》）就非常簡明地表達了生活在幕末動亂時期的知識分子視野擴大的過程。從幕末到明治維新期間，公派或私自奔赴西洋的人們的親身經歷和見聞對於打破封閉思想起到了重大的作用，所以維新後占據知識界指導地位的人皆出於此也就不足為奇了。

但是，即使如此，作為親身體驗的最初反應卻是很容易表現為對傳統的記憶和價值觀的再認識以及由此而帶來的反彈。這些現象通過福澤的懷古談以及幕府的第一次遣美使節團成員村垣淡路守的渡航日記就能看得很清楚。比如，看到人家官邸庭院裡擺放著的胸像雕塑，就想起了自家小塚原的刑場；參觀議會討論時就聯想到日本橋的魚市。應邀參加舞會，卻感到「雖說該國欠禮節，可宰相邀請外國使節參加，若要責其非禮便沒完沒了。禮義不周，但其親和溢於言表，權可寬恕之」。另外又看了「歷經千年的乾化人體」，即木乃伊後，「難以分辨男女，雖說為窮究天地萬物之理而置於此，但是將鳥獸魚蟲與人體遺骸並列擺放，則令人無言以對……實在難逃蠻人之名」（遣美使節村垣淡路守日記）。所有這些經歷都是對夷狄的無禮雜亂的再確認。甚至像川路聖謨這樣卓越的士人都是這樣看西洋人的日常行為的：「遠望過去……，夫婦相見，即跑向對方，互相擁抱、泣說，全然不顧這麼多日本人在場，絲毫不在意周圍的目光，相擁久吻。甚至夫婦攜手進入房間，閉門長久不出，此舉止與犬類無異。」（《下田日記》）因此，國際關係中的日本與蠻夷這一攘夷論的變化，與各自的人際關係中面對具有不同性質的生活方式及道德觀念的「他人」，不去特意擺出某種「架式」（柏格森，前揭書），而是原模原樣地理解認可之，這兩者不是同一層次的問題。

在個人關係這一層面上，如果要大量產生上述那種對「他人」的寬容和「自我」的自主性這一相關的自覺，其他條件另當別論，至少要在社會底層與不同性質的人進行交流，且達到一定程度才行吧？這種意義上的交流即使在當今的日本也未必發達，更何況當時是不可想像的。換句話說，就是像佐久間象山〈讀洋書〉詩中所說的那種圖示化的解釋：「漢土與歐洲，於我俱殊域。……彼美固可參，其瑕何須匿。王道無偏黨，平平歸有極。咄哉陋儒子，無乃懷大惑。」即從對大陸文化圈的依存中擺脫出來，喚起對西方認識的解放與「自我」的認同這兩個方向，其過程絕大多數是在國家層面上進行的，個人層面較少。那時的「自我」其實是與日本國同一化的「自我」。

當然，前面所說的川路聖謨的夷人觀也不是沒有變化的，對於西歐的文化和生活方式也並非所有人都一直感到異樣，如後邊所述，反倒對「文明開化」的風俗適應得非常快。看上去曾經是那麼頑固支配的「禮」、「格式」竟然就那麼土崩瓦解了，全然不顧島津久光及雲井龍雄等人的感慨。維新初期，那種模式化的行為規矩消解後，給社會上層帶來了多麼大的困惑，在明治二（一八六九）年一位藩主（據說是信州須坂侯）提交給辦事所的一份請示書（《中外新聞》明治二年七月九日刊登）中都戲劇性地表現出來了：

一、本人和隨同可否私自前去餐館喝酒吃菜？

二、去餐館時，可否叫歌妓同樂？

三、可否將歌妓舞女叫進自家邸內？

四、本人和隨同可否逛妓院，或私自前往？

上述四件事，**當維新之際**應如何理解為好？特此請示。

這不正顯示了**幕藩體制**下的封閉社會的急速瓦解嗎？也正因為它是**封閉社會**的瓦解，其中「開放的靈魂」之萌芽以各種各樣的形式顯示在個人身上，下面將會敘述到這點。但同時不可否認的是，向文明開化的生活樣式的快速轉化中**集團轉向**的傾向似乎占了大多數。在進一步探明這一問題之前，我們先從維新初期的生活樣式中看一下是哪些因素導致了德川社會的傳統模式的瓦解。

## 6

封閉社會的急速**崩潰**，首先讓人民能夠直接感受到的社會現實就是經濟的混亂和道德的每下愈況。前面舉過的一個例子，據日光地區的一個農家的日記記錄，明治二年會津的狀況是「各種商品價格昂貴，無以言表」，「因此，各藩國商人每日往來數百人，哪個地方都有妓女，此時若松城下就有三百餘人，據說僅一夜遊金就進帳五六兩」。還有，宇都宮因假幣橫行，便獨自發行紙幣，限定流通區域，但是隨之很快就又出現了假幣，據報導：「處處有入室搶劫者，夜間偷盜、放火、強盜流行，盡是惶惶不安之事」的無法狀態。維新政府的解放娼妓令給現實帶來的是「自前日解放娼妓令起，其舊弊反倒流行於世，滿府暗娼盛行，近來日益惡化。為夫者賣妻度日，為母者賣女餬口，小巷長屋深處必有一兩處隱密窯子。而且衙府裁判所判案也十之七八為通姦案」（《新聞雜誌》明治六年八月，第一三一號）。多年的禁忌崩潰之後，無論是哪個時代哪個地方都會反射性地招致性欲的氾濫。山路愛山也說：

> 回顧當時，我感到十分震驚，政府威權本應抑制住日本人民的獸欲，沒想到卻軟弱得不堪一擊，來看一下當時的出版物吧。比如明治七年出版的《東京新繁昌記》，或自明治七年至十四、五年為止連續出版的《東京新誌》，或各種報刊的雜報欄等等，都好寫閨房之事，好寫癡情之事，好寫挑逗肉欲之事，其內容幾乎都如春宮、淫書一般（山路愛山《現代日本教會史論》）。

而且這種對官能欲望的無恥追求，實際上只不過是強制性固化行動模式的一種反動，是傳統的行為模式中的潛在意願的病理性膨脹，當今卻以「自由」的名義被堂而皇之地正當化了。《日本開化詩》以自由自主為題曰：「壓制力殫民始休，更看風化及荒陬，自由勿誤修身策，買妾鬻妻亦自由。」另外「士人竟有公然攜娼婦招搖過市者，遭篤行之人責備，竟當即反駁曰：『自由自主之世，大可不必拘泥於小節，吾輩以錢買娼，有何不可？歐美之風，人人皆自由。』」（竹越與三郎《新日本史》中）這種現象成為一個前奏，不久到了明治十年代以後，政府便以自由過頭為由開始復活「傳統」的道德教育了。

「明治維新」首先以不斷下達布告的方式拉開了帷幕。比如領地戶籍奉還、廢藩置縣、允許職業自由、禁止人身買賣、禁止格殺勿論、禁止復仇、廢除俸祿、制定華族·士族·平民的新稱呼、廢刀令等，新政府推行了一系列的改革，不僅對構成封建身分體制的各種制度開刀，而且對關聯到人民日常生活樣式的細節，也通過頒發布告來指令其「開化」。如：禁止隨地小便令（明治元年九月，橫濱）、禁止男女混浴令（明治二年一月，東京）、斷髮自由令（明治五－六年）等等紛紛出台。隨之，通俗易懂的手冊和連環畫等開始大量地湧現在街頭巷尾，仔細而又通俗地解說政府的改革及符合「開放」時代的行動樣式。

不過文明開化的風暴當然不可能均一地吹遍日本全國。從地域來看大多集中於東京、橫濱、大阪等城市，即使同是東京，如被稱作「日本橋的文明開化」等之類的，從一開始也許就發展得不均衡。加之中央總是以成套的形式推行制度改革，同樣，波及全國的風俗的變化也因各地情況的不同而以不同的速度、不同的形式進行著。因此，聽起來有點難以想像，文化習慣的破壞對地方民眾來說反而以放大的形式傳播過去。剛才提到的關根矢作的明治十八年的日記中記錄有：「夜晚十點左右收到自栃木縣學務課的飛腳快信。」它一方面反映了教育制度的較早完善，另一方面又反映了交通手段依然如舊，和幕府時代以來一樣。這種奇妙的共存在短短的一句話裡，不正象徵性地表明了這種巨大矛盾中的冰山一角嗎？

最早在全國統一實施的是建立戶籍、設置戶長・副戶長、徵兵制、學制等制度。正如詩云：「拜請釣魚船，傳達天之聲，讓人天天讀報看布告。」（《文明開化童戲百人一首》）以天皇布告的形式接連不斷地下達的「法律革命」，人民想要努力適應之，卻又感到迷惘。因為「權令又發布告，四方字也讀不懂，參字該不會一字不解吧」（山陽道某縣的流行歌）。「上面下達來的布告一個接一個，是幕府期的十倍，其文多用漢語，盡是鄉下人難以理解的事。再加上送來的報紙，雖然拿到也讀不懂，實在令人困惑不已。因是上面的指令，不得不收下，戶長對此也十分為難」（甲州農家主人的話《新聞雜誌》明治七年五月，二四〇號）。

問題不僅是「自上而下」的文明開化。比如：

已成夫妻者，因不得已之故，女方要求離婚，但男方不肯，因此虛度數年之久，最終導致女方錯失婚嫁良機。這種妨礙人民自由權利者不在少數。如今若有類似事件，女方父親兄弟或親屬可伴之直接上告至法院。（明治六年五月十五日正院布告《新聞雜誌》，一〇一號）

像這樣的法律革命的思想根據，最終都是堂堂正正地訴求於「人民自由的權利」，但同時負責將布告下達到最底層的區・戶長們卻將從前的名士或長者所持有的那種親密感和溫情，很快就切換成官僚主義了。於是人民的困惑便與日俱增。葛飾郡的一老農因徵兵令前去詢問區・戶長。過去的名士或長者成了今日的區・戶長，他們坐在椅子上，前面放著桌子，「態度十分傲慢，受到的應對十分令人難堪，甚至比衙門還甚。……因開始便是咄咄逼人之勢，聽不懂其所說的內容」，所以沒有辦法只好空手而歸，對此老農表達了如下感想：「當時以為有了自主之權，無論走到何處都不會有什麼非理之事。但事實卻相差甚遠，那所謂的自由實際只是政府許給那些官員的。我是怎麼也弄不明白的。」（《新聞雜誌》明治七年九月，第三〇六號）因此「民間的實情沒有人向戶長等村公役人員匯報，而他們夾在中間，也的確十分為難，他們說：每每上方一令即出，首先想到又出台什麼頭疼的事了？這次又要收取什麼稅？再三再四地出布告徵稅。那怕是有益於自身的事，各自都認為新啟之事皆不利之事」（《東京日日新聞》明治七年一月六日），可見這樣的狀況似乎並不只限於某一地方。

同時社會怨氣發酵的一大因素是，曾經為推動維新革命起到重要作用的下層武士的分化。他們當中有的成為維新政府的官吏，早早地穿上西裝，剪掉長髮，穿上皮鞋，娶妻納妾，簡直是渾身沐浴著文明開化之光。然而，另一些普通武士由於身分特權被剝奪，自然陷入了困境。幕府家臣的妻女淪為娼婦，不得不向那些來自鄉下登為官吏的人獻媚。這一慘象在成島柳北《柳橋新誌》中有生動的描寫。

在奪取革命政權的過程中最為積極的分子，當新政權鞏固後，常常被無情拋棄，這是古往今來所有革命或多或少共通的「法則」。維新革命是由大小無數的封閉社會的流動化所帶來的，最為象徵性地顯示這點的就是活躍在全國各地的所謂脫藩志士。新政府於慶應四（一八六八）年八月早早地就把這股流動的巨大能量強行按捺住，《太政官日誌》四十九號中有這樣的記載：

近年天下有志之士，由於形勢所逼不得已脫離藩籍，四方周遊，倡義殉難，一改數百年貪圖安逸之風，以維持國家命脈為重。今逢朝廷復古之運，不少人親自為之搖旗吶喊。然而朝政一新，天皇日理萬機，皇國立全國之政令，府藩縣同歸為一體，今後萬民亦身處同一天下，不可不歸屬府藩縣。假使一時脫離其戶籍、流浪終身，或脫離本籍，身處異地，這些都與政體相違背，萬一逃走之風盛行……違法愈演愈烈，與誰能共同維護政府？昔日脫藩之輩，此次須各自返回舊地，訂正戶籍，保全信義，其進退得當，亦於政府有輔助之功，故特出此旨以示處置。

這段文章前半部分竭盡讚美之詞，但說到「然而朝政一新」處，突然後面轉為一種擔心、警戒和斥責的口吻，從這裡我們不是也可感受到維新政府的苦惱嗎？於是乎，對這種開化之世，正如剛才所說的一般庶民的實感，與士族的悲憤摻合在一起，讓他們感到那是一場「被背叛了的革命」，加之在意識形態上也存有一種對過去美好日子的思念和「人民自由之權」的觀念混同在一起，形成了一種低氣壓，朝著「有司專制」的維新政權慢慢地擴展開來。

## 7

在回顧歷史的某一階段時，我們總是要一步一步上溯，去探索其最初的頭緒，它後來是怎樣條理分明地鋪展開來，或者如何膨脹為一個龐然怪物，這是出自我們自然而然的心理，也是歷史研究不可或缺的一環。只是與此同時我們又很容易把歷史想像成為一個任何時候都是為了達到預定的目的而有計畫地去實現的過程，宛如每一個過程都是為此做好的布局一般。歷史敘述中以各種樣式呈現出的「陰謀論」或多或少都是這一傾向的產物。明治以後建立起的日本帝國的統治體制，其構造極其巧妙，以致今天看來，我們似乎很容易認為維新政府從成立當初就已經開始在腦子裡明確地描畫出這一體制的形象，強行推行一切政策，一步一步地排除前進道路上成為絆腳石的民主動向。但是實際上，我們知道至少維新後的十多年的歷史狀況是處於一種極為渾濁的流動狀態，其中蘊含著多種發展方向的可能性。

維新政府成立後不久就全部拋棄了民主構想，連政體書、公議所等制度所體現的那種程度都不放過，早早就採取措施平息、穩住那些將自己推上政權的革命動力。正如大久保利通所言：「內外之大難，皇國乃危急存亡之際，迫在眉睫之事刻不容緩，去年兵亂漸平，暫成穩定局面，然大小諸侯各持狐疑，天下人心惶惶不安，其亂局之恐堪比百萬兵戈之亂。」（明治二年，大久保利通致岩倉具視函）基本上是出於權衡權力利弊的本能來對應瞬息急變的局面。政府出台的現實政策與其說是摸著石頭過河，倒不如說是大多在黑暗中摸索。如頻繁的官制改革，特別是突然降低神職官員的級別，象徵著平田派復古主義的沒落，也令人察覺到這是由公議輿論轉向有司專制的一個平行並進的過程。前邊所說的由上令下達的「布告」來推進的法律革命實際上很大成分是機會主義的產物，正因為如此才遭到「朝令夕改」的非難。在這一意義上看，維新之後就開始的「文明開化」完全不能與明治十七年前後的鹿鳴館時代相提並論，後者具有明確的目的意識來推進歐化政策。於是，隨著封閉社會的崩潰瓦解而帶來的那種開放的氣氛作為物理的必然，與政府的自上而下的法律革命相碰撞，形成了一股激流漩渦。

所以，進步與反動這種意識形態領域的區別不應比照為朝野的對立，而是應把他們縱橫交錯在一起來看。福澤諭吉在明治八年是這樣分析當時情況的：

有人身在政府卻伸張人民的權利，有人身在民間卻袒護政府的專制，人民、政府如同水火雜居，天地混同……上面雖說是四民平等，但尚允許華族士族擁有特權，地方縣府開會在說教的同時又追求自由之風氣，既有訴告政府專制的官員，也有訴說天皇威光不在而上書提議的平民。……結果，如今的日本分不清人民與政府之別，也辨識不出保守者和改革者的界線。……就譬如是相撲比賽，人數可不少，雖有一對一的比賽，但若不制定比賽級別，便不可知東西兩陣營孰勝孰負。既然爭不出勝負，自然也沒理由生氣勃發。（《民間雜誌》第十二篇）

這可以說是非常敏銳的觀察。另外附帶補充幾句，福澤由此提倡設置法規或約定條款：「營造 個議論問題的場所，與以討論議題」，以此為前提，「不問體裁，不論其名目，無論東西、左右、公私、上下，皆分為兩方互相制約」。我們從中可以清晰地看到隨著社會的實質性交流的擴大與利害關係的多樣化，確立抽象的形式化的規則與之有著內在的緊密關聯。正因如此，伴隨著舊的行為模式的崩潰，並從這一混沌中產生出開放社會的嶄新形式，這才是正統的途徑。

由於以上這些情況，如前所述，法律革命與市民的實感儘管存在著反差，但這一問題不必一定要按固定模式去思考。陸羯南在明治二十一年左右的《近時憲法考》（一八八八）中，回顧維新初期的官制改革朝令夕改的過程說：「這類法律條文的實際功效如何，與法律固有的效益相比，其效果更多的則在於誘導人心。」明治七年，地方官會議是否取得了預期的議會效果呢？明治十一年時的府縣會議是否也取得了類似於地方自治的效果呢？對此難以給予肯定的答案。明治十二年末的開設國會運動、明治十三、四年的政黨結成等確實是由這些法律條文而誘發的。「人民的精神被法律條文所喚起。而且法律又在人民的精神推動下更向前邁進」，這一描述可以說是充分表現了法律革命和民心的強有力的互動。在一個劇烈動盪的時期，一種狀況的進展會開拓出另一種新的局面，而建立在這之上的下一個政策階段又會變成為下一步的起點，在此之上又會有更新的展開，如此事態的推進變得更為顯著。從維新開始到第十年的這一期間，和明治十年代的狀況大致可分為以下幾個階段來考慮：第一階段就是自上而下的「布告」與舊體制崩潰所直接造成的混沌局面相互對峙；不久進入下一個階段後，隨著法令的逐步下達和滲透，由下而上的能量漸漸明確目標，發展為組織化的民權運動，反而讓政府為自己所招致的惡魔所困擾。明治十四、五年前後，由政府主導的復活儒教教育以及嚴厲鎮壓言論集會等都是在這一背景下進行的。

## 8

封閉社會的禁忌的崩潰，一方面造成了前面所述的借自由之名的肉欲的放縱狀態，在當時的混亂中，除了那些消極的一面之外，我們同時不能視而不見的另一面是開放社會的種子正以各種各樣的形式開始發芽。這裡限於篇幅，為方便起見我們僅從現實世態中隨機地羅列出一些實際例子來看看。

向開放社會的轉變，最具象徵意義的是民間新聞出版業的興盛發達。「辛未之年[7]，報刊雜誌始得到官方許可，至今已三年，國內各地發行刊物已有三十餘種。」（《新聞雜誌》明治六年四月，九十二號）通訊、媒體的發展將思想觀念的傳播擴展得更為廣泛，大大超越了第一階段的範圍，甚至連那些沒有直接接觸的廣大群體如今也作為抽象的公眾讀者被聯繫到一起了。從宮武外骨著的《文明開化廣告篇》中我們轉載一篇明治十五年五月《此花新聞》中登載的下述求婚廣告：「我女，年方十六，白皮膚，長黑髮；未與男性有過肌膚之親；中等身材，多受鄉鄰好評；有日本女子應有的學識才智。若有條件相符之男士，請諸位幫忙關照，切切。」這是山形縣最上郡上柳田村的一家農戶（估計是大地主）登載的，令人感到新鮮而又驚奇的是那裡可是與文明開化中樞相距甚遠的東北地區啊。看樣子文明開化後的人心所向不只是憧憬洋傘、帽子和金表。據明治五年三月《新聞雜誌》報導：「有吉原某藝妓在日洗學舍學習，近期將所持的三弦及梳簪衣帶等賣掉，買回書籍努力學習。」看來啟蒙思想家的《勸學篇》或可成為荒野中的空谷足音。

因禁忌而被神聖化的習慣及規矩遭到破壞瓦解，人們按其崩潰程度，自己來分辨這個社會將從何處流向何方，然後在多種流向中不得不做出自主的抉擇。取代外在權威的影響，內在的理性如今成為判斷和抉擇的基準——這是由於受特定情況所決定的「道理」從封閉的社會體制中分離出來，昇華為普遍的抽象的理性。例如：「反正聽到各種新奇怪事而不覺驚異者，（中略）不能稱作文明開化之人。任何事情，只要我心裡不明白的，就去深推其理，明其所以然之後，自己就會辨別。值得信的事則信；不可信的事則不信。」（加藤祐一《文明開化》）再有：「我國有自稱國學派之流，其論說違背真理處甚多、著實令人厭煩……說什麼天下之國土皆屬天皇私有，億萬人民皆為天皇之臣僕，因而倡導各種牽強附會之說，如：凡本國人民唯以天皇之心為心，只要是天皇之事，不論善惡邪正，唯有俯首遵從指令，甘守真誠臣道。以這些姿態視為我國體，甚至自詡我國冠於萬國之上。其見解之拙劣，其論說之野蠻，著實令人可笑」，「本居、平田等學說中，凡神典中所舉之事，皆為諸神之所為，實在奇奇怪怪之事，決非人智可思議也，故上面都作為神典上之事，尚可遵信敬重。但當今這些不合人世間道理，在議論國家大事時，吾認為絕無關係才對。國家既然存在於人世間，違背人世間道理之事斷然不可取。」（加藤弘之《國體新論》明治八年）

如果這種理性主義作為新型的傳統潛移默化，或者在正確意義上被「止揚」的話，那麼就不會出現「第三次開國」時的天皇的人間宣言這一悲喜劇了吧。

「我們不應把討論看作是橫躺在政治道路上的障礙物，相反地應把它當作一個不可缺少的前提，為了我們選擇智慧而正確的行動。」雅典民主政治最盛時期的伯利克里如此自豪地宣稱。把

7 譯注：一八七一年，即明治四年。

開放社會與封閉社會區別開來的最大標誌就是自由討論、多種樣式的自主結社以及相互之間的競爭與鬥爭。眾所周知，在我國「討論．演說．會議．贊成．否決．競爭」這些譯詞都是維新時期福澤諭吉等洋學家們苦心創造出來的，這些語詞過去一直沒有，這也正是說明了對應它的社會性實體當時是廣泛缺乏的。《福翁自傳》中有這樣一段回憶：當他還是為幕府效勞之時，翻譯了錢伯斯（Ephraim Chambers, 1680-1740）的經濟論並把它交與幕府官員審定時，對方對「競爭」的「爭」字提出了疑問，當給他講解了經濟競爭之後，那名官員表面上似乎明白了，但還是認為「爭」字有些激烈不夠穩妥，這樣無法讓上面的老臣們過目。「可能是想在經濟書中看到人們互相謙讓之類的字眼吧……由此一事可推測出幕府整體的風氣。」福澤這樣諷刺道。規矩模式及身分等通過服裝或語言表達展現給外部，這樣方可構成封閉社會中的對話。但是，因為開放社會中這些外部的標誌均脫落消失，所以這裡替代它們的必然是要求有一個普遍性抽象性的手續和規則。像福澤諭吉著名的《會議辯》那種關於討論以及會議規則的啟蒙書在明治初期大量出現也絕非偶然的。

與此同時自由結社的想法也開始萌發出來了。《開化評林》第一卷（明治七年）中說道：「在西洋，開拓荒地、製造機械等事都由城市富豪結社四處奔走，而不像我國城內太多懶惰遊民如雜草叢生。近來……遊民漸漸回歸農商，雖遠離舊跡，但各縣士族，憂國憂民，上京妄發議論，蓋不為政府所喜好，然而有議論，國家則會強大，視作他山之石而默許之，亦是開化之一面」。明治六年左右靜岡縣下富士郡大宮町三十名村民結社取名為開化社，每月十五日聚集一處，「搜集報紙、翻譯書籍等互相辯論時事，致力於開發智力，不斷邁向開明之域」，近日會員已增至百人以上。（《新聞雜誌》明治六年十二月，一七八號）

這可以看作是無所不包的傳統集團向自主結社轉變的一種中間形態。而明治八年以津田仙、中村正直、前島密、古川正雄等為中心組建的民間團體「樂善會」，在成立盲啞教育設施的意向書中已明確自覺到自由結社的思想意義。其中先是基於這樣的反省：「我國至今為止的慣例，凡善事皆由政府獨自為之，人民私自集資做事只有為祭禮出分子錢的富士講習會之類，王侯富人的捐款除了營造神社寺院的堂塔迦藍之外別無他項。」「當今百事維新之際，人民或謀維新之善事……經營自主之事業……盡力於大眾共同利益之善事」，因此欲準備建設盲人訓導院，而且「如今雖不能立刻全部脫離政府而自立，但盡可能不依靠政府，與人民共同籌集資金共謀維新之善事。因此我等屢次集會決定著手建設盲人訓導院」。另外，「交詢社」的結成（明治十三年）原本也是出自這種自立和自發的連帶理念。

但是，明治初期尤具重大思想意義的自主結社要數眾所周知的「明六社」。我們來看一下聚集到明六社的人們，當然有各種各樣的人參加，大部分是出身於小藩的下級武士，而且在末期的幕府奉過職。所以隨著幕府的解體，他們較早地從鄉黨或身分制的臍帶中解脫出來，在日本形成了最早的所謂的「自由移動的近代教養人」的集團。他們當中哪怕有很多人早早地就被明治政府錄用，其中同仁間也發生過著名的關於學者職責的爭論，但問題在於明六社同仁這一層次上的自立性上，他們始終以自由的知識人參與活動，與文明開化的現實也保持著一定的距離，他們發出的言論也不是當時常見的啟蒙解說書中的那樣，只是對政府新政策的一味辯護或正當化。

人們常說明六社的啟蒙是自上而下的啟蒙或具有啟蒙專制的意識形態，關於這一點我想特意說明一下。第一、《明六雜誌》如前所述，它創刊於維新不久，無論是在制度上還是作為精神狀況來看，大多還處於混沌狀態下，所以把它與後來建立的堅固的國家體制的階段同等看待，用這些「自上而下」或「自下而上」等說法未必妥當。第二、他們沒有依靠民主的基礎及勢力，而是保持著一種精神貴族的姿態，如果是以這種意義來說自上而下的話，還說得過去。不過，關於這一點，原本的啟蒙主義者——十八世紀聚集在法國沙龍的百科全書派思想家們也未必一定是「民主主義」的，愈是對體制宗教持批判態度的，就愈不會是對絕對主義政治權力的激進反對者。即使在法國，之所以能稱為啟蒙思想，並不一定表現為狹義的政治思想的激進或革命，反而如法國哲學家狄德羅（Denis Diderot, 1713-1784）所說的那樣，在於想要改變思考的普遍樣式（Changer la façon commune de penser）。如果說明六社的啟蒙思想沒有法國的百科全書派激進的話，那首先在打破傳統思想模式使之變革的這一點上做得還不夠，我們必須在這裡尋求問題的所在。儘管如此，明六社的思想與明治十年代以後的自由民權論相比，在政治的激進上或有所不足，但在啟蒙主義本來意義的方法上的自覺卻予以了補充，我覺得這樣評價也不為過。

像明六社這樣以非政治目的的自由結社，本指望它能夠從其立場上對包括政治在內的時代的重大課題不斷加以批評，並使這一傳統鞏固扎根，打破那種政治主義或文化主義二者擇一的思考習慣，由非政治領域議論政治，養成近代市民的日常的道德精神。在這一意義上看，明六社誕生僅僅一年多時間就由於誹謗條律、報紙條令等維新政府的言論鎮壓而被迫解散了。這一事件對於思考近代日本的開放社會的發展具有象徵意義。從那以後，更為積極地參與社會活動的自由結社基本上被限定為政黨型的那種純政治團體了。

可是，由政治團體代表自由團體之處，無法期待獨立於國家的社會得以充分發展。對於政治團體來說原本就是鬥爭團體，且不可缺少權威性與凝聚力，指望它們作為樣板為開放社會發揮模範作用，這本身恐怕就存在著一種內在的矛盾吧。站在與政治不同的立場（宗教、學術、藝術、教育等等）上的自由結社，其傳統沒能鞏固下來的話，所有的社會結社無論是在構造上還是在機能上都有一種傾向：以政治團體作為模式並向其盡量靠攏。而政黨呢，又只不過成了原本就是作為最強大的政治團體的一個政府的縮小版。正因為如此，在這裡便形成一片磁場，所有社會團體都容易被國家這一巨獸所吞併、所吸收。以「社交」為使命的「交詢社」等後來有著怎樣的命運呢？維新以來最著名的知日派張伯倫（Basil Hall Chamberlain，1850-1935）說過：這個國家自然風光優美，但與之形成鮮明對比的是「社交」簡直乏味得令人吃驚，「翻開日本精美的製品目錄，種類繁多。但是諸位富有教養的靈魂如果想要憧憬客廳沙龍或晚會的愉悅的話，那我還是勸你們買張船票回國為好」（*Things Japanese*, 6th rev.ed., 1901, [1st ed, 1890] 中的「Society」項），關於其中潛在的根本問題，他試圖將其歸為一種模式，說：

> 在日本，所謂的社交界基本上都是與政府相關聯的。在英國，農村的名門有的接受官職，也有的不接受官職，即便是接受了官職，也不會因此而光宗耀祖，相反的倒是給官職貼了金。這種意義上的名門在日本絕無僅有。（中略）在日本，皇室事實上是唯一的榮譽源泉，一旦失去名義名分在這個國家誰都不會袒護你。（中略）皇室（或者說以皇室之名從事活動的人誰都可以）在舊的封建制度的廢墟上建立起新的官僚制度……這種官僚制度既是國家，又是社交界，從一開始它就排除任何對手的存在，是本來意義上的貴族制。……在日本的社會，實際上官界是最重要的組成成分，沒有政府的援助什麼事情也做不成。盎格魯撒克遜人容易以這種個人主義的欠缺，來斷定其國家羸弱的源泉。對於這種看法，不容抗拒的反證則正是日本的令人驚異的振興：在政府的領導下，勵精圖治僅僅用了一代人的時間便獲得了眼前的地位。日本像普魯士一樣，通過中央集權成功了。其四千三百萬國民行動起來宛如一個人似的。

無數封閉社會的屏障拆除後所產生出來的強有力的各種勢頭，竟然被天皇制國家這樣一個封閉社會的集合的能量所代替了，這正是「萬國無比」的日本帝國建成的歷史祕密之所在。張伯倫所說的「反證」到底是什麼？或反證能到什麼地步？其實通過親身經歷的巨大犧牲和痛苦，我們已經知道了答案。只是，從這一體驗中可以提煉出什麼，始終是面臨「第三次開國」的我們該如何自由選擇和行動的問題。

# 近代日本思想史中的國家理性問題

## 前言

國家的行動應該依照的國家特有的準則是什麼？如眾所周知，這個既古老又嶄新的問題是一直圍繞著所謂「國家理性」[1]（raison d'état; Staatsräson）的觀念而展開的。這個觀念包含兩方面的內容：一是作為歷史個體的國家的行動目的；二是實現其目的的技術（Staatskunst）。國家理性的問題同時體現在政治權力掌握者對被統治階層的支配操縱和對他國的行動中。然而，國家理性問題最高度地白熱化並成為喧囂的議論對象的，無疑是在後者，即國家的對外行動方面。所謂國家的需要或「國是」等議論往往也是圍繞國際關係的。其權力與道德相交錯、相矛盾的微妙關係，多數表現於國際社會裡的國家行動中。

1 「國家理性」這個譯語並不見得能充分表達「raison」的原意。但因為一時沒能找到更合適的用語，所以在此暫按這個一般的譯語。

國際社會是最提倡國際和平理想和指責戰爭罪惡的，但同時在那裡，「強權便是正義」的無恥公式又是最通行無阻的。露骨的國家權力行為往往穿著華麗的道德衣裝登場，以掩蓋其行為的真正意圖。而且所謂強權政治（power politics）中的強權，並不單純是自然力，而且是一種社會力，它不可避免地包含著某種心理的因素。所有政治權力都會打出行使強權的「大義名分」，那怕是最小限度地打出其所謂理由。在這個意義上，絕不能簡單地認為道德、理想、意識形態等只不過是「權力」的反射或外在的粉飾，這裡具有政治權力本身的悖論性格。當然，「強權就是正義」無疑是極其危險、可恨的命題。但相反地，人們也不能安心地滿足於「正義就是力量」的原理，這正是政治社會、特別是國際社會的可悲現實。為此，立志向國際社會推行正義的國家，往往不得不以「伴隨權力的正義」（right with might）為原理。然而即便是那樣，潛藏於「權力」中的惡魔性因素是否能始終忠實地充當正義的奴僕呢？作為推行正義的手段的「權力」，能否不膨脹為反作用於目的的危險存在呢？這些問題都是極其複雜的。

而且，這絕不單純是抽象的思辨性問題。曾經以「行大義於宇內」為使命的「大日本帝國」統治者，不是在國際社會中犯下了難以抵償的罪過，被送到世界嚴厲的法庭受審判了嗎？而且，在噩夢般的第二次世界大戰結束不久的現在，世界又正陷入「冷戰」這個新夢魔的煩擾之中。在這種情況下，那種避開冷酷的現實而逃到烏托邦世界的態度，或者那種乾脆認定國際關係無論何時何地都是依憑暴力的，而固持犬儒主義的態度，都是最不費事的。然而不滿足於這兩種態度的人們，也許會深切感到有必要再次回顧到目前為止的近代國家和近代國際社會的發展過程，正確地認清現在世界的歷史位置。筆者認為，反思近代國家國際行動中的「國家理性」觀念，和分析近代國際社會的社會基礎是當前必不可缺的課題。

第一次世界大戰後，在德意志軍國主義崩潰之現實面前，弗里德里希．邁涅克寫了《近代史中的國家理性觀念》（一九二四年）一書[2]，對近代國家理性觀念的發展作了回顧。對於邁涅克的這部名著，人們可以有各種各樣的批判，我本人也並不是完全贊同他對國家理性觀念的把握方法，但在此不準備深入探討這個問題。本稿僅把邁涅克之論作為入門指南，擬勾勒出近代日本國家理性的思想史素描。當然，這個題目本來非常大，並非筆者目前之能力能承擔，但作為一種未定論的探討，即便不能使問題得到解決，也有可能暗示出問題之所在。出於這種動機，筆者在資料還未十分充足的情況下起草了此稿，若能承蒙讀者指教，從而得以進一步提煉，甚幸。

本稿雖說是以邁涅克為入門指南，但須注意到，近代歐洲的國家理性思想與日本的國家理性思想，本來在產生時其狀況就很不一樣。在歐洲，近代的主權國民國家是在以神聖羅馬帝國為象徵的基督教世界共同體崩潰中誕生的。因此，那裡存在著包括所有國家在內的一個國際社會，這

2 F. Meinecke, *Die Idee der Staatsräson in der neueren Geschichte*,1924. 此書的前半部分最近已由菊森英夫翻譯出來，但本書最有意義且包含問題最多的部分是其後半部分，因此希望後半部分也能早日出版（〔後注〕：菊森譯《近代史中的國家理性觀念》的全譯版，是在本稿執筆以後，與生松敬三共譯，於一九六〇年刊行的）。

是不言而喻的事實。毋寧說，新生的國家或其國家的絕對君主首先關心的事情，是如何從中世的普遍權威束縛中擺脫出來，使國家行動獲得一定的自律性。可見，歐洲的國家理性觀念是在與制約國家行動的普遍性共同體理念作激烈格鬥過程中逐漸形成起來的。從這個意義上看，邁涅克把馬基維利作為其起點也是有一定道理的。用抽出自然法則的冷酷方法來徹底追究國家行動的諸原理，這正是馬基維利這位佛羅倫斯的異教徒最先開創的業績。

但日本的情況是怎樣的呢？日本並不是從上述國際社會之中誕生的，而是因為被強行編入這種國際社會之中才開始向近代國民國家發展的。開國——向歐洲世界開國，也同時使日本覺悟到自己對國際社會是「封閉的」統一體。正是這種倒逆的特性給近代日本的國際化行程埋下了悲劇性的因素。中國也曾處於類似的歷史環境中，但中國真正意識到這種狀況的倒逆特性，要比日本晚得多。為何中國與日本之間會出現這種時間上的偏差呢？這個問題要簡單地論述反而非常複雜，其中的一部分意識形態因素將在後面闡明。本稿的主要對象在於，追尋日本在明治維新後解決上述倒逆特性的思想史軌跡，[3]試圖闡明國家理性的產生狀況在歐洲諸國與明治國家之不同對其後的發展過程烙下了怎樣的性質。

## 1 國家理性觀念的歷史前提：對「華夷」思想的克服

要使日本順利地編入近代的國際社會，首先在思想上必須對抗的思想課題無疑是「攘夷」思想。但在此有必要先說明一下，攘夷思想究竟是在什麼意義上被視為問題的。

第一、這裡要論述的攘夷思想絕不是籠統地指對外國人的憎恨感情。實際上，對外國人的憎恨在當時的國民中是否已成普遍現象？回答應是否定的。幕末外國人的記錄中屢屢描寫這樣一種強烈印象——腰佩雙刀的武士充滿敵意的目光與一般庶民的友好態度形成了鮮明對比。但那種具體個人的親密感情，只是根植於意識形態以前的自然感情，並不是自覺的國際平等意識。那只是反映出封建制度下的民眾僅僅處於政治統治的客體地位，近代國家意識本來就與他們無緣。民眾對初次接觸的「異邦人」所表示的態度，不屬於政治思想的問題，而應屬於文化人類學的民俗心理問題。如果從民俗的角度看，武士的所謂憎恨感和恐怖感裡，也多有與原始社會的意識相通之處。總之，在此我們要探討的不是這種心理性反應的敵意或親近感情，儘管現實中不能排除這種感情的參雜。我們要探討的是體現在這些自然感情的人身上的，但是已抽象化、普遍化為一定觀

3 思想史的角度本身也可以有各種方法，在此仿照邁涅克的方法，以著名的思想家和新聞工作者的言論為中心來闡述。因為雖然國家理性的直接承擔者是政治家，但要從觀念的把握方法來考察，就要將問題作為分析對象，光依據政治家的部分言論行動是很難做出判斷的。

念的攘夷思想。只有這樣，才能超越各自對外國人的偶然的直接反應，從而找出對待外國的一貫態度。

第二、還要說明一下，當時必須對抗的攘夷思想，也不是指幕末攘夷論的各種具體內容——比如具體排擊洋夷的什麼東西等內容，而是指以「中華－夷狄」的公式來把握日本與歐洲諸國的關係、而且離開了這個公式就無法想像的那種思考形態，也就是說所謂形式意義上的攘夷思想。眾所周知，攘夷論作為現實的戰術從鎖國論到開國論、從武力討伐論到和平膨脹論，有過各種表現形態。但對這些表現形態諸相的分析也不是本稿的目的。儘管當時出現過各種戰術上的開國論，但本稿主要關注潛在於其深層的、把握國際關係的公式。這個意義上的夷狄觀，可以說幾乎壓倒性地貫穿於幕末思想之中。

「華夷內外之別」的觀念雖然是由來於儒教思想，但即使是有意識地與儒教思想尖銳對立的復古神道，其神國或皇國觀念在對外的問題上也多多少少是受華夷觀念影響的。就連最成功地排除了儒教思維方法的本居宣長，在對外意識上也只是反對儒學者對古代中國的盲目崇拜，而主張日本才是中華，那只不過是把華夷關係顛倒過來而已。在這一點上，與山鹿素行和山崎闇齋等儒學者亦無多大差異。如果說儒學者與他們有差異，那只是儒學者難以擺脫對堯舜禹湯文武周公之國的「中華」尊稱，因此難以與「日本乃中華」之說調和，而對於自始便無視儒教經典的國學者來說，不存在這種制約。而且，國學特有的思維結構也以不同於儒教的形式，在阻礙接受國家平等原理上起了作用。因此，當日本被順利編入國際社會的時候，以中心放射型擴散的形式來把握國際關係的公式成了強大的障礙，這是或多或少地貫穿於儒教教養和國學教養中的共通問題。

因此眼下的問題，是分析這種幕末思想中共通的華夷觀念是如何轉化為國際社會中的國家平等觀念的。[4]這是歐洲的國家理性思想從未經歷過的課題。日本（以及中國）是經過了此階段，才產生出對本來意義上的國家理性——國際社會中的國家行動準則——的思考的。因為近代國民國家的指導原理 nationalism，特別是作為其本質契機的「主權」概念，儘管具有肯定國家奔放不羈的對外行動一面，但畢竟是把主權國民國家的並列共存作為當然的前提的。這與那種不承認自己以外有世界中心的「中華－夷狄」觀念在任何意義上都是不相容的。

自安政元年幕府與培理簽訂《日美和親條約》以來，通過與列強締結和親以及通商條約，華夷觀念就漸漸失去了現實基礎。在薩英戰爭、長州戰爭中列強所表現的實力面前，華夷觀念發生了根本動搖。然而，這種事實上的強制並不見得能直接從精神的內面推動華夷觀念的轉變。要從這些事實與經驗教訓中導出積極的國家平等理念，需要有一定的邏輯媒介。而發揮了這種媒介作用的也正是儒教哲學。特別是舊幕時代占正統教學地位的朱子學的邏輯結構發揮了此作用，這真

4 所以，對外國人的友愛感的成長在此並不是探討的直接問題。問題是在如何把握國家與國家之間的關係。另外，還有一些單是出於現實政策的考慮而避免使用夷狄之稱的主張（比如佐久間象山的主張），但如果那僅僅是停留於政策意圖，可以說也不能表明其已在原理上克服了華－夷式的思維結構。

是一種歷史的諷刺。正如歐洲的國家平等觀念是在由來於斯多噶學派教義和基督教的自然法思想的背景下形成一樣，在日本，朱子學所內包的一種自然法觀念成了接受超越於各國之上、平等地制約各國的規範的媒介。[5]

關於日本的國際法的輸入過程，吉野、尾佐竹博士以來的研究已有闡述[6]，在此就不一一重複。當丁韙良的漢譯本，惠頓的《萬國公法》傳到日本後，「天地之公道」、「萬國普遍之法」或「宇內之大道」等用語便普及開來了，這些用語往往使人聯想起儒教的「天道」觀念。胡果·格勞秀斯[7]以來的那種、以人先天具有的理性為根據來建立法的基礎的自然法思想（以惠頓為代表的當時的國際法學因還未發展為實定法學，所以仍以直接自然法作基礎），與宋學那種把「聖人之道」的根據一方面設定於宇宙「天理」中，另一方面設定在人的「本然之性」（性理）中的思想可謂遙相呼應。

比如，惠頓的著作在一八六八（慶應四）年由瓜生三寅直接從原著翻譯成日文，以《交道起源，一名萬國公法全書》為題出版了。在其序言裡有如下一段：「天地之間，人物生來各自具天賦之性理，運用於日用事物之中。此乃道也。人之氣稟、國之風俗各有不同，若強使其不同者相同，則將擾亂天地之太和。此非天下之達道。故各國遣使節通情品，節之而取其中庸，用以為天下之公法，各國共同守之。此乃萬國公法之由來」（原漢文）。

由此可見，程朱學明顯地成了日本理解國際法的媒介。再看小松帶刀為《萬國公法和解》所寫的題詞，他說：「弱肉強食之禍蔓延，願去私欲存公法。」這裡顯然是以「天理」－「私欲」這個朱子學的對立範疇來觀察問題的。不僅是狹義的國際法，還有廣義的國際道德的存在、遵守國際信義的理由等，都是通過「宇宙中的支配條理同時作為道適用於人類社會」這種儒教的自然法觀念來獲得內在根據的。

嘉永六（一八五三）年，俄國使節普查金來長崎時，橫井小楠在給川路聖謨的《夷虜應接大意》中說：

> 我國能勝萬國，被世界稱為君子國，乃因察天地之心重仁義也。今接待亞美利加、俄羅斯使節，亦應有貫穿此天地仁義之大道的條理。……凡處理我國與外夷之國策，有道之國許其通信，無道之國拒絕之，此二也。有道無道不分而一概拒絕者，乃暗於天地公共之實理，終失信義於萬國，此亦必然之理也。

5 這裡所說的「平等制約各國之法」，只是形式上的「法律面前平等」，而不一定意味著受共通之法制約的國家在實際上具有了平等的權利。關於國家平等的觀念，有必要參考田畑茂二郎的《國家平等觀念之轉換》，特別是其第二章「國家平等觀念的多義性」。

6 吉野作造的〈我國近代史中的政治意識的產生〉（《小野塚教授在職二五年記念政治學研究》第二卷所收），尾佐竹猛的《近世日本國際觀念的發達》。

7 譯注：胡果．格勞秀斯是荷蘭的法學家，被譽為自然法之父，國際法之祖。

當然，在這裡還使用著「外夷」一詞，但以他國是否從「道」為決定態度的基準，認為拒有道之國是失信義於萬國，這種邏輯是承認平等規範對國家行動的制約的，實質上已擺脫了華夷觀念。培理來航之年，小楠就已具此遠見卓識，他說：「無識無策的所謂和魂，視彼（外國）為無道之禽獸，甚者視之為仇敵而拒之。以天地之量日月之明觀此，可謂隘陋之至，誤國家蒼生，令人痛嘆不已。」（《小楠遺稿》）他正是以這種主張，成了倡導採用歐洲文明以促進「富國強兵」的先驅者。當然，小楠的近代國際意識，並不是其朱子學教養之中必然產生的。同樣是朱子學教養，也會產生出大橋訥菴那種狂熱的攘夷論。小楠是在對時代的透徹洞察基礎上，把朱子學的邏輯推向進步方向的。不過，如上所述，國際法、國際道德的意義正因為借助了德川時代教養的共同財產——儒教的範疇作媒介，才得以比較順利地被當時的一般知識階層接受。這個事實是不可否定的。

但是，以儒教觀念為媒介來把握近代國家平等觀念的方法，為什麼沒有首先產生於儒教的正宗本家——中國，反而先出現在日本？這個問題如深入探討會牽涉到日本與中國近代化過程的整個差異，在此不可能論述這麼大的問題，但至少可以指出一個不可忽視的簡單事實：日本在遠遠未與歐洲諸國接觸以前的時代，就與中國這個巨大帝國為鄰，並從那裡吸取了大量的文化。對於中國來說，日本不過是與「南蠻北狄」同列的一個「東夷」。但日本自古以來就具有要與此帝國保持至少是對等的交往關係的自尊心。這裡包含著超出了「中華夷狄」觀念由中國傳來之事實的意義，帶有更具實質性的問題。

儘管日本從江戶時代就強調皇統一系的神國觀，但那個「神國」的世界像亦不過是自己對周圍的蠻族而言的。這與不曾具有任何負重意識的中華帝國高官的世界像相比，規模上有著不可比擬的落差。國學者的所謂「萬國之母國」的思想，也無法否認日本從中國接受了強大影響的歷史事實。但正因如此，國學對「漢魂」之蔓延表示了激烈抵抗。甚至連把唐虞三代之治絕對神聖化的日本儒者，亦無法在邏輯上徹底堅持華夷思想的觀念[8]。大橋訥菴的《闢邪小言》就是一例。有人問他：所謂「華夷內外之辨」乃漢土之私稱，從漢土看來，神州不亦夷狄哉？這個狂熱的攘夷論者[9]便回答說：的確，華夷之名目出自漢土，但本來尚義之國為華，尚利之國為夷。我國真天子在也，古來綱常倫理明也，如此國才可稱華夏中國。見我國之古制，天皇將三韓、渤海之類都當然地置於蕃臣之列，唯有對漢土之國「待之以對偶之國」。「此乃我國與漢土風俗人情甚

8 在德川時代，自從崎門派的佐藤直方和淺見絅齋之間發生了關於「中華」語義的著名論爭以來，這個問題在儒者中屢屢被提出來。

9 到了幕末，歐洲的技術，尤其是軍事技術的優越性幾乎已難以否定。因此，象山的「東洋道德西洋藝術」（藝術即技術之意）、左內的「器械技術取於彼，仁義忠孝存於我」等主張大體能在知識階層中推行。但訥菴的攘夷論是徹底地把「產生於西洋之一切，包括所有技藝」視為「不過祆教之枝葉而已」，對自然科學＝技術也表示了極端的拒絕態度。他把採用外國軍事技術來實行攘夷的主張，形容為「出藍之妙言」，據其友人的解釋，即「為人者，欲與狗鬥，跟狗學咬法」之類！

近，且我天祖天孫之道與漢土聖人之教學相符。聖人之學已備，至於細目條件，古天皇……取以為我國之教，文物制度之類皆以彼為模範。（與三韓、渤海之類）其列稍異，待之為對偶之國，可謂事理適當之至」。然如今漢土亦教化衰頹，特別是滿清以後與夷狄同列，真正之華國惟有我神州。何況西洋那種無倫理之「近似異類者」，視為夷狄理之當然。從這段話可知，訥菴煞費苦心地調和儒教信奉與神國觀念，但其結果，也只能依照「古制」，把古代日本與中國規定為「對偶」關係。正如他所說的，「列於萬國宇宙之間者，井然森嚴，並非不穩之民所居。而且所謂華夷之別為何意？尚義之國謂華，尚利之國謂夷也」（〈題地球圖〉原漢文）。他的邏輯裡當然包含著，與「尚義之國」之間無論何時都存在的古代中日關係那種平等的國際關係的可能性。這裡已暗示了古典意義上的華夷思想的崩潰。

再看國學思想。國學者不像儒學者那樣受古代中國經典束縛，他們毫無顧慮地把皇國絕對化。那他們又是以何種邏輯為媒介，導出對國家平等和國際規範之存在的承認的呢？國學的問題要顯得更加複雜困難。因為，國學思想排除一切像儒教以及整個中國古代思想中包含的那種、把制約一切「具體人格」的非人格的＝普遍規範設定為天或天道的思想。國學的核心在於，把作為具體人格的皇祖神以及繼承其血統的天皇與「道」合為一體。這種思想本來就與作為普遍制約者的自然法無緣。[10]因此，這種邏輯不可能內在地產生出「皇國」與諸外國一樣平等地服從國際道德或國際法的觀念。不過同時，國學思想還具有另一側面，即不以規範作為批判事實的根據，而把歷史之所與作為所與來承認和「解釋」。這一側面反而產生出使自己的邏輯適應於幕末日本所面臨的、作為歷史現實的國際關係的嘗試。大國隆正的《新真公法論》（慶應三年）就是典型例子。

隆正說：「荷蘭有名叫虎哥（格勞秀斯）者，興萬國公法之學業。」與西洋起源的國際法相對應，他打出由來於日本古道的另一個國際法，命名為「新真公法」。他以這個「新真公法」來排斥那些無用的鎖國或驅逐（他所說的小攘夷）行為，為建立與世界各國的通商關係（他所說的大攘夷）創造理論基礎。然而，因日本的天皇與諸外國的元首對等地締結條約，是與皇國絕對主義相矛盾的，於是隆正主張建立大樹公——德川將軍與外國諸王作禮儀對等的交際，而天皇則作為「統轄萬國之君」立於更高的位置。他認為這才是高明於歐洲國際法的「真正」國際秩序。為使其正當化，他說：「今日萬國若無統轄之君，吾難以承認其作為萬國同等之公法。人有惡有善。善人，人皆尊敬之。惡人，人皆鄙視之。由此思之，國亦必有善惡尊卑。……故應由帝爵中選出更優秀者，作為大帝爵之國，讓其國君當統轄萬國之君。」他認為，正如歐羅巴國際法之基礎有天主，中國有上帝一樣，這些都應歸結於天照大神。這裡充分體現了國學把一切非人格的規範都設想為人格者的邏輯。

10 當然，這個問題在主張「天地的自然而然之道」的真淵那裡是怎樣的還未解明。宣長是徹底否定皇國之道具有思想性的。

這個邏輯，在不承認對「皇國」具有上級制約者的規範這一點上，與近代國際法秩序有著根本的矛盾。但不能忽視另外一點，就是隆正對格勞秀斯以來的「萬國公法」的評價。他認為，萬國公法雖然不如他的「新真公法」，但在打破儒教的中華夷狄觀念上具有意義，因此給與了高度的評價。他說：「萬國公法傳播於世，支那人也承認之，此能抑制區分中華夷狄而把支那國王僭稱為天子的觀念。」同時還認為，萬國公法傳來日本也是打擊日本儒者固陋想法的一個神慮。只要細讀《新真公法論》，便可發現其重點在於批判作為褊狹的攘夷論基礎的華夷思想，使開國合理化。他認為，「公法學產生於西洋，先於我日本產生新真公法學，並傳播於萬國」。故此，「宏大」的新真公法若「不能遍及萬國，而有國不從之，則應作為日本之私說而暫時放置，等待萬國共同贊成此法之時」。可見其新真公法並無現實意義，其結果，是他不得不承認國際法在世界上的妥當性。當然，這只不過是對歷史現實的妥協。所以，潛藏在他那裡的泛日本主義邏輯，無論歷史狀況與時代如何，都蘊含著爆發超國家主義烈焰的危險性。不過，國學從儒教範疇的束縛下謀求國民思想解放的努力，促進了日本對洋學的自由接近。隆正的國際認識在這個意義上，可以說對大橋訥菴的攘夷論起了中和作用，這也是不可否認的事實。就是這樣，儒教的邏輯與國學的邏輯在相互牽制、相互糾纏過程中，以雙方各自不同的形態促使其內在的華夷思想漸漸向國家平等觀念變容。

當然，以上所述的思想變動與世上的「攘夷論」動向不一定是並行的。作為現實的攘夷運動隨著幕末的到來日益沸騰，並發展為所謂「志士」殺傷外國人、燒毀公使館、砲擊外國船等連續不斷的血腥事件。而且眾所周知，木戶、大久保、西鄉、岩倉等討幕勢力領袖，在戰略上還利用這種攘夷思潮的力量，成功地奪取了政權。但新政權急速轉為開國和親後，又不得不苦於鎮壓這種由自己煽起的攘夷烈焰。關於這些經過就不做具體敘述了。這裡要集中解決的問題，是闡述作為攘夷論思維結構的華夷觀念的轉化過程，考察其轉化在**既成的思考範疇**內部進行到何種程度。無疑，這個過程存在著不可超越的局限性。在傳統的思維結構內部，不可能期待真正近代國際法意識和國家平等理念的確立。這種理念的真正確立，是由對傳統思想舉起叛旗的洋學者來完成的。但是，思想、觀念與制度、機構相比，具有更強的惰性。新觀念要順利地內在化，往往不得不借助舊觀念的外衣。

## 2 福澤諭吉：國家平等觀念的確立與國家理性思想的早熟

下面我們總算談到本題的國家平等觀念展開的階段了。明治新政府掌握政權後，早在慶應四（一八六八）年正月，關於對外政策申明了開國和親的根本方針，指出：「外國交際之儀，須以宇內之公法處理，特此奉告。」由此正式宣告了國際關係由「宇內之公法」來制約。當明治日本滿懷著希望、背負著苦難邁向國際社會之際，國民一下未能適應急遽轉換的形勢。此時能為國民指出近代化大道的思想家，首先可舉出福澤諭吉。福澤是幕末和維新時期倡導近代自由的先驅者，而在近代國際社會的國家地位問題上也由福澤率先奠定了最初的體系性基礎，這並不是偶然的。

福澤早在慶應年間（那時正是攘夷論最激烈的時代），就為「說服江戶的老人開國」寫下了《唐人往來》一著。他在那裡指出，清國「拚命維護一兩千年前古人之說」，厭惡改革，過度自負，稱西洋為夷狄。他舉出清國與夷狄作戰，如鴉片戰爭和天津事件的慘敗為例，來對自稱日本乃神國的排外主義、本國至上主義做出強烈警告，並指責那種認為通商貿易會危害國民生活的想法的愚昧性，用通俗易懂的筆調說明「外國侵略野心」等說法是缺乏道理的。[11]《唐人往來》與加藤弘之的《交易問答》一樣，都是維新前出於洋學立場的開國論代表作。

對於本稿的題目來說最值得關注的，是潛藏於《唐人往來》深處的強烈的自然法觀念。福澤認為世界上的國家大小不一，政治形態各異，語言各自不同。但沒有不講仁義五常之國，沒有可以不孝父母之社會，沒有可以不忠於國家（國家並不等於君主！）之治教。他主張道德的普遍性，因而在國際關係問題上也明確地強調以「萬國普遍之道理」為根據的自然法制約。這就是他反對「外國侵略野心說」的論據。從這個論據出發，他認為，萬一有些外國乘日本之弱小來侵略日本，那麼這些國家是「違背世界道理的」，與其作戰，就是「有道理」的義戰，因此也必有國家支持我國。「遵守道理者，不易為外因所動」。福澤關於國際社會由正義支配的這種樂觀主義論調，與他後年的見解形成了驚人的對照。這都是我們其後所見到的。

福澤的國家平等觀念在《唐人往來》中還很不完整，但到了明治五年以後陸續發行的《勸學篇》，已具備了明確的邏輯結構。「天不生人上人」這句廣為傳播的起頭語，實際上提示了貫穿此著整體的根本主題。由此亦可知福澤的自然法思想已全面展開。這部以威蘭特的《倫理學》為依據的著作，非常符合啟蒙自然法的結構。在那裡，關於個人之間關係與國家相互關係是並列地論述的，兩者都貫穿著「平等」與「相互性」的共同原理。他首先在〈二編〉闡述了「人之平等」，繼而在〈三編〉闡述了「國之平等」。兩者的關係則用「一身獨立才能一國獨立」的著名命題來總括。就是說，國家平等之理是人人平等之理的擴充。因為「國家乃人之集合體，……既然一人向另一人加害屬無理，二人向二人加害亦不可有理。百萬人、千萬人之道理亦然，事物之道理不因人數多少而有異」。因此，人的平等並不是「形態之平等」或事實上的平等，而是「權理之平等」，即超越了事實上的強弱關係的基本人權的平等。與之相同，國家之間的平等亦是超越了事實上的富強貧弱的、作為國家的基本國權的平等。世界上的國家，當然有文明和未開化之種種相異，但「以今日國家富強之勢，強行加害於貧弱之國，無異於力士以腕力扭折病人之手腕，於國之權義所不可容也」。

11 鴉片戰爭是幕末的很多論者用以說明「夷狄」有侵略野心的根據，但這裡反而成了華夷思想破產的論據。這一點值得注目。

從這個觀點出發，他用以下一段話來闡明國際間應當通行的「權理通義」：「日本亦然，西洋各國亦然，在同一天地間，共沐同一日輪，……彼此人民既情意相同，應我有餘物則給彼，彼有餘物則我取。互教互學。……互達便利，互祝其幸。按天理人道而互相結交。於正理面前，『非洲』的黑奴亦應敬畏。於正道面前，英吉利、亞美利加的軍艦亦不足恐。若遭國之恥辱，日本國中之人民，不餘一人皆捨命保護國之威望，此乃一國之自由獨立。」

這段話確實是對近代國民獨立理念的出色描寫。在這裡，中華－夷狄的傲慢蔑視態度受到了挑戰，而代之以「於正理面前，『非洲』的黑奴亦應敬畏。於正道面前，英吉利、亞美利加的軍艦亦不足恐」的新型的國民自尊態度。[12]福澤在人際關係問題上，與倚仗事實上的勢力關係來採取傲慢或卑屈態度的前近代人的思維相對抗，提示了「獨立自尊」的人間理想。上述的國際關係原理正好與此形成對應。

這個時期的福澤徹底地排除了道理與權力、正義與利益的混淆，從方法論上貫徹了「法」占優勢的觀念。這一特徵也體現在明治四年他給孩子寫的《日日之教》中。那裡有如下一段：「桃太郎曰去鬼島乃為取寶，真豈有此理。寶貝乃鬼之收藏物，寶之主人乃鬼也。桃太郎毫無道理取有主之寶，實乃盜賊也。假若其鬼本惡劣，騷擾世間，桃太郎以勇氣懲罰之，可謂良舉。然而取寶回家贈老子老娘，則僅乃欲望之行，卑劣亦甚也。」

還有一點必須注意，就是個人之間的關係與國家之間的關係絕不是單純的類推。國家必須有懂得自由和相互平等的人民來支撐，這樣的國家才能忠實於國家平等的原理，這樣的國家才能為了正理而欽服於弱小國家，為了正道不屈於強大國家的威嚇，才能徹底地保衛本國自由和獨立。「缺乏獨立之精神力量者，不可為國思慮深切」。「居於內而不得獨立地位者，在外與外國人相接，亦不可伸張獨立之權義」（《勸學篇》〈三編〉）。

內部的解放與對外的獨立是一個貫通的問題。在這個邏輯裡，個人主義與國家主義、國家主義與國際主義取得了出色的平衡。這的確是幸福的一瞬間。然而，近代日本所處的國際狀況不久便以打碎此平衡的冷酷事實回擊福澤了。（未完）

## 〔一九九二年追記〕

正如本書「後記」所記述，編輯出版這本論文集時，對收錄在這裡的各篇論文原則上不再做追記或補注。但唯一的例外就是〈近代日本思想史中的國家理性問題〉這篇論文。因為在本書中，唯有這篇論文是只有一部分刊載於雜誌《展望》（筑摩書房）一九四九年一月號，而尚未完

12 這種思想並不是突然產生的。橫井小楠等儒學者曾主張「有道之國許其通信，無道之國拒絕也」，「以天地有生之仁心為宗旨之國，我接待之。無信無義之國，與天地神明一同威懲之，以示大義於海外萬國」（《夷虜應接大意》）。不能忘記了這是由小楠等人的上述思想中逐漸發展起來的。

成刊載就結束了。如果說僅僅因為它對實質性的內容論述不足，僅僅在這個意義上「未完」，那麼這裡所收錄的其他論文也都有類似的情況。但是這篇論文不光是內容方面的不足，因為本來要在雜誌繼續連載（預定三回）的論稿，卻只刊載了第一回就因作者的事由而中斷了，所以在形式結構方面也是未完的。當時的構思是打算著眼於自明治中期以來「國是」用語頻繁登場這個現象（雖然這個用語作為 raison d'état 的譯語不一定恰當），一方面追究其象徵的語義，一方面展望包括福澤在內的明治十至二十年代「國權論」的諸種形態。作為強調的重點，不僅關注民友社的思想家，而且也關注站在對立立場的陸羯南、三宅雪嶺、志賀重昂、福本日南等「國粹論者」對國家理性的覺醒（至少與大日本帝國膨脹期以後相比是覺醒），論證他們對國家理性所必然伴隨的「魔性」能夠作為魔性來把握的透徹認識，及其與陸奧宗光所代表的實務政治家能自我抑制的外交政策決定相對應的事實。從這個觀點來看，即便是關於本稿已論到的福澤，也只是談了他的國家理性觀念真正登場的「前史」就中斷了。所以在編輯這本論文集時，最初並沒有打算將之收錄進來。但再次考慮的結果，還是把這篇形式和實質上都未完成的論文收錄了，那是因為一個偶然的事情起了推動作用。

那就是我研究福澤諭吉的有關論稿被收集起來編成一書，以《福澤諭吉與日本近代化》為題由區建英女士翻譯，預定最近在中國出版，那裡收錄了這篇論文。此中文版決定收錄這篇未完的論文，也有中國的譯者和出版社的意思，在此就不詳述了。對這本中文版，我作為原作者除了撰寫關於全書的序言之外，還專門僅就這篇論文寫了補注，在那裡談了原作者本來的執筆意圖和說明「未完」的原由，同時考慮到「國家理性」的觀念對於中國讀者來說也許比日本人更生疏，為便於中國讀者的理解而附上了一般性的補充說明。

既然這次筑摩書房的論文集要收入這篇論文，按理是應該加上原來預定的續稿，好歹也使之完成，但現在的狀況是，時間上和我的身體條件都難以做到了。如果光從題目來看，這篇論文所涉及的時代和素材與本書所收的其他論稿編在一起也沒有什麼不自然。而且執筆時期剛好在戰後初期，好歹也反映了那個時期我的問題關心。所以決定將之收錄時，雖是不完整的粗糙處理，我把附於上述中文版的補注（與之基本相同的內容）也轉載於此書。筑摩書房的編輯部也認為，「國家理性」——不僅作為用語——作為觀念本身，一般來說也是不易理解的，而且從實質問題的角度來看，對於現代日本也不能說是無緣的，所以附在中文版的觀念簡釋，對日本讀者的理解也可以提供便利。他們的這個意思也成了我採取這種措施的一個動機。當然，關於給敘述的對象導入「國家理性」觀念的這個方法本身是否恰當，則完全屬於另一個問題。以上是關於此文由來的簡單說明，懇請讀者諸賢諒恕。

# 3 〈近代日本思想史中的國家理性問題〉補注[13]

對於這本中文譯著（譯按：《福澤諭吉與日本近代化》）所收的論文，我作為原作者本來不準備從今天的角度再一一作「補注」。但〈近代日本思想史中的國家理性問題〉這篇論文是此「原則」的唯一例外，因為我感到有必要對此做最小限度的「補注」。其理由可歸納為以下兩點：

第一、這篇論文是一九四九年在《展望》雜誌一月號發表的，本來預定在二月號或三月號接著發表其續篇。在一月號的這篇稿子裡，沒有來得及論述我的構思中關於「國家理性問題」的歷史展開的主要部分，只寫了其「前奏曲」就中斷了。因此，我覺得作者有義務在這篇論文結束之處，介紹一下自己本應論述的「本論」部分的構思和意圖。這是第一點理由。

第二、「國家理性」這個概念，不管是在當時還是現在，不管是在日文還是中文，對於一般讀者來說都是陌生的。由於這個原因，當時這篇論文在日本發表的時候，人們對這個概念也產生了誤解。所以在此設一補注，對「國家理性」這個概念做最小限度的追加說明，這也許能對讀者的理解提供些參考。

為便於讀者的理解，首先介紹一下本稿發表之初人們對此概念產生誤解的具體例子。在這篇論文的最後一節裡有以下一段：「……個人主義與國家主義、國家主義與國際主義取得了出色的平衡。這的確是幸福的一瞬間。」有些讀者把這裡說的「幸福的一瞬間」，即個人主義與國家主義、國家主義與國際主義取得出色平衡的狀態，理解為「國家理性」。「國家理性」這個用語本來是由法語 raison d'état 或德語 Staatsräson 翻譯過來的。讀者如果沒有這個預備知識，那麼產生上述的誤解也並不奇怪。因為「國家理性」這個詞容易給人們一種錯覺，似乎國家是合理的存在，其本質上是按照理性行動的。但這種解釋即便不說它不恰當，至少作為對「國家理性」的思想性內涵的說明是不夠的。我本來準備在本稿的續篇闡明以下兩點。其一，是想考察上述「出色的平衡」在福澤的思想中從一八八〇年代以後開始崩潰，而後覺悟出「國家理性」含義的過程，以及同時代思想家對「國家理性」產生覺悟的表現，追尋其歷史的蹤跡。其二，是想考察明治前半期日本的這種對國際強權政治實況的「早熟」性覺悟，儘管其潛藏著危險性，但與二十世紀三〇至四〇年代的日本軍國主義的精神狀況有什麼樣的不同。並在這個意義上，闡明日本有沒有避免邁涅克在其著作的終章所展望的現代國家理性的「墜落」狀況。

因為「國家理性」這個概念作為譯語並不成熟，需要做一些補充說明，所以下面不嫌與本稿的論述有重複之處，首先圍繞「國家理性」這個概念產生的由來，以條目形式做個簡單的闡述，以供讀者參考，然後就其在日本的情況，談談作者的問題意識。

13　譯按：此為一九九一年丸山眞男在中譯本《福澤諭吉與日本近代化》出版之前，特為這篇未完的論文寫的補注。

* * *

(A)「國家理性」這個用語，首先在文藝復興時代的義大利，以 ragione di Stato 來表達。然後正如上面指出的，不久就在法語、德語中出現，以這個順序傳播到歐洲大陸。其產生時期大體相當於絕對主義（absolutism）國家的形成時期，而實際上使用了這個概念來進行政治實踐的人，大多也是絕對君主及其宰相。

(B)當這些絕對君主或其意識形態的代言人，把「國家理性」或「國家的必要性」等概念用作其政治行動的理由時，這個概念在事實上就與特定的君主，或特定權力者的個人或王朝的利害密切相關。然而反過來說，「國家理性」問題只有與那種個人的、王朝的或統治階級的利害相區別，不被特定權力的利害所吞沒，而且被覺悟為「國家」本身的存立和「國家」本身的利害，才可能具有獨自的思想意義。這個概念的思想意義，與歐洲近代統一國家形成的歷史狀況是相對應的。其歷史狀況就是，歐洲的近代統一國家，一方面是在與神聖羅馬帝國、羅馬教皇那種超國家的上級權威對抗，另一方面是在與封建領主、自治城市、地方教會等中世紀的社會勢力的自律權力要求相對抗中形成的。

(C)因此，「國家理性」的概念越過了絕對主義的階段，延伸到了近代各主權國家並存的時代。這些主權國家，根據國際法的各種原則，締結外交關係，通過條約、同盟、戰爭等各種手段，來追求各自的國家利益。這樣的「國際社會」（International Community）幾乎在十七世紀的歐洲就已經形成，一般被稱為西歐國家體系（The Western State System）。在那個體系裡，具有主權國家平等的原則和勢力均衡（balance of power）的兩根支柱，「國家理性」也是在這兩根支柱下展開的。

(D)這種產生於西歐的國際社會成立以來到今日，其結構並不是沒有變化的。特別是第一次世界大戰以後，通過成立國際聯盟協約和非戰公約等歷史契機，使戰爭這個過去曾作為國際社會中國家之間解決紛爭的手段、被承認為主權國家的當然的法權利，受到了國際法上的更多的限制。國際法把某種戰爭——特別是「侵略」戰爭——視為「違法的」戰爭，對實行這種戰爭的國家加以國際性制裁。這就是其變化的最顯著之例。不過，因為國際社會及其組織化依然以主權國家作為基本構成單位，所以國際法優先於主權國家的原則，在事實上不一定具有實效性。強權政治的力量對比關係在國際紛爭的解決中，今天依然占很大的比重。此外，隨著經濟、社會、教育、文化諸領域的各種問題的全球化發展（globalization），已經出現了超出於主權國家的控制能力的難題（比如公害問題、難民問題等），這也是最近的巨大變化。但是，儘管具有這各種各樣的矛盾，仍然不能說「西歐國家體系」在今天已發生基本的結構變化。

(E)也就是說，這意味著現代的世界秩序，是以「西歐國家體系」為模式，把其各種原則擴大到整個地球而形成的。本稿一開頭已談過東亞各民族十九世紀後半期的「開國」的意義。第二次世界大戰後成為獨立國家的「第三世界」國家群，不管如何高聲呼喚反西歐殖民地主義或反西歐帝國主義（而且這種呼喊具有充分的歷史理由），但他們依然是使用國家主權概念以及與之相關的「領土」、「領海」、「領空」等範疇，依據國家平等原理、互不干涉內政等「西歐國家體系」內產生出來的原則，來進行國際政治上的活動的。在這個意義上，邁涅克以近代歐洲為素材所提出的「國家理性」的思想史問題，對於非歐洲世界的國家，也絕不可以說是無緣的。

* * *

與(E)所闡述的問題相關聯，我想特地為現代中國的讀者補充兩個論點。

第一、中國古典，特別是《戰國策》等著作和申不害、韓非等「刑名」學家所主張的「權謀術數」，在這裡所論述的「國家理性」問題中處於什麼位置？「權謀術數」一詞，用西歐的語言來表達，可翻譯為「馬基維利主義」（Machiavellism），其與歐洲「國家理性」的政治實踐非常近似。但是在「權謀術數」那裡，缺乏了構成「國家理性」思想成熟的另一側面的基礎——主權國家平等的原則和以此原則為基礎的「國際秩序」觀念。其可以說是屬於「國家理性」的古代階段。

第二、東亞傳統的華夷觀念及其制度的具體體現——「冊封」體系，與上述的「國家理性」的產生基礎——「西歐國家體系」是一種什麼關係？我在這篇未完成的論文中闡述了關於克服華夷觀念的問題（當然，其對象只限定於日本的思想史）。我的這個論述在日本受到批判的其中一點，就是有關這個問題的。批判者把華夷觀念與「冊封」體系看作是「禮的秩序」本身，將其置於道德的＝文化的層次，從而強調其與西洋那種以「強權政治」為前提的宗主國－屬國式的國際關係的本質不同。在此不可能深入去探討這個極其有意義的爭論點了，姑且僅指出以下問題。我的這篇論文一開始就沒有打算結合中國近代史來敘述華夷觀念的歷史，但是，在清朝末期的外交關係中，傳統的華夷國際秩序觀是否純粹僅限於「禮的」或道德＝文化的層次？對於這一點，我是抱有疑問的。具有諷刺意義的是，比如「洋務派」的李鴻章，他雖然固執於「中體西用論」，但從其國際外交的行動來看，那似乎是對原有的、以「禮的秩序」為特性的華夷內外、上下區別的秩序觀，在十九世紀東亞的國際形勢下進行了「改變」（重新解釋），從那裡可看到華夷觀念在強權政治下變質的傾向。而福澤諭吉等思想家當時已意識到，要在東亞世界確立主權國家的獨立平等的原則，前提條件是必須打破上述這種被重新解釋過的華夷等級秩序觀。我之所以對福澤等思想家的想法產生共鳴，其理由也正在於此。當然，我完全不否認對這種想法還有可商榷的餘地。

* * *

關於「國家理性」的概念本身就僅做以上說明。當我就這個問題去細讀邁涅克的古典著作時，正是日中戰爭擴大為全面戰爭（譯按：即中國說的抗日戰爭），繼而發展為第二次世界大戰的二十世紀三〇年代末至四〇年代的時期。在那種戰時氣氛中，邁涅克的著作使我痛感甚深之處，就是他在最後一章闡述的、關於「國家理性」在現代陷入了危機和墮落的論點。在那裡，他把俾斯麥時代的德國與第一次世界大戰時的軍國主義德國做了對比。邁涅克所目睹的第一次世界大戰前後的德意志帝國的情形是，國際危機的深刻化在國民大眾中廣泛地掀起了狂熱的愛國風暴，執政者自身也在這種排外主義的「風壓」增大的影響下，失去了權力行使的自我抑制能力，從而落得了不可收拾的慘局。我不禁自然地從邁涅克描繪的情形中聯想到了二十世紀三〇至四〇年代的日本。俾斯麥時代的德國與一九一四年的德國的區別對照，在我的眼裡，就恰如日本明治前半期的國權論與二十世紀三〇至四〇年代的「皇國日本」使命論的區別對照。

如果按福澤的邏輯來考慮，可以這樣解釋。本論文所說的「出色的平衡」，確實是在十九世紀八〇年代福澤強調的「國權論」中已消失了（當然，福澤所說的「國權」，正如他自己用注音假名所標注的那樣，本來是「nationality」一詞的譯語，它與政府的權力=官權等，在概念上有嚴格的區別。但是，這一點往往被批判福澤的人們所忽視。這個問題在此就不詳論了）。然而，明治十年代福澤主張「國權論」的代表作《時事小言》（一八八一年刊）的開頭語是值得人們注意的。他說：「天然的自由民權論是正道，人為的國權論是權道。或可謂甲（即「天然的自由民權論」）是公，乙（即「國權論」）是私。」福澤使用了中國古典裡的正道對權道（說得正確一些，就是

「經」對「權」）等傳統用語，明確地承認了自由、平等、人權等普遍規範在道德上優越於國際間的強權政治。然後在這個前提下表明，「儘管如此」，但面對西洋列強蜂擁殺入東亞的狀況，他宣布公然要選擇那個他視為「私」之道的「權道」。不僅如此，他還把當時的世界形勢稱為弱肉強食的「禽獸世界」，甚至認為在這個世界上要生存下去，日本國也不得不作為禽獸的一員來行動。邁涅克之所以能擺脫對自己影響甚大的黑格爾和特賴奇克（H. von Treitschke）的國家觀（即把國家看作人倫的最高實現形態的國家觀），看透了國家權力的「魔性」中潛藏著的自然的＝動物性的衝動，這主要是因為他對在第一次世界大戰中慘敗的德意志帝國的崩潰做了自我反省。而福澤諭吉的「國權論」，自十九世紀八〇年代就已把在國際社會中行動的日本正視為「禽獸世界之一員」。當然，這並不是說他沒有支持對亞洲大陸的權力擴張。在此我想提出的論點只是，福澤意識到了當時已再沒有給日本的國家及其權力行使附上道德美化之形容詞的餘地了。

像這樣一種對「國家理性」的冷靜認識（覺悟到「國家理性」中，存在著普遍性理念與國家固有的權力利害追求——這「雙重靈魂」的相剋），儘管在程度和表現方式上有所不同，其不僅與同時代的自由民權論者（比如中江兆民）的「國權論」具有共同點，而且，也表現在明治二十年代初興起的陸羯南、三宅雪嶺等「日本主義」或「國粹主義」思想運動中。或者可以說，在明治前半期「執政者」的言行中，也能清楚地看到這種基於政治現實主義並意識到權力發動的局限性的態度。比如日清戰爭（譯按：即甲午戰爭）時的外務大臣陸奧宗光的《蹇蹇錄》（一八九五年完稿），在這部著作裡陸奧指出，陶醉於日清戰爭勝利戰果的日本國民陷入了對形勢的「主觀判斷」，因此，那些主張要抑制對領土和賠款作過大要求的「深謀遠慮的人們」，反而「被視為懦怯寡斷，毫無愛國心之徒（中略），只能空然隱居閉思」。陸奧對這種國內狀況表示了深刻的憂慮，甚至引用了史賓塞（Herbert Spencer）說的「愛國心是蠻族的遺風」，來對當時日本的政黨和國民輿論所表現的「傲慢風氣」發出了警告。

然而，二十世紀三〇至四〇年代的日本的精神狀況，卻與上述情況形成了驚人的鮮明對照。那時所謂「皇道的宣布」、「賜皇恩於東亞人民的事業」、「八紘一宇的精神」、「大東亞共榮圈」之類的美辭麗句到處氾濫。不僅如此，那種美化日本軍國主義的言詞，雖然是作為「執政者」的宣傳標語，通過大眾媒體流傳於國民之中的，但隨著事態的發展，「執政者」自身也漸漸失去了對這種宣傳的手段性的意識，陷入了對美辭麗句的自我陶醉。關於日中戰爭，儘管當初日本政府有過「不擴大方針」的聲明，但卻走向了全面戰爭，不久便突入了第二次世界大戰。這個過程，正是「執政者」在自身煽動起的大眾輿論「風壓」制馭下，不斷重複著遲疑寡斷的政策決定（或不決定！）的過程。日本軍閥的鼻祖山縣有朋在第一次帝國議會（一八九〇年）的首相演說中，為了說明軍備擴張的必要性，使用了「主權線」和「利益線」的範疇。他極力主張國防的關鍵不僅在於「主權線」的防衛，而且在於「利益線」的確保。那無疑是公然宣告日本的權力要對亞洲大陸（具體指朝鮮）進行擴張。不過，「主權線」和「利益線」這個用語本身，主要是表達在國際強權政治中「國家理性」的現實主義認識的。

在強權政治中，如果能具有作為強權政治的自我認識，把國家的利害作為國家利害的問題本身來認識，那麼，一般會同時具有對那種權力的行使和利害的「界限」意識。但若與之相反，將權力的行使看作道德倫理本身的實現，用道德的言詞來表現之，那麼上述的「界限」意識便會淡薄下去。因為，「道德」的行使是不需要有「界限」，不需要抑制的。「利益線」在本質上是有「界限」的。而「皇道的宣布」裡本質上沒有界限，只有「無限」的擴張。我在那個戰爭激化的時代讀了邁涅克的著作，將之與我曾學過的日本近代史相比較，那裡使我受到令人顫慄的衝擊並深深銘刻於我腦海的，正是上述的兩種精神態度的鮮明對照。

* * *

正如前面指出的，「國家理性」這個譯語的不準確性大概也是一個原因，但可以說在「國家」的重壓好像突然消失了的戰後初期的精神氣氛中，本論文的「意圖」幾乎得不到理解，「論壇時評」也對其置之不理。不過，這也許亦因為這篇論文未完成，或我本來的能力不足。然而，糾纏於主權國家的「國家理性」這個問題本身，儘管其隱含著各種各樣的矛盾和危險性，但在今日，或許直到真正的、全球性的世界秩序確立那天為止，其重要性依然不會失去。

# 日本思想史上問答體的譜系：中江兆民《三醉人經綸問答》的定位

我當然不是研究中江兆民的專家，而且近來對近代日本的歷史又疏遠了許久。想必研究歷史的人都知道，從某個時代的研究脫離一段時間後就會對那個時代感到生疏，原本熟知的路數也都不熟悉了。通常再返回去研究一段時間後，才會重新找回以前的那種熟悉感，特別是過去曾接觸過的材料。但就中江兆民所處的時代，想要找回那種感覺，這次恐怕在時間上有些來不及了。因此，剛才向司會的江藤文夫先生請教了一下，至今為止在這個研討班上都探討過哪些問題。慶幸的是，從微觀角度已經有過關於《三醉人經綸問答》的議論。也就是說，迄今為止有很多人透過非常強大的變焦鏡頭對兆民的著作進行了細緻入微的觀察和剖析。但猶如我剛才說的那樣，我對這個時代的研究擱置了一段時間，所以這次就請允許我用小小的三十五毫米的相機從遠處拍照一般，給大家勾畫出一個輪廓。

之所以以問答體為題目也是與之有關的。論及《三醉人經綸問答》的內容，話題數不勝數，而且具體內容都在整個研討班上有所涉及，所以我反而想以這本書的形式作為一個話題。如果給今天我要講的內容定一個大題目的話，那就是〈日本思想史上問答體的譜系〉。但若要問我至今就這個題目有過什麼研究，好像也沒有。因此，昨天我就像臨考的學生一樣，臨時抱佛腳學了一整大，做了一些筆記來了。因為是筆記，估計有很多題外話，還請諸位多多包涵。

# 1

對於日本思想史中的這種問答體形式，雖然不敢斷言，但應該是由佛教的「法論」先提供了一個基礎模式。法論中的「論」與其說是單指議論，不如說更接近爭論的「論」。之所以這麼說，比如日本佛教史上出現得最早的兩位思想巨人最澄和空海（聖德太子另當別論），這兩位最早有過思想碰撞的巨人，他們非常重要的著作都是爭論書，都是問答體形式。我們顛倒一下時代順序，先說最澄，他非常有名的著作叫做《決權實論》。我本身對於佛教深奧的教理不甚理解，在這裡簡單介紹一下其內容：有一位真存實在的學僧，是法相宗的德一，他質問最澄，最澄對其進行反駁，便寫成了這本書。德一住在會津，有人說他是藤原仲麻呂之子，也有人說那是假的，這些問題說不清，暫且放到一邊，在這裡要說的是這本著作的構成。這本《決權實論》寫的是爭「權實」，所謂「權」是權假方便，「實」是真實。極其簡略地歸納的話，法華經相當於實。而與此相對，菩薩、緣覺、聲聞所謂三乘是為了展現法華經的真實而以臨時虛設的形態出現的，因此是「權」。但德一所主張的是，事實上正相反，看上去法華經不才是權嗎？這就是權實爭論，簡單來說就是三乘和一乘之間的權、實之爭。

這本著作是怎樣一個構成呢？大家看一下馬上就會明白。最初展開的是「山家問難」。山家是天台宗。這部分大概由二十個質問組成。對此緊接著也是由二十個會釋組成的「北轅會釋」來分別對應之。針對二十個質問有二十個會釋。而所謂北轅是個虛構的名稱，實際上這個北轅就是德一。大家知道有個說法叫做北轅適楚（楚是中國古代南方的一個國家），自己要去南方的國家，但車轅卻朝向北方，也就是說朝著與預想的相反方向，所以其意思就是意圖和結果正相反。起這種外號帶有嘲諷性，其本身已經是在批判德一了。

另外，「山家問難」本身又分為「一問、二答、三難」。儘管此後還有「四不通義」，但實際內容是一問、二答、三難，四不通義的實質內容是出現在之後的「山家救難」部分。再看這個「山家問難」也是雙層構造。那是因為在這個質問中又會出現問答。一問指的是天台宗。二答指的是法相，也就是德一的立場。然後用三難再次從天台宗的立場來批判法相的立場。但這個三難，都是一條條引用法華經來批判，這一點和一問有所不同。因此「山家問難」中的爭論說到底是最澄的虛構。也就是自問自答，他在自己心中假設一個法相的立場後再去批判之，整篇都是質問的形式。對此實際上德一作答的只有「二十會釋」。縱觀全篇，德一的主張是以「北轅者通曰」這一形式介紹出來的。於是，在以上提及的「山家問難」、「北轅會釋」之後緊接著的是「山家救難」，全篇由這三部分構成。

德一和最澄的這場爭論發生在現實中，是日本古代思想史上最有名，且在內容上也是水平最高的爭論。實際上二人應該是通過書信往來進行的爭論。據說「山家救難」在《決權實論》中是最先寫出的部分。那之前的部分則寫的是實際發生爭論的過程，然後在寫《決權實論》的階段，最澄把這個「山家救難」加了進去，這已成定論。當然德一和最澄的爭論不只出現在這本書中，在最澄的其他著作中也出現，但《決權實論》最清晰地展示了爭論的形式，所以我們提到它。

時間有限，下面說說空海。眾所周知，空海的問答體著作具有代表性的是《三教指歸》。我記得桑原先生在岩波文庫版的《三醉人經綸問答》的解說中也提到了《三教指歸》。這是用漢文寫的，三教指的是「儒．道．佛」。道教大家只要看成是老莊的教導就可以。三教指的就是儒教．道教．佛教。三教的意思在日本思想史中有所變化。比如到了江戶時代，「道教」消失，取而代之的是神道，三教就成了「神．儒．佛」。明治末期還有個「三教會同」，這裡的三教指的是神．佛．基督教。如此看來，何為三教一直隨著時代的變遷在變化，這種變化本身具有思想史的意義，值得研究，但說到空海，他所說的三教和中國一樣指的是儒．道．佛。

大家看了《三教指歸》就明白，它的構成比剛才提到的《決權實論》更具戲劇性。比如，設定了場和舞台。舞台是一個叫「兔角公」的人的宅邸。在這個舞台上登場的人物如下：兔角公、龜毛先生、虛亡隱士、假名乞兒、蛭牙公子。

這些都是虛構的人物，想必大家能從這些所起的名字上看出來。兔角——兔子沒有角；龜毛——龜甲上不長毛；蛭牙公子是兔角公的外甥，用現在的話說是一個不良少年。三人分別對他進行訓誡，說你怎麼能做出那樣的事，這就是整篇的結構。龜毛先生是兔角公的賓客。他代表儒教的「世間倫理」。《三教指歸》的上卷是龜毛先生的論述。龜毛先生論述了很多。對此虛亡隱士，簡單地說就是代表老莊的脫俗的立場。當然把老子和莊子、再把老莊和道教相提並論是否合適，說多了很是麻煩，最終是老莊式的想法作為民間宗教通俗化後發展成了道教。

這個問題暫且不論，在上卷部分龜毛先生站在世間倫理的立場上對不良少年諄諄教誨。緊接著在中卷部分出現虛亡隱士，他把不良少年比喻成了病人，說你這是怎麼投的藥？如果照你那樣的治法，還不如不投藥，進行那種半瓶醋的治療還不如什麼都不做，他的主張是老子「無為」式的主張。聽到這裡龜毛先生大吃一驚，說道：那要恭聽先生的見解，然後下面就開始由虛亡隱士從道教的立場展開論述。這樣一來虛亡隱士和蛭牙公子間的對話（現實中與其說是對話，據《三教指歸》的寫法應該是論爭），即正在論爭之際，假名乞兒登場，然後開始和隱士會話。於是接下來的下卷就是假名乞兒的論述。這部分是佛教，也就是到這時才是空海自身的立場。乞兒受龜毛先生等人之託開始諄諄講授佛法，最終在場的人都表示信服。最後假名乞兒吟詩一首為全卷畫上了句號——全篇是這樣的一個構成。

登場人物的名字本身是虛構的，以及在設定好的同一舞台上代表儒・佛・道的思想家分別登場，闡發自己的觀點，這兩點構成了本篇的特色。

雖然日本有很多問答體的文獻，但如果從思想交流方面看這篇《三教指歸》與後世的問答體的不同的話，會發現以下問題：後世通行的問答體大多都是學識相對欠缺的人對更有學問的人提問：「這個問題您怎麼看？」然後有學問的人高高在上地指教：「這個問題是這樣的。」大多數是這樣的形式。但在《三教指歸》中是由代表不同立場的思想家分別進行對等的問答。實質上最後結果是佛的立場占據了優勢，但起碼形式上三人是在進行對等的議論。並且問答不是在兩人之間進行的，而是在三人之間進行的，加上公子是四人。這說明在最澄、空海時代的日本，大陸傳來的具有相當高度的、且不同的世界觀互相碰撞，現實中的歷史便為之提供了一個舞台，成了那種異質的、不同的世界觀相互碰撞的場所。當然結論是佛教揚棄了世間倫理立場的儒教和脫俗立場的道教，但不是全面否定了儒・道的觀點，而是揚棄這兩個觀點，主張具有更高思想境界的是佛教。所以結論從一開始就已經作為前提了，問答體只不過是為了得出這一結論的一個便利手段。在這一點上，與基督教的教理問答是相同的。但是與後世的問答體相比較的話，起碼在形式上是站在對等的立場，由各個世界觀的代表人物展開高水平的議論，我覺得這一點值得關注。

這樣的「法論」就是思想史文獻中的問答體模式。而且到了中世以後，佛教的思想優勢逐漸變得明顯，與其說是不同世界觀的對決，不如說是同一佛教內部的法論。九世紀後半期出現的天台密教的教相解說書，如安然的《教時問答》（或稱《教時義》）等，那之後出現的文獻數不勝數，進入中世以後，比如有榮西的《興禪護國論》，其中的「世人決疑門」（第三門）依然是採用「問曰……答曰」這種對於十幾條質問分別進行會釋的形式。這也很難定義，說起來都是佛教相關內容，我是個外行，決疑指的就是解答疑問。但根據這本書的「決疑門」，基本有兩種疑問。一種是「不知迷惑疑」——這裡的「迷惑」不是今天所說的給別人添麻煩的那個「迷惑」，而是猶豫、困惑的意思。也就是因為無知而產生困惑疑問。另外一種是「學者偏執疑」。這是由於固執於某一立場而產生的疑惑。在這裡要說一下，這裡所說的學者是廣義上的做學問的人，而不是指專家。這個「學者偏執疑」如果換作佛教的術語就是「見」。認為空是真理，偏執於空的話就是空見，會成為「增上慢」的根源。邪見能以空離脫。空見則不上不下，以為自己已經領悟了終極真理，更不好處理。這個所謂的「見」和柏拉圖等人所說的信念（Doxa）相似。總而言之，以這類無知和偏見為前提，在駁倒這些的過程中顯示出真理來。所以，說來道去就會變成問答體的形式。

談及日蓮的話，他的作品採用問答形式的很多，比如《聖愚問答鈔》，從標題上一看就知道。雖然沒有確鑿的證據說這真是日蓮的著作，但體裁是愚客問聖人答的形式。聖人作答不用說是站在法華經為真理的立場上解說並批判其他諸宗的。

因此，這種模式的問答體即便同為佛教，但宗派不同的話，真偽正邪將完全顛倒。時間稍微下到室町時期，大概是十四世紀中葉到十五世紀這段時期，看看聖冏的《鹿島問答》，別名叫做《破邪顯正義》。這是站在淨土宗的立場上，名字也顯示，是用問答體來寫的。這裡所謂的破邪就是駁斥聖道門，及其他依存於咒術的宗派；對此，淨土宗的易行的立場才是「正道」，要彰顯之。也就是說，正和邪的看法與真言宗和日蓮宗正好相反。這個「破邪顯正」的說法在後來被廣泛使用，不限於佛教。但原來用的最多的宗派是淨土宗或淨土真宗的系統。比如，比《鹿島問答》還稍早一些的南北朝時期[1]，真宗有存覺上人（光玄）的《破邪顯正鈔》等。這種破邪書未必都是問答體，但因為正和邪分得很清楚，可以說很容易採用問答的形式。

另外，如大家所知，南北朝時期還有與足利氏關係頗深的夢窗國師。這個夢窗國師（疏石）有一本著作叫《夢中問答集》。這本書收錄的法語是夢窗國師針對足利直義提出的八十多個關於佛教修行的問題所做的解答。因為足利氏的信仰非常篤定，想必現實中確實有過這樣的問答。但這是師傅與弟子之間的問答，不像鎌倉佛教那樣帶有很強的爭論性，因而作為問答體的思想性意義也就相對低一些。但歸根結柢採用這種問答的形式來做法話的傳統在佛教思想史中已經扎下根了。

## 2

前面提到，空海的《三教指歸》中表現了不同世界觀相互碰撞的對話形式。那麼，如果在日本思想史的進程中尋找同樣形式的話，我覺得具有劃時代意義的還是基督教的傳來。這裡遇到的問題就是，正面遭遇迄今完全未知的世界觀，且它與任何既有的思想都不同。這樣一來會發生什麼事呢？對於過去已有的「法論」的傳統，第一次出現了源自基督教的 Catechism（教理問答）的問答體。在基督教的思想史中教理問答是怎麼形成、發展起來的？這類問題是神學史的課題，顯然並非我的專業領域，但宗教改革時採用教理問答的形式來進行說教，最開始並不是天主教會，反而是路德教派。這相當具有象徵意義。於是進一步出現了與之對抗的形式，那就是從反宗教改革運動中誕生的羅馬教會的教理問答。以耶穌會士為先導的基督教傳入日本時，正值歐洲宗教改革和反宗教改革相互傾軋爭鬥的動盪時期。日文版《基督徒教義》（用英語說就是 Christian doctrine）講述日本的基督徒的根本教理，也是用問答體寫的。它是基於天主教的羅馬教廷的教理問答制作而成的，但聖方濟・沙勿略（François Xavier, 1506-1552）從最初開始傳教的時候就認為對日本需要特別考慮，不能只是單純套用一般的教理。後來實現這一方針的是范禮安（Alessandro

1 譯注：這裡指日本的鎌倉時代與室町時代之間的時代（一三三七－一三九二）。

Valignano, 1539-1606），他在豐後國寫成並使用的是《日本基督教教理問答》，這個抄本到了戰後一九六〇年才在葡萄牙的埃沃拉圖書館被發現，它被藏在當時日本送去的屏風的內襯裡，那時才第一次知道了這本教義的存在，與迄今為止大家所知道的一般基督徒教義不同，它完全是為了對抗日本的傳統教義（主要是佛教）而編纂出來的教理問答（現經松田毅一和海老澤有道的努力已將之復原）。

那為什麼要專門為日本編纂特別的教理問答呢？——這正象徵著基督徒的到來給日本思想史帶來的意義。除了聖方濟・沙勿略，還有繼承他的其他的耶穌會士們也是從一開始在日本傳教時就高度評價日本人的優秀智力，來日後又通過親身體驗了解到當時日本高度的文化水平。因此需要做好充分的精神準備，與向未開化人進行傳教完全不同。對於歐洲的基督教來說，與佛教這種具有宏大世界觀，且非常形而上學的異教相碰撞，大概是與古代希臘的世界觀對決之後的第一次體驗。聖方濟・沙勿略以及其他耶穌會士們深知佛教在日本思想及社會上都有很大的影響。而且當時的禪僧已經具備了在儒教史中高度發達的宋明理學的知識。因此要與這樣的強敵禪僧爭論世界觀問題，傳教士們必須全力以赴。這樣的思想狀況與幕末維新以後相比迥然不同，因為維新以後來日的西洋傳教士們只要能應付來自政治權力的鎮壓和民眾的舊習俗所帶來的恐懼就行，沒有什麼足以令自己感到害怕的世界觀上的對決問題。

這裡接下來談《基督徒教義》，我們在盡量不涉及具體內容的前提下，講講形式問題。一般基督教的教理問答是由老師提問，學生對此作答這種基本形式的。但在《基督徒教義》中，開始一段部分是老師提問，弟子作答的形式，不久後就反過來了，變成了弟子問：「這是怎麼回事？」然後老師回答說是這麼回事——這樣一種形式。弟子、學生提出問題後由老師作答，這是日本的傳統模式。中國也是如此，比如《論語》中大多也是弟子提出各種各樣的問題，然後孔子以「子曰」的形式作答。當然偶爾也有反過來的情況……。這裡面進一步探討下去的話，會發現很多有意思的問題，但這樣一來又跑題了，所以就此打住。

總之，這樣的問答關係的變化想必也是傳教士們沿襲東亞傳統模式有意識地做的一種改動。但例外的是，《基督徒教義》中有一部分是師弟之間的討論體形式。有趣的是那是關於婚姻聖禮的部分，在第七的祕蹟裡，這部分的形式變了，雖然有點兒短，卻成了討論的形式。因為大家知道，第七婚姻聖禮的部分是基於《聖經》的「所以神配合的，人不可分開」這句話，弟子於是就問道：「兩個人不合適也不能離婚，是不是有點過分了？」這聽起來很難回答，但老師接過問題，拿出根據做了深入的說明。弟子聽後又問道：「原來如此，我明白了。但這樣一來，因為一旦結婚就不能輕易地離婚了，所以不娶妻反倒少了很多麻煩事，這樣想的人會不會多起來呢？」對於這一疑問老師說道：「你這是很合理的疑惑，不過……」然後繼續進行說明。這個也不能算是嚴格意義上的討論，但至少不是單方向一味地受教，而是率直地提出疑問。並且那些問題彷彿就是日本人想要提的問題。從這些地方可以看出，這是想著怎麼給日本人傳教而作出來的。

《基督徒教義》雖然得到了日本人的協助，但依然是由耶穌會士們編制而成的。對此，純粹由日本人編的《妙貞問答》可稱為教理問答的最高傑作。它不單是教義解說，而且反映出與傳統思想的正面對決。作者是巴比庵（或寫作不干齋、巴鼻庵）。他開始好像是在禪寺，詳細生平不太清楚。

《妙貞問答》裡出現妙秀、幽貞兩位尼姑，由這二人進行問答。因此書名裡出現妙貞二字，令人感到非常有趣的是，與以往的弟子提出簡短的疑問後老師對此諄諄教誨的冗長解說不同，他設定一個很難有機會去基督教堂的上流階層的有教養的婦人，名叫妙秀，和另一位尼姑在對等的立場上進行問答，兩人話語長度也相差不大，在智力層面上也勢均力敵。在這裡是由妙秀對於基督徒的教理提出各種各樣的疑問，這些疑問中包含從佛教到儒教以及神道思想的內容。我們在這裡不打算對此做詳細的文本解讀和批判，但總之，它給我們展現出神・儒・佛的所有以往的教義和基督徒的世界觀的對決，場面壯觀。因此無法採用弟子對老師簡單提問賜教的形式。

這一問答體裡再次出現了與前面提及的最澄、空海所面臨的相同問題，即不同的世界觀、意識形態在對等的立場上相互碰撞。這個時代的所謂的經院神學已經用亞里斯多德的哲學進行了理論武裝，亞里斯多德的形而上學——質料、形相這些希臘哲學的根本範疇在這裡獲得充分發揮，其理解的高度也令人咋舌。日本人到了明治的後半期才再次對西洋哲學尤其是古典希臘哲學的世界觀有了這樣同一高度的理解。前面提到的范禮安的《日本基督教教理問答》是戰後才被大家所知的，《妙貞問答》的議論基本是依據於此，但這一事實絲毫不會削弱《妙貞問答》這本書所具有的劃時代意義。

我第一次讀到這本《妙貞問答》是戰前正宗敦夫先生等編纂的《日本古典文庫》版。出版的時期雖說是戰前，但當時還屬於比較自由的時代，即使那樣，該書關於天照大神、伊勢神宮等內容有所避諱的地方，也被處理成了空格。這本書批判當時吉田神道代表的神道思想，將《古事記》、《日本書紀》神話中的意識形態揭露得很徹底，在戰前可稱得上是空前絕後的。比如所謂的日本神話和神道的儀式，那煞有介事的神國誕生神話，因為用儒學加以合理化就更像那麼回事了；再比如鳥居、稻草界繩等東西不足啟齒，如果追根究柢的話，只不過是把男女性愛象徵性地、抑或生動地表示出來而已。並且《妙貞問答》是採用會話體寫的，所以在戰爭期間是沒法讓一般讀者去讀這本書的。

提到作者，那話就更長了。巴比庵在寫完《妙貞問答》這本書不久後選擇了棄教，之後借著鎮壓基督徒的勢頭又寫了一本反基督教的書，叫做《破提宇子》。不太確定這算不算是日本思想史上的頭號「轉向」……。但他是頭腦非常聰明的人，這次只是在價值判斷上翻轉過來，並原封不動地使用了之前的論點。所謂的宗教的教理從根本上來說就是「教條」，無法用經驗來作驗證，因此把前面肯定的命題原封不動地論述以後再加以否定也是完全可能的。比如拿創造天地來說，《妙貞問答》的立場當然是作為唯一的神從無到有一手創造了天地，所以批判了儒教，當然主要是宋學，因為朱子學是儒教第一次成體系的形而上學，比如太極論和理氣論等圍繞宇宙觀的根本範疇。但他脫離基督教後，反而從否定人格神的「理」的立場開始反問基督教到底「提宇子（神）」是誰造的呢？不過，《破提宇子》採用的並不是問答體。一般不是思想上的挑戰或說服，而是單方面抨擊思想·宗教的話，大多不採用問答體的形式。

其他暫且不說，雖然巴比庵智力水平非常高，對意識形態的揭露也很尖銳，但通過《妙貞問答》可以看出他對內心信仰方面把握得確實很弱。因此如果著眼於這樣的弱點來看之後就很容易理解其轉向的契機。比如對贖罪問題、基督論、三位一體的看法，在《妙貞問答》中說明得不夠充分，卻對亞里斯多德的哲學解釋得那麼細緻。但總體而言都是理智的認識。儘管這麼說，自古代佛教傳入到十六世紀終於出現了完全不同的世界觀相互碰撞的狀況，正是因為如此，在日本思想史上才誕生了這種問答體形式的傑作，我想這是不可否認的。

拿這一事實與後來的江戶時代作對比的話，反而會看得更清晰。如果只論形式，江戶時代出現了更多的問答體的思想書。但採用問答體本身所具有的嶄新的思想意義反而在進入江戶時代以後有所退步。在我過去學習的很窄的範圍內，江戶思想史算是比較熟悉的領域了，可以說雖有大量的問答體文獻，但其思想意義不大，所以接下來我就簡略地說明一下這點。

# 3

首先，我們可以舉出江戶初期中江藤樹的代表作《翁問答》，從名字上也能知道它顯然是一種問答形式。其中出現兩個人物：老師天君和弟子體充。這兩個詞分別出自《荀子》和《孟子》，在這裡象徵性地使用。《翁問答》採用的也是弟子提問，老師作答的形式。這種形式傳統上一般是提問短回答長。

熊澤蕃山的《集義和書》則是書信體的問答。採用的是「來信略」、「回信略」的書信往來（略是概略的意思）形式，所以可以看作是問答體的一種。不過也包含有非書信體的問答，但總之都是沿用了過去的模式，問題非常短，回答非常長，沒有形成真正意義上的對話。在對話的意義上看，與《妙貞問答》相比，形式上倒退了一些。

縱觀江戶時代，《神儒問答》、《儒佛問答》這種題目類似的書籍數不勝數。或者如《神儒佛三教爭論和談》一般，以三種意識形態為對象的書籍也有。但看其內容的話，都沒有脫出從某一立場出發的淺顯易懂的說教形式。

國學出現後會變得怎樣呢？國學也是基本沿襲了相同的模式。比如本居宣長的《鈴屋答問錄》，回答都是站在宣長自身的立場上進行的。因此，提問部分非常短。國學是對於「漢心」的爭辯，所以當然也出現論辯書。說到宣長，不管誰都會想到《葛花》。有一個名叫市川鶴鳴的徂徠學派的儒者，寫了一本《末賀能比禮》的書對宣長的儒教批判做了再批判。《葛花》正是對它的反駁。葛花是用於解毒的，意在解消對方的毒，故選定了這樣一個題目。看其內容的話，是一節一節地在反駁，但引用了《末賀能比禮》中開頭部分的簡短的一節，光是說「誰誰怎麼說」，然後馬上就展開了大篇幅的反駁。因此如果不先讀《末賀能比禮》，就只能知道宣長的立場。它是這樣一種形式。

相對於儒教和國學，有著「法論」傳統的佛教陣營又怎樣呢？一般來說到了江戶時代佛教作為意識形態總是處於守勢，尤其招架不住來自儒教的排佛論，故反駁說什麼：佛教絕不是脫離世間的、棄世的；你們攻擊佛教否定君、父也是錯誤的；總是以這樣的口吻在整體上處於守勢，只好全力擁護佛教以對抗儒教和神道。因此從佛教這邊論述神儒佛相通的問答書很多。內容不值得一提，這裡就不舉例說明了。

我也沒有一篇一篇地找文獻，如果有誰知道有其他比較另類的問答書，請不吝賜教，但如果被問道在江戶時代除了上述千篇一律的書籍外有沒有其他與眾不同的對話篇，那無論如何首屈一指的便是安藤昌益的《自然真營道》中的「法世物語」。這才是完完全全的一場諷刺劇。在這裡登場的不是人，而全是鳥獸。比如鴿子、老鷹、麻雀、野鴨等鳥獸聚在一起嘰嘰喳喳地開會。其中「法世」是指人間社會，用今天的話說就是階級社會，或包括區別男女性別在內的身分社會。與此對立的理想社會是「自然世」。從這一自然世的立場去批判法世是整篇《自然真營道》的主題，但在「法世物語」這一篇中展開的批判形式是鳥獸各自聚集在一起諷刺人類世界。我不知道昌益是從哪裡學到的這一手法，但可以說他的構思非常新穎。比如在鳥類的集會上一對鴛鴦在大家正開會的時候不顧忌在人前，應該說是不忌諱在鳥前就互相調起情來。於是被大家說：在眾鳥前要稍微節制些！他倆辯解道：「不要只責備我們，在人世間，統治階級摟著很多宮女，比我們還要沉溺在愛欲裡。」但隨著集會上鳥們愈聚愈多，鴛鴦自然就被拆散了，最後的故事結局是鴛鴦悲其分離而傷心死去。

這個故事作為諷刺劇非常有意思，但沒有構成後面所說的辯證的對話。另外，也沒有成為像《三醉人經綸問答》那樣代表實際存在的意見或特定的觀點，比如類似豪傑君代表當時的思想這種形式，而讓很多不同的鳥來登場未必能成為這一形式。從整體上看僅僅是通過許多鳥的台詞來批判人類社會。因此，「法世物語」雖說是辛辣的諷刺，但就是有譏諷，也不夠幽默。不管好壞，它作為問答體形式在日本普遍的模式中是非常另類的。昌益的思想是全面否定當時的德川社會的，非常罕見且例外，並且還運用了鳥類，或有些地方是獸類的會話這一奇特的形式，它們之間的關聯我認為並非偶然。

下面我們將話題一下子跳到明治時代。

明治維新自不必說，這是基督教傳來以後與不同性質的文化、思想相遭遇的時代。因此，明治維新不久就湧現出很多問答體的小冊子。這就是被稱作「開化讀物」的一類。恰好法國大革命的時候也出現了很多宣傳小冊子，這類開化讀物簡單來說就是文明開化的宣傳冊子。這種小冊子不一定是採用問答體，但問答體形式相當多。比如小川為治的《開化問答》，還有兒島彰二的《民權問答》等，有很多種類。

這一系列的文明開化讀物的特徵是問的一方名叫舊平或頑藏，名副其實，這代表舊思想。與之對抗的答的一方則是開次郎或才助等人，他們作為開明派來啟蒙前者，即以這樣的形式進行問答。題目涉及廣泛，從眼前的日常生活到士·農·工·商的身分制度。有打破迷信告訴人們實際上天狗是不存在的，也有人問：世間存在差別是不是基於天性？對此，開明派的代表則回答說難道大名是四隻眼、賤民是兩隻眼嗎？以此來比喻說明人人平等，大致是這樣一副論調。尤其是對剛過去的舊體制批判得極其嚴厲。說到這裡已經快接近《三醉人經綸問答》的時代了，因此，作為比較，從這裡開始我們直接引用原文吧。比如：

開次郎說：（以前的世界）人民心胸太狹窄，知道那房子是從政府那裡借來的、土地也是、金銀器皿也是、妻女也是，到頭來連我這性命也是從政府那兒借來的，政府讓我把房子拿出來我就得拿出來，讓我把土地拿出來我也得拿出來，（中略）即使心中萬般不願意，這般慘無人道的遭遇也只有咬牙切齒頓足恨，（中略）儘管冤屈好無奈，無依無靠沒辦法，只能曲順政府意，惟命是從了一事。舊平，你想想這些事，這以前的世界不是讓人毛骨悚然嗎？

這種訴說說明了明治維新的變革主旨。

但是，儘管思想內容具有近代性，但在這裡需要注意的是關於文明開化的「明治維新」，其問答形式與過去的模式基本上沒什麼變化。這裡的開次郎是老師，舊平在智力上略遜於開次郎，實質上是弟子。弟子提出疑問，對此老師站在開明的立場說教，這一模式與以往沒什麼不同，只不過舊平和開次郎的對話算是對等的，這一點可以算作是新穎之處。維新政府成立當初一個接著一個的制度改革讓人眼花撩亂——從採用陽曆這種與日常生活相關的事到廢藩置縣、改正地租等重大變革，還包括開設電信、鋪設鐵道等新科技，總之變化速度之快令人震驚。有一本叫做《文明開化童戲百人一首》的書，是模仿百人一首形式的作品，一看便能想像到當時的情形。比如：

拜請釣魚船，傳達天之聲，讓人天天讀報看布告。

也就是說，明治政府的布告每天會出現在報紙上。如果不讀的話就沒法跟上瞬息變化的社會。在這首戲詩中表現了當時人民的那種心情。生活環境與舊幕府時代相比發生了巨大變化，開化讀物就是以這樣的社會狀況為背景出現的。因此現實中是擁護政府接二連三出台的文明開化政策，並且擔當了推廣這些政策的角色。於是，那樣激烈地批判舊體制的開次郎對於維新政府和其出台的開化政策卻沒有任何批判。至少維新當初的文明開化讀物和新政府幾乎是同穿一條褲子。事實上新政府是當時日本近代化的推進者，主張文明開化。可到了明治十年代以後，因為與自由民權運動之間的關係，政府的態度才變得更加複雜起來，但當初是那樣專心一意地，抑或天真地、因而又那樣不顧一切地實施了開化政策。開化讀物就是在這樣的背景下與新政府打成一片的。這種問答體較之內容的新穎，形式卻是以沿襲以前的模式而告終，我認為這與其和政府套在一起有關。具有諷刺意義的是，我們反而能從舊平的論述裡看到批判政府的言詞。比如舊平說道：

明治維新以來什麼都亂上稅，連放屁都要被上稅（中略），因此底下的平民百姓在說壞話，連笑話裡都有：「最近天皇喘氣都費勁，為什麼？因為他嘴裡整天滔滔地說個不停，就是稅、稅、稅。」[2]

等等諸如此類的內容，這段話在近代日本之後的時代裡是無法以鉛字排版的。幕府剛被推翻後的幾年之間，言論處於完全自由的狀態，因此這類笑話可以非常普遍地存在於社會上，這也反映了維新之後不久的社會狀況。好，我們再接著往下看，對於舊平的上述不滿，開次郎說道：

全日本的人都給政府繳納年貢、繳雜稅，也就是說把自己的事都拜託給了天皇，然後政府需要用錢，從中支出經費（中略）當然合情合理。

把舊平給頂了回去。這裡也充分暴露了所謂的「開化讀物」實質上具有「自上而下」的性質。

## 4

這裡我們已經講到了明治時期，那麼接下來要談談在這樣的歷史脈絡中《三醉人經綸問答》的形式具有什麼樣的意義。但為了說清楚這個問題就必須先涉及到對話的原形，即在歐洲思想史中的首次登場的柏拉圖的《對話篇》，這當然都是人人皆知的，不過為了作比較，請允許我多說幾句。

柏拉圖描繪的蘇格拉底的對話被稱作「辯論術（dialektike）」，這個詞本身猶如大家所知，在語言上，實質上兩者是結合在一起的，作為方法，而且也是與個人單獨辯說的「修辭法」相對立的。因此柏拉圖的《對話篇》並非是他覺得有趣、偶然才想到採用對話形式，而是與雅典的民主主義有著緊密的聯繫。因為蘇格拉底出自詭辯家，因此在柏拉圖那裡，所謂的辯論術不單單是一個與對手交鋒的會話術這一外在形式，而其本身則是作為發現真理的一個過程——或更直接地說是發現我們日常深信不疑的知識多麼不靠譜，也就是說，為了讓自己認識到這並非真理，無論

2 譯注：日語中喘氣困難發出的聲音與「稅」的讀音相同，故有此笑話。

如何也要通過對話來達到這一認識。記得好像是在《普羅塔哥拉篇》吧，蘇格拉底對詭辯家的普羅塔哥拉提議：「不要再長篇大論了，何不採用一問一答的形式。」為什麼原則上需要一問一答的形式呢？柏拉圖的《對話篇》裡最顯著的特徵是蘇格拉底與對方一問一答地說：「這樣的話，從你的立場上來說就是這麼回事吧。」以這樣的形式進行議論。正好類似法庭的反訊問——應該也是源自這一傳統。讓對方說出與自己相反的邏輯，然後再用反問來擊潰之。而且讓對方意識到自己漠然信以為真的意見包含著多麼矛盾的命題。也就是說，使對方了解自己的無知，意識到自己其實並沒有真正搞明白過去以為已經很清楚的東西，就是所謂的「無知之智」，這才是發現真理的出發點。蘇格拉底說道：「跟你們相比，我一樣一無所知，但我和你們不一樣的是，你們不知道自己的無知，而我知道自己的無知。所以說，認識到自己的無知才是最大的智慧。」「蘇格拉底式的嘲諷」這個詞，就是從這裡來的，通過「對話」辯駁得更明確。因此大家讀一下就會明白，蘇格拉底的話實在是令人無言以對。

在《對話篇》中，如果和《三醉人》做一比較的話，那無論如何要舉出《理想國》[3]。《理想國》有很多課題，但基本的主題是「什麼是正義？」。因此《理想國》的副標題是「論正義」。但內容不僅限於正義，而且這個副標題好像也不是柏拉圖命名的，但是不管怎麼說，這之後「什麼是正義？」成了貫通歐洲思想史的主題。其開頭部分詭辯家塞拉西馬柯加入討論，比如圍繞「正義」，塞拉西馬柯喋喋不休地說：「正義就是符合強者的利益。」強者為了自己的利益制定法律，視違反法律的人為不正義，這就是塞拉西馬柯的立場（這裡附加一句，「正義」一詞在日語中一味地被理解為倫理上的意思，而在西方語言中相當於「justice」，這個詞傳統上與法律相關聯。故把法務省稱作「Department of Justice」就是體現了這一傳統）。對此，便有了以下一段對話：

蘇格拉底：「是嗎？強者有沒有可能犯錯呢？」
塞拉西馬柯：「不，即使是強者也有時候會判斷失誤。」
蘇格拉底：「那麼，有沒有可能他一不小心制定了損害自己的法律呢？」
塞拉西馬柯：「有這種可能。」
蘇格拉底：「那這樣一來，你所主張的正義是符合強者的利益，這真的是客觀上說的強者的利益還是強者以為這是自己的利益，到底是哪一個呢？」

簡短地說，就是以這種形式深入地進行對話。通過這樣的問答引導到一個大問題上：所謂「正義」抑或廣義上的「善的理念」是永遠客觀存在的嗎？還是人們單單為了圖一時的「方便」

3 譯注：也譯作《國家篇》、《治國篇》、《共和國》等。

而擅自決定的？柏拉圖的答案顯然是前者，不過以討論的形式展開他對這個政治哲學的根本問題的立場。因此，不僅僅在這裡，在其他地方也顯得蘇格拉底的對話術非常地刁鑽。尼采等人對於蘇格拉底＝柏拉圖的這套不太欣賞，說希臘文明的頹廢便是由此開始的。當然，在這裡我們不是要專論柏拉圖的，何況我自身也不具備講這個的能力，但柏拉圖的《對話篇》的形式是具有意義的，我是想讓大家想起來這點才提及這部分內容。

從上述觀點再來看《三醉人》的對話體，首先第一，它與「法論」或教理問答不同，很顯然不是以絕對真理或所謂的教理為前提，然後作為引導出這一結果的手段才採用的。也就是說，從《三教指歸》開始，中間經過《妙貞問答》，再到《開化問答》，這期間有很多種類，但相同的一點都是會得出什麼是正確的這一結論。這個結論從剛開始就已經是確定的，只不過是用問答體的形式表現出來而已。但《三醉人》不同，如果讀過就會知道，它與傳統的「法論」或教理問答明顯不同，不是以絕對真理或教理（所謂教理並沒有任何不好的意思，是非經驗命題的教理之意）為前提來採用問答體作為傳達它的手段。

那麼是不是如同蘇格拉底＝柏拉圖的《對話篇》那樣，作為使人自知「無知之智」或區別臆斷和真理，作為到達未知真理的邏輯性方法，也就是說是作為辯證法（問答法）而採用了對話體呢？其實又並非如此。柏拉圖當然也同「法論」一樣，最終是為了引導到他的立場才使各種各樣的人物登場。但在這裡問答體並不單單是為了圖方便而採用的手段，而是作為發現真理的一個程序，才有採用問答體的必然性，所以這樣的形式本身構成柏拉圖哲學體系的一環。但我們看中江兆民的話，比如闡述其基本哲學的《理學鉤玄》是普通的文章體。《三醉人》反而可以說在他的著作中屬於例外形式。並且更加深入地看他的這個問答的話，原則上來看並不是一問一答。這裡一個人的論述特別長。先是由紳士君滔滔不絕地長篇大論。然後持續一段與豪傑君之間的一問一答，接下來是由豪傑君開始長篇大論。整體來看三人都是大逞雄辯。南海先生時而提出：為何不聽聽紳士君怎麼說的呢？也就是說擔任類似於會議議長的調停角色，但結尾處是批判另外兩人的議論，繼而展開自己的主見——就是這樣的一個形式。因此就方法而言，沒法說是採用了蘇格拉底＝柏拉圖式的辯論法。

下面舉幾個例子。在這次研討班上大家用的是岩波文庫版，第一五三頁是紳士君展開長篇大論的部分，但從第三行的「也許有人說」到第一五四頁第二行這部分並不是紳士君的議論。說起來更接近於福澤的想法，他又是受到托克維爾等人的影響的。因此「啊！這個意見，可以說是老生常談了」作為紳士君的批評出現在那之後的內容裡。如果這是不折不扣的對話體，當然應該代替這裡的「有人說」，讓別的人物登場，然後闡述其立場。但這裡進行議論的構成並不是承接前面的議論或對其承認一部分或反駁一部分，帶著「但這是怎麼回事？」的疑問去解答接下來的問題的。雖然也有跟對話體相似的進行形式。比如第一六二頁的內容，看這裡的話：「豪傑君將雙膝向前略移，爾後說」、「洋學紳士立刻說」、「豪傑君說」、「洋學紳士回答說」、「豪傑君說」、「洋學紳士說」、「豪傑君失聲大笑著說」等等。這部分是討論的形式。但這樣的形式並沒有貫穿在整篇中。因此不是柏拉圖式的問答法。但是不是傳統形式呢？又並非如此。

首先很清楚的是，這三人之間顯然不存在社會中的上下級關係，更沒有價值上的上下級關係。因此基本與傳統形式無緣，如智慧略低的弟子對老師進行提問，然後再由老師指教學生。與這本著作相比，還有一本《平民的覺醒》也是兆民寫的，這本書整個都加了讀音假名，對平民來說簡單易懂，也是問答體形式，且完全是傳統模式：一位商人找到兆民先生提出一些問題，然後兆民先生對此回答，比如國會是這樣這樣的、選舉是這麼一回事、……圍繞諸如此類的問題兆民對平民諄諄教誨。這一形式反而是沿襲了包括「開化讀物」在內的傳統形式。

那麼從問答體這一點來看，《三醉人經綸問答》的獨特之處在哪兒呢？如此想來就無論如何也要最小限度地提及一下《三醉人》的內容。到現在為止，我們提到的「法論」或教理問答中的代表傑作，比如《三教指歸》裡，是以一人代表佛教、一人代表儒教、一人代表道教的形式展開。在《妙貞問答》中一人代表既成宗教，無論是儒教還是神道；而另一人則代表基督教。但在《三醉人》中，登場的三人不代表任何一個特定的教義。那麼是分別代表當時社會上通行的某一特定的意識形態嗎？雖然這樣的解釋不在少數，但仔細讀的話會發現並不都是如此。比如在當時的民權論中，在現實中基本不存在紳士君那樣的徹底的和平主義、甚至世界主義者的軍備廢止論。當然關於這點見解不一，不過我是這樣看的。

從意識形態來說，一人的發言中交錯著各種各樣的意識形態。對比豪傑君的議論和紳士君的議論也會發現他們並非完全對立，反而有非常相通的一面。還有的議論本來從紳士君口裡說出來一點也不奇怪，卻由豪傑君展開來說。我倒覺得這就是《三醉人》的獨特之處。這三人的立場並非實質性地代表某一個意識形態，而是通過這三人的對話從多個觀點以及各個角度來用聚光燈照射——我覺得其特色就在於此。我在這裡所說的觀點與所謂「立場」、「世界觀」稍有不同，我說的是燈光的投射方法。為什麼要投入多個觀點呢，那是為了讓讀者了解當時日本直面的問題的廣度和深度，要解決這些問題需要考慮哪些事情或如果朝這個方向走就會跌入深淵，而往另一個方向走則會被河流沖走等，多重地展現出這些問題。為此不得不採用問答體。那麼，除了這本書以外，在日本思想史中還有沒有別的作品為了展示多個聚光燈而採用問答體的呢？我想基本沒有。

接下來再深入地思考一下這一做法的意義。我提到觀察的視點或聚光燈是因為在現實的客觀認識或評價中有如豪傑君和紳士君那樣常有一致的地方。說到對世界現狀的認識，第一四八頁中出現對比英國和法國的政治進化的內容[4]。這部分是紳士君的論述，但即使換成他人的論述也可通用。關於法國大革命，他讚賞道：「法國與英國相比，稍後走上自由之路，然而一躍而邁入了民主制度，實在是偉大啊！」但也不都是讚賞，在後續內容中繼續說道：「因為當時法國人受平

4 譯注：以下《三醉人經綸問答》中的引文翻譯多參考了商務印書館（滕穎譯，一九九〇）本。

等狂熱病的熱情所鼓舞，其軀體、其精神全部遠超於平常人之上。然而，法國人不久卻忘掉了平等的大靈光的作用，反而被拿破崙的彩旗弄得眼花撩亂，放走了風姿綽約的民主天仙，豢養了面目猙獰的帝國猛虎，相率地以自己為其食餌，甘願退回到百年前的形勢。法國社會的邏輯，頓然失去了它的次序。」諷刺說是革命促成了拿破崙帝國的建立。急進之後又有急退，這一狀況與英國的漸進不同。但法國倒不會恢復原狀。英國可謂是教科書式的進步，法國則是如一部戲劇一樣曲折地奔向自由之路。這樣的比較和認識未必能在紳士君的邏輯中演繹出來。我反倒在想會不會有可能是這三人的共同認識。

就俄羅斯和英國的對比也一樣。比如第一八九頁中寫道「至於俄國和英國，確如紳士君所言」[5]，豪傑君承認紳士君的分析是正確的。如豪傑君也對「從野蠻到文明」的進化方式基本持肯定的態度。再比如，懷舊和喜新，懷舊派和喜新派根據年齡層有所不同，三十歲以上的人大多是懷舊者，另外這兩個因素不僅因年齡層而異，還呈現出地域差。比如置身於多文化交流中的藩國，也就是說在非封閉的藩中成長下懷舊因素相對少一些。而在封閉的藩中成長下懷舊因素就會相應地變多。這樣的議論是出自誰呢？不是別人，正是豪傑君。這些議論即使出現在紳士君的發言中也一點不奇怪。這兩個因素並不一定與意識形態的進步和反動的分法相一致。因此指出自由黨中就有很多懷舊因素。

而且在這一點上最有意思且最重要的是，紳士君和豪傑君在懷舊因素是日本的癌徵這一點上完全達成了一致。這倒不是無條件地肯定喜新因素，但說到兩個當中該去掉哪個時，豪傑君毫不遲疑地斷言應該除去懷舊因素，並且自認為自己就是懷舊因素。因此自己當率領全日本的懷舊因素，遠征到「非洲或亞洲的某一大國」——或許具體是在指中國，說這是迅速除去日本癌灶的好辦法。那麼，眼下的這個小日本國該怎麼辦，舊日本可能會被外國拿去，這不也挺好嗎？反正是這麼一個小小的島國……。不管怎麼樣，天皇和軍隊都移到新大陸的話，留下來的民主家們可能會很高興吧（頁一七二－一七三）。也就是搬遷舊日本的方案。因此我覺得豪傑君的議論一方面與日本的帝國主義意識膨脹的邏輯相通，另一面又非常厲害。到現在為止，人們並沒有重視這厲害的一面，但豪傑君的議論裡確實存在這一面。比如連同天皇一起把首都遷到中國的想法在第二次世界大戰的後期也有過，那是反映了即將戰敗要做最後掙扎的一個想法：如果美國登陸本州的話，就要擁天皇逃往中國。當然與豪傑君的想法大相逕庭。只要舊日本搬遷出去，日本就沒有了癌灶，就能變成民權之國，這豈不是正好嗎？這樣的想法雖有些冷嘲熱諷的感覺，但與那種要把皇道政治布滿大陸的意識形態明顯不同。

在這裡反而會聯想到西鄉的征韓論。西鄉征韓論的動機很複雜，但他明確主張的是如果放任失業的、心懷憤懣的士族勢力，那將會在國內爆發。西鄉說要想方設法平撫這些士族們的不滿，

5 譯注：商務印書館（滕穎譯，一九九〇）本，頁四七第二段始。

征韓是最好的選擇。暫且不談兆民的腦海裡是如何考慮西鄉的，但看第一八四到一八五頁的議論的話，能發現有些相似之處[6]。總之，豪傑君的議論中完全不出現國體論、家族國家論等後來的國粹主義者和右翼大張旗鼓地強調的主張，反而與明治前半期整體上開明的氛圍有些共同之處。這之後日本的膨脹意識高漲，主張什麼日本為萬國之母、八紘一宇等，但大體上豪傑君的議論與這些想法不同。其議論、主張非常乾脆俐落，非常明確地展現出了國際關係上的實力政策，並不是要為國家膨脹的神話或倫理搖旗吶喊。

這些暫且不論，二人基本認識是一致的：懷舊因素是日本的一個癌灶，只不過在於去除方法的不同。豪傑君主張帶著整個癌灶到大陸去；而紳士君的對策雖不甚明了，但因為他是「進化神」的信者，所以覺得通過說理去使懷舊因素逐漸減少、喜新因素增多，即站在這樣一種樂觀主義的立場上。在豪傑君看來通過這樣磨磨蹭蹭的方法終究行不通，而必須要手到病除。因此二人為達到共同目的的方法和對策是不同的。第一八七頁上寫道：

> 豪傑君說：天下之事情都有理論與技術的區別。在議論的場合發揮力量的是理論，在實際領域取得效果的是技術。……你請研究理論吧！我探討其技術[7]。

這裡先要區別理論和技術，隨後體現出劃分角色擔當的意識。也就是說為了去除懷舊因素構建新日本，提議我來講技術，你來講理論。僅從意識形態的對立上是不可能出現這樣的互相分擔角色的意識。

這樣一來下面要再次回到前面講的投入多個視點，聚光燈從各個角度來照射的問題上。在這裡重要的是如何理解懷舊和喜新因素的區別，以及兆民哲學的根本問題「理」和「情」的關係。這個問題非常大，我也沒有把握。或許可能有誤，但還是按照我的想法來談一談。

兆民用到了「道理的天地，感情的乾坤」這樣的一句話，在道理之天地中一直推進到最後的是哲學，也就是他所說的「理學」領域。對此人類交際的領域則屬於「感情的乾坤」。所謂人類交際關係，從國內社會、政治到國際政治方面都包括。這個「感情的乾坤」是豪傑君擅長的領域。

道理為邏輯的世界，因此完全是意識的世界。如世界觀、意識形態以及學術立場等都屬於這個維度。另一方面感情的世界裡的確有一部分能意識到，而也有一部分意識不到，也就是說包含下意識的問題。如果說前者是邏輯世界的話，那麼感情則屬於心理世界。因此對於豪傑君的議論，南海先生說過這樣一句話：「你善探人心深處的奧祕，長於描述人的快樂感情，彷彿是從心理學家的學說學來的。」看豪傑君的議論確實從心理維度上的觀察占據了大部分。比如說他指出

6 譯注：商務印書館（滕穎譯，一九九〇）本，頁四四最後一段始。

7 譯注：商務印書館（滕穎譯，一九九〇）本，頁四五第三段。

「爭是人的發怒，戰是國家的發怒，學者的爭論等其實也是由好勝厭敗的感情所支配的」等等。因為下意識世界的問題不會上升為自己的意識，所以必定有些是用理性無法控制的。拿馬克思的理論做一簡單比喻的話，情為基礎，理則為其上層建築。這樣整體來看的話，紳士君始終代表理的世界，豪傑君則是作為根基部的感情的代言人。即使同為觀察人類的活動，重點放在何處，是放在邏輯上呢？還是放在心理或動機上呢？依其不同，得出的見解會很不一樣。即使目標一致，方法或對策不同的話，從而導致的實際結果也會不同。因此我認為表達這一觀點的不同，不就是《三醉人》的獨特之處嗎？

說到立場，一般認為是意識形態或世界觀或更廣義上的思想。但我在這裡說的觀點與上述意思的立場不同。雖同為立場，但只要投入各種觀點，其認識也會相應地變得更為立體更為豐富。正如在舞台上——在座的有如山本安英先生、木下順二先生這樣的專家——即使是同一個人、同一種裝置，也會根據燈光從哪裡照射而得到非常不同的效果。這些「立場」與所謂實體上的「主義」意思稍有不同。比如在《三醉人》中批判舊自由黨或改進黨的部分中最能清楚地展現出來。如：七九頁後面的「而且，民間人士中，同樣提倡自由之義，同樣主張革新，但懷舊、喜新兩個因素仍在暗中發揮作用」[8]等以下的內容。其中說：自由民權論者之所以為法國大革命而激動歡呼，並不是因為其後建立了如人權宣言、拿破崙法典等新世界共同的基礎，而是覺得暴力和流血讓人有種快感。這其實是揭示了潛藏在他們意識深層的懷舊因素。因此，兆民也深知這樣的指摘具有挑釁性，特意加上眉批：「舊自由黨必嗔矣必哂矣。」因此這些人「非常欣賞國會」，是因為「欣賞它便於大聲疾呼，欣賞它便於對抗宰相大臣」。說他們喜歡改革，其實「只是專門喜歡改革，不論善惡都一併加以改革。喜歡破壞，因為它表現出一種武勇。不喜歡建設，因為它有類似於怯懦的地方」。去看看他們發行的報紙就知道，上面頻繁出現的不就是顛覆・破壞・斬戮・屠殺等字眼嗎？等等諸如此類。

這類批判大概全都指向自由民權者的心理狀態。把自由黨黨員們的激進主義放在心理維度來看的話，看似是喜新其實則是可以歸入懷舊的因素中。

真不愧是桑原先生、島田先生的翻譯，把「好新元素」譯成了「喜新」。可我還是覺得這裡沒有把「好新元素」的意思真正表現出來，但至少比譯成「趕時髦」好得多。一般喜歡趕時髦的欣賞自由民權的觀點，但滌蕩其意識深層的話，其實沉澱下來的還是懷舊因素，這正是兆民借助豪傑君的口批評的問題。兆民所說的懷舊因素並非有意識地選擇舊的。自由黨黨員們有意迷戀的正是新觀點自由民權。但他們自己控制不了，沉澱在下意識裡的其實就是戀舊，因此不能說那些人是真的喜歡棄舊圖新——這裡兆民說的「不是喜歡棄舊圖新」，其「新」的意思不僅只是新，而是真正的新。這部分內容再深入下去的話會涉及到兆民的哲學，這裡就此打住。

8 譯注：商務印書館（滕穎譯，一九九〇）本，頁四〇第三段。

在開頭部分我們提及的法論和教理問答等問答體，整體上都是根本立場的碰撞。《三醉人》中當然也有一般意思上的立場交鋒，但同時對於一定的政治狀況，在認識方法上展示出不同的著眼點、不同的燈光的照射方法，即想要通過這一方法去更廣更深地把握問題的所在。這不是一般意義上的重要，在南海先生看來，在政治社會中尤其重要。因此南海先生說：紳士君與豪傑君看似對立，但在過慮（思慮過度）這一點上應該是一致的。這也不是批判意識形態，而是想要表示，提出觀點後用這一聚光燈照射，就會發現正相反的立場中有意想不到的相通之處。「過慮」尤其會出現在對國際政治的判斷上。比如列強會不會馬上要侵犯日本？於是就做出過敏反應，這裡紳士君和豪傑君雙方提出了正相反的極端對策。究竟國際關係的影響對於當時的日本有多強，會如何左右國內體制，這些議論又如何受國際形勢所影響？如果不考慮這些問題就無從得知《三醉人》整體的議論，但這個暫且不論，所謂的「過慮」也不是道理的維度抑或意識形態上的問題，而是感情的維度以及心理維度的問題。因此不僅是紳士君、豪傑君的議論，一遇到國際關係、外交問題，列強也多少會變得神經質。南海先生舉出各種各樣的例子就是想要說明猜疑心的作用。

如此說來，在政治認識問題上就是要有多個聚光燈照射，從理、情等不同的維度來觀察事物，這點尤為重要。由三個人物分別來將多個觀點展示給讀者，這是《三醉人》的獨特之處。透過這樣的方式更易使問題的多面性得以清晰呈現，而了解問題的多重面向，在政治上更有助於找到解決之道。也就是說，所謂政治問題往往發生在無法一氣解決所有困境之時，也沒有什麼好事一齊到來之處。都只是為了達成一定的政治目的和政策所付出的成本或犧牲的問題。而且，因為肯定會陷入顧頭不顧尾的困境，會出現較之B問題眼前應先解決A問題的這類選擇，即決定優先順序的問題。如果把這些要素都考慮進去再去讀《三醉人》的話，就會明白兆民這個激進的民權論者，是在多麼深入地思考了問題的深度和廣度的基礎上展開的議論，也就是說他具有多麼成熟的政治視角，這一點我們可以在文中很多地方發現。

南海先生說進化神不是紳士君所相信的那樣直線地進步，而是一個多情、多愛、多欲的東西，這句話概括了他對問題的看法。所以，從反面看這一命題的話，其結論便是進化神所憎恨的只有一個，就是不顧歷史及風土而去強行推進「理」（頁一九四）。最大的政治惡就是缺乏對實際情況的考量。因此，紳士君和豪傑君有點吃驚，過去聽說南海先生愛吐奇言怪語，原來毫不奇特，那麼平常，那麼穩妥，都是常識性的結論。

但這點很重要，兆民在哲學上是極具原理性的唯物論者，在這層意思上反而可以說他是一個絕對主義者，而不是相對主義者。在這一點上，他與福澤基本相反。因此，我覺得即使在政治哲學上兆民的根本立場、理想（不是觀點）是鮮明的民主主義，用他自己有名的一句話來說，不是「恩賜的民權」論者，而是「恢復的民權」論者。紳士君論述的政治進化階段，先從叢林法則支配的無制度社會再到制度管理下的社會，然後向君主專制→立憲制→民主制這樣進化，這也可以看作是兆民自身的基本立場。這一點體現了較之自由更注重平等的兆民哲學，這也是與福澤不同之處。所以，我從剛才開始一直反覆強調《三醉人》的獨特之處不是意識形態上的立場之碰撞，而是多個觀點的交錯，這並非意味著脫意識形態。另外，並不因為南海先生說不問時間和場所就是最大的政治惡，就以為單純應對每時每刻的情況就萬事大吉是兆民的想法。再沒有比政治上的機會主義更遠離兆民了。但是，對現實日本直面的問題之困難、之複雜愈是具有敏銳的觀察，愈是會深刻地自我認識到僅基於原理原則的天降式的演繹是無法解決問題的。於是他說道：「人們的腦髓裡儲蓄的是過去的思想，社會的事業是過去思想的體現。」（頁一九八），政治思想和社會思想不是出自白紙，而只能是出自歷史的賦予，因此不管民主制是多麼好的政體，從專制一步跳躍到民主不僅是不可能的，其結果反而只會導致禍亂，他這樣訓誡紳士君的理想主義的時候，對具體情況要做具體判斷這點，反而與福澤的政治相對主義明顯相似起來。「愚民之上有苛政」這是福澤非常著名的命題，兆民也同樣具有一雙清醒的眼睛，他認為人民要有與他們相匹配的政治和政府，且是相應於人民的政治成熟度的。所以，雖然兆民自身很自信地區分開恩賜的民權和恢復的民權，但卻無法將前者突然轉變成後者，加之實際上兩者的本質並沒有那麼大的不同。說到這一步，最終日本的經綸除了基於立憲君主制的漸進主義以外別無他法。這就是剛才提到的、借南海先生之口說出的這樣一個平凡的結論。這部分也正是兆民之所以難以捉摸、難以理解的部分，也是對兆民的解釋產生分歧之處。我也沒什麼信心敢斷言，但覺得至少不抓住以下兩點，就無法理解兆民的想法。一是從「理學」立場出發來參與根本原理，另一點則是展示出問題的多個視點。因為《三醉人》是政治議論，尤其是國際政治的影響占據了很大的位置，所以其重點傾向於對問題的多重面向，當然需要從各個角度照射燈光。因此南海先生最後的所謂平凡的結論也並不是僅僅為了排除紳士君和豪傑君這兩個極端主張而採取的穩健立場，而可能是伴有某種近乎虛無主義的、心灰意死的選擇吧。說是虛無主義也並非都是靠不住的、對所有政治立場不分青紅皂白的否定。這種不分青紅皂白的否定實際上才是過於期待，也就是說是過於樂觀的反面。兆民經歷過幕府末期維新的巨大變革，也在感受性敏銳的青年時期親眼見過骨肉相殘的淒慘光景和聚合離散的脆弱人心。因此，這些體驗都表現為他對政治的非常成熟的認識和判斷。不僅是《三醉人》，我們看福澤寫的東西或陸奧宗光的《蹇蹇錄》也能領會到一點：他們儘管立場不同，但都有某種相通的、與虛無主義一紙之隔的、真實且厲害的政治眼力。比如剛才說到的豪傑君的議論，與明治後半期開始興起，一直到太平洋戰爭期間都盛行的大日本帝國膨脹論和日本是以皇室為本家的一大家族的國體論，都是有隔絕的，至少不是同一個調子。我覺得這點還是與兆民的政治眼力有著密切關聯的。

今天絮絮叨叨地談了這麼多，主旨不在於深入討論《三醉人》的內容，而是談了一下在日本思想史的脈絡中這本書採用三人登場的問答體這一形式所具有的意義。雖尚未盡意，但暫且就到此為止吧。

# 福澤·岡倉·內村：西歐化與知識人

## 1

在這裡把福澤諭吉（一八三四－一九〇一）、岡倉天心（一八六二－一九一三）、內村鑑三（一八六一－一九三〇）[1]這三位思想家的名字排列在一起，讀者也許會一下子難以想像出他們之間有什麼共通的基調。對這三位思想家略有所知的讀者，或許會更感到其不相容之處。因為，這三人不僅活動領域相異，而且性格、生活態度、個性的差異都非常明顯。若舉出其中任何兩人來比較，甚至還容易顯出其相反的一面。儘管如此，當我們稍微深入地觀察，便會發現他們所處的時代的命運，在他們相互的精神之間，鋪下了很多他們自身也意識不到的「內線迴路」。

先看他們的出身家世。福澤是豐前中津藩，內村是上州高崎藩，岡倉是越前福井藩，都是德川家之門第或譜代的藩士。他們與那些乘變革期之巨浪昂奮崛起的薩長系人物恰恰相反，是或多

1 譯注：三位思想家的生卒年為譯者所加。

或少地生活在維新浪潮中被翻弄的環境裡的。而且三個人都在大阪、江戶、橫濱等最早並最大規模地受了「開國」衝擊的都市中成長，少年時就有條件習得出色的外語能力。後來，內村和岡倉分別用練達的英語向西歐介紹「日本人」和「日本文明」，而福澤相反地以驚人的巧才，把西歐文明的各種範疇導入國語的文脈中。可以說，他們都是歐洲和日本之間最優秀的文化架橋者。而且，福澤作為自己的主義，一生始終堅持當民間的布衣。內村在敕語禮拜事件以後，成了對藩閥政府最尖銳的批判者。三人之中離權力最近的天心，也因被驅逐出東京美術學校的事件，而在創立日本最初的在野美術學院中發揮了重要作用。也就是說，他們的生活方式和思維方式裡始終帶有一種超出日本帝國正統模式的因素，正是這些因素形成了他們作為思想家的生命力的源泉。

福澤與內村，雖然在宗教觀上相異，但在思想教養方面，基佐和巴克爾的文明史是他們重要的共有財產。岡倉與內村在學生時代學過的黑格爾哲學和達爾文進化論，就像獨特的「化合物」一樣沉澱在他們的歷史觀中，這一點他們倆是相通的（儘管在活用方法上相異）。再看年齡，內村和岡倉只差一歲，福澤比他倆年長二十七八歲。一八七〇年前後，正是世界史的舞台急遽轉換的時期，在此時期，世代的懸隔使人們對「近代」的認識產生相當的差距也是很自然的。但即便是內村和岡倉，也是在吸取維新初期潑辣的開明精神中成長起來的，他們在那時積累的養分直到晚年也沒有枯竭。

福澤就不用說了，在內村看來也是那樣，至少在他最活潑地向社會開展思想活動的《萬朝報》時代，都認為「歷史是人類進步的紀錄」，文明進步是與興國同義的（《興國史談》）。就連以保守主義者自居的天心，也提倡「明治潑辣的個人主義」，他說：「將來之日本並非過去之日本，不能把封鎖三百年之昔日，與作為世界運動之要衝的今日視為同等。貿易上若要適應外國之需，不可不通曉外國之事情與生活，不可不與時勢共變遷。因此僅保存固有的美術是不能在現時生存的。」（明治二十年十一月六日的鑑畫會演說，〈在鑑畫會上〉《大日本美術新報》同年十二月三十一日號）可見他並沒有失去對開放的文明的展望。浪漫的歷史意識在此還沒有割斷自由進步的啟蒙精神的臍帶。

而且，這三人作為修得了國際性教養的知識分子，都不甘心於純粹當東方與西方世界的啟蒙媒介人，都是把自己對日本的使命和日本對世界的使命密切地結合起來，以這種「天職」的強烈意識貫穿自己生涯的思想家。對「開國」所必然帶來的狀況抱有深刻的危機感，同時對日本以及亞洲的獨立和保全抱有悲壯的渴望，這些形成了他們三人的思想言論的主導動機。被公認為在日本領先導入西歐近代文明的福澤，也是認為「只有日本國與日本人民得到保全，才可談文明之事」（《文明論概略》第十章）。他反對把一切歸結為「天地之公道」或「便利的」觀念型世界主義，堂堂地贊同他稱為「偏頗心」的「愛國心」，或從那種「以冷靜之數理而論則近乎兒戲」的「瘦我慢精神」（譯按：即「強忍硬撐的精神」）中，尋求國民獨立的貴重能源。福澤的這一點，正好與天心形成對應關係。天心在熱情謳歌亞洲的個性和傳統的同時，主張「美術天地共有，豈能有東西洋之區別，宗派乃弊病之家宅」（前引，鑑畫會演說）。「我們只有進一步接近普遍性，才能進一步接近人性。」（〈繪畫中的近代問題〉明治三十七年九月，在聖路易斯的講演，原文英文）其亞洲個性論是與人類普遍性的理念構成表裡關係的。福澤說：「請看東洋各國以及大洋洲諸島的狀況，歐人所觸之處，豈有能保全其本國權義和利益、保住真正獨立之國？波斯如何？印度如何？暹羅如何？呂宋、爪哇如何？……其所謂開化者為何事？無非是指此島之野民停止食人肉之惡事，去適應當白人的奴隸而已。……察今後之趨勢，支那帝國亦可能成為歐人之田園。」（前引）在福澤發出這個痛切嘆息之後不久，便出現了天心煽動性的「東洋覺醒」的呼喊，以及內村對帝國主義的尖銳譴責。這三股呼聲在印度和美國上空迴響。

他們還在批判維新後開化的膚淺性之點上心聲與共。當然，如果不是看其外表性，而是把福澤的「存於內的文明精神」與岡倉的「自我內部的發現」等主張作對比，其內容的核心不一定一致。但是，福澤對「改革者流」的「輕信輕疑」的猛烈批判（《勸學篇》十五編），在岡倉和內村那裡也以幾乎同樣的宗旨重複著。另外，他們關於「日本對世界的自我主張」，是同時受「世界中的日本」這種意識制約著的。日本究竟通過什麼對世界作貢獻呢？這是他們使命觀中的共同問題，是他們「獨立」理念的具體內容。不言而喻，這些因素與後來日本的國家主義者的「自我增殖的」皇國使命觀形成了基本對照。

福澤在學問和教育的「勸導」方面，岡倉在日本美術的振興方面，內村在基督教的「日本化」方面，各自傾全力去創造祖國的將來。但是，福澤並非「專門學者」，天心並非單純的「美術評論家」，內村也非「宗教家」。三人都是有意識地排除了專業的狹隘性的文明評論家。他們各自把自己的學問、藝術、宗教領域的題目放在更廣闊的文化關係中來把握，特別是深入到國民精神結構的問題來考察。由此，他們又在各自的領域中，對因襲和形式主義展開激烈鬥爭，就這樣引導了推進學問、藝術、宗教「改革」的共同課題。

眾所周知，福澤在「日本文明之由來」（前引《概略》第九章）中，對舊體制下學問的悠閒性和學者的封閉性做了激烈的批判。然而，他真正要強調的是，他所提倡的「實學」絕不是那種（德川時代的儒學和心學所主張的）對「暗於日用」的虛學的排斥，或者說絕不是學問與生活結合的觀念的單純延長。在福澤看來，那種「關閉在名叫做政府的籠中，以此籠為自己的乾坤，煩悶於此小乾坤之中」（《概略》同上章）的學者，他們的行會性或行業根性正是學問的非獨立性的反映。他主張學問必須從順應既成社會關係的卑俗的實用主義中解放出來，只有將之建立在「真理原則」基礎上，才能使學問產生出提高實際生活的效果。這就是福澤的實學的「邏輯」。

天心是從什麼方向謀求日本美術革新的呢？他在明治二十四年度東京美術學校的講座（日本美術史）中說：「如果美術僅乃快美人心之物，而不求其實用，那麼美術不外一技藝而已。我輩不能贊同此論。美術應於自身精美之同時，能與當時之最高宗教、最高文學相伴。否則不可稱為真正之藝術。」這反映出他明確地排除「為美術之美術」。通常，「為美術之美術」的主張往往被認為是與實用主義相反的美術至上主義。但岡倉在此是想警告人們，「為美術之美術」有墮入技藝主義的危險，所以高調主張「實用」。

這裡蘊藏的思維方法，不僅與內村的文學觀相通，而且，從某種意義上說，與內村的宗教觀本身也相呼應。當然，並不是說內村在與藝術平行的意義上排斥「為宗教之宗教」。但是，內村所主張的第二宗教改革（反對安居於傳統和制度的自我完備性的既成基督教教團，以嚴峻的「無教會主義」與之對峙）正是對「為教會之教會」的批判。內村反覆指出，宗教的絕對性一旦轉化為教會制度的絕對性，就會一方面走向宗教的守成主義，向權力和財富等俗的權威妥協，並追隨之；另一方面會表現為對異教未開國施行的、賜與「文明」恩澤的偽善傳教活動。這種教會至上主義會導致宗教家的行業化，而只有立足於福音的純粹信仰，才能發揮出宗教本來意義的「實踐」機能。內村是通過考察卡爾文主義的思想影響以及明治日本的內外傳教士的實際狀態，獲得了這個確信的。通過以上的考察，已大體明瞭三位思想家各自職域的基本態度和問題構築方法的內面類似性。

## 2

上面以三位思想家類似的時代環境為背景，從那裡抽出了他們在某種程度上共通的課題，並通過考察他們在各自領域發揮的作用，意外地發現了許多相互並行的要素。儘管如此，我們不能對這三個人之間的個性、思想、生活方式中橫亙的巨大懸隔視而不見。在此無法逐一比較他們的不同點，故只能聚焦於他們思想相互交錯的層次，尋找其各自不同的精神反應如何導致思想史性分歧的端緒。

前面已指出，他們分別通過學問、美術、宗教的「勸導」，把自己的「天職」與日本的「天職」結合，充當了各自領域的改革者。然而其使命觀的內在結構，從根本上受他們各自的素質和他們本來的領域所規定。這種規定給他們三人的「國民主義」（nationalism——即使共通地使用這個稱呼）的性格打上了不同的烙印。福澤的思維方式即便在使命觀上也是徹底地實用主義的，當前的課題必須根據對當前的狀況判斷來決定。在傳統的共同體或等級制社會，人行動的立足點幾乎是被固定了的，所以狀況判斷的問題沒有什麼切實意義。比如說，某人是什麼等級？是領主、農民、還是商人，這種固定的身分等級「自動地」決定了某人應該做什麼。在那裡，人與人的關係不論是五倫五常，或是十戒，都被限制在窄小的規範中。然而，隨著文明的發達，人與人之間的關係在國際和國內範圍都逐漸複雜交錯。隨著社會機能向多樣性分化，環境的變動愈益激烈，人的行動方式也必然會多面化。隨著身分區別的淡化，辨別人和事物的「先天」標準也不通用了。因此，人們自然要根據「作用」，亦即與其根據「是什麼」、毋寧根據「做什麼」來辨別問題。過去只需辨別善人和惡人就足夠，但現實的狀況中，「有德之善人不一定為善，無德之惡人不一定為惡」。因此，要解決的「問題」愈是眾多，就愈有必要分清「輕重先後」，做相對性的選擇。這就是所謂狀況判斷的問題。過去曾經是只靠習慣、「直覺」或傳統規範便可以簡單解決的問題，現在變得愈來愈需要在知性認識的層次來考慮。

以上正是福澤洞察到的文明大勢。他說：「當此時，日本人之義務唯在保全國體一條。所謂保全國體，就是不失去自國之政權。要不失去政權，必須增進人民之智力。……智力發生之道中第一急需者，乃一掃古習之惑溺，吸取西洋文明的精神。」（前引《概略》第二章）這一著名的宣言可以理解為，是由已加入國際社會的日本的當前課題與福澤自身的對日本的當前使命，這兩重意義結合起來的，而且其本身是根源於福澤的狀況認識的。福澤對自己的「作用」具有清醒的認識，他的言行和選擇，並不是首先以「己之所欲行」為根據，而是根據時時刻刻的狀況來強調事情的哪個側面更為必要，在這種冷靜的思考中做出抉擇的。當他的《勸學篇》第七編在社會上引起了有名的「楠公權助」爭論時，他以五九樓仙萬的筆名在《朝野新聞》（明治七年十一月七日）投稿作辯，批評反對者的猜疑心說：「人們以己之臆測揣度來混淆事物，以為人民同權即共和政治，共和政治即耶穌教，耶穌教即洋學。福澤既乃洋學者，其民權說必為己所想像之耶穌共和。故一個心眼兒地對之表達憤怒。」福澤對這種「只以片眼觀事物」的臆斷給予如下反駁：「酒店主人未必是酒客，餅鋪主人未必酒量少。世人經其門時勿急評其內。」這個比喻，不僅是「名目邏輯」與「機能邏輯」的巧妙對比，而且也許連福澤本人也意識不到，這恰好象徵著他的使命觀的基本主題。如果用這個主題套到福澤身上便可以說，福澤的著作活動——在他的「商店」裡生產、販賣的品目，不一定是他本性的嗜好，只是根據當時的「需要」（他的判斷）而選擇的。這一點實際上妨礙著我們全面地把握他的思想。從這個意義上看，我們甚至在讀他的《自傳》時，也有必要懷疑那裡多大程度是他的自我表現，多大程度是發自他的「作用」意識的「演技」。

福澤思想中合理主義契機與非合理主義契機的交錯，也與上述特點相關聯。他的情感與血脈深深地潛藏著古風的武士氣質，但當他把傳播「文明精神」作為自己的首要使命時，他能盡量地在原則上限制自己的武士心情，不讓其直接化為思想「輸出」到社會中。不過，假如福澤真的能把自己本然的好惡與立足於狀況認識的發言截然分開，成功地使「作用」思考完全徹底地控制其言論和行動，那麼反而會令人產生某種厭惡感。如果說福澤並沒有給人那種令人厭惡的印象，那麼其祕密就在於他同時具有非合理的激情，並且間歇地爆發出來。

內村在被罷免一高教職時，又同時喪妻，達到了傷心和孤獨的極點。其時，他給美國友人史托拉紮斯寫信說道：「我必須理解！所謂政治自由（Liberty）與信教自由（freedom of conscience），無論在任何國家，若無獻身之子去經受某種考驗是不可得到的。神選我擔當此重任，我必須感謝神。」（《著作集》舊版，第十八卷，圈點為原文所有）他的使命觀表現出了最接近馬克斯・韋伯說的「合理的、倫理的預言者」的使命觀那種類型。他對耶穌和日本這兩個「J」的熱烈之愛，以及抵抗一切迫害的堅定信念，都不是「模範的預言者」或浪漫的泛神論者那種自我與終極者的結合，而是發自於甘當神的小忠僕的自我意識的。如果說福澤重視對「存在」的「作用」是由來於他的實用主義，那麼內村毋寧是把自己的使命看作實現神的絕對意志的「道具」，並在這個立場上不斷地探究「應該做什麼」。內村在與「西洋文明的非愛國的感化（the *denationalizing* influence）風潮」展開鬥爭中漸漸成為「極左的愛國基督教徒」（明治二十一年給貝爾的信，《著作集》舊版，同上，斜體字與圈點是原文所有）。那種「極左性」在歷史上也曾經出現過，比如古代以色列的預言者要打破律法的格式化，使之產生新的生命力，這就必然與日常執行祭祀和儀禮的僧職官僚制發生尖銳對立，結果撕開了既成的社會階層與價值階層相勾結的黏合關係，並使其朝著直接解放下層大眾潛在能量的方向發展。那種激進性與內村具有相同的內面根據。內村的「第二宗教改革」意味著一切宗教慣習的價值顛倒，同樣，他的「愛國」也意味著一切對內和對外的世間日常意義上的愛國觀念的顛倒。結果，其思想在對內方面結晶為平民主義，在對外方面，結晶為對戰爭和軍備的絕對否定。

在內村看來，「日本社會上層的一萬人，恐怕就是日本道德最低的一萬人」（《萬朝報》明治三十年六月）。相反地，平民才是「國家天然的貴族」。所謂戰爭和領土擴張不是興國，而是亡國之道。內村說「為了信仰需要懷疑，為了建設需要破壞」，「世界靠對立和反對而進步」。他的這個邏輯，與福澤「信之世界偽詐多，疑之世界真理多」，「須知自由風氣唯存於多事論爭之中」的主張很相似。福澤認為，「日本武人的權力猶如橡膠，……具有往下接觸便甚為膨脹，往上接觸便頓時收縮的性格」。用「權力偏重」一詞來將日本社會的結構模式化（前引《概略》第九章）。內村也是把日本社會叫做「向上束縛，向下自由」的「逆金字塔式社會」（〈日本道德之缺陷〉《萬朝報》明治三十年三月）。他們兩人都把個人的自由和精神的獨立與國民的獨立內在地聯繫起來。在這個共同點上，巴克爾和基佐給了他們共同的教養上的影響。然而，對福澤來說，「世間」與自我的對抗歸根結柢是實用性的適應問題。而對內村來說，在「世間」和「只與基督共存」的我之間，包含著日常性與非日常性的絕對斷絕和緊張關係。這正是兩人的分歧點。又由這個分歧點形成了更加具體的思想對照：比如對待「權力偏重」問題，福澤主張的均衡論解決策與內村主張的價值顛倒解決策、福澤的以「中間階級」為核心的平民主義與內村的以「下層日本人」為核心的平民主義、福澤對日本國的連續進步的展望與內村對非連續的＝末世論的「興國」的期待，等等。福澤的「邏輯」是根據對狀況的判斷而優先地選擇緊急課題，當面臨歐洲帝國主義分割亞洲的緊迫現實，日本防衛與擴張的界限難以確定的時候，福澤終究採取了與天心一樣的態度。天心的態度是：「如果不願被茄嘎諾特（Jaggernaut，譯按：「茄嘎諾特」原意是指印度神話中，神乘坐的具有不可抗拒力量的戰車，在此意指近代的軍艦、大砲）的車輪輾碎，只有坐到戰車上去。」」（〈從日本的觀點看現代美術〉一九〇四年九月，岡倉在聖路易斯的講演，原文英文）但內村的使命觀則是注重範疇，而不為狀況所動的，他預言並警告說，若選擇「乘茄嘎諾特」，最終會引導日本走向悲劇性結局。事實上，內村甚至在最激烈地譴責權力和統治者的明治三、四十年代，仍然堅持超越的「極左」主義，堅持反政治立場的政治激進主義。後來，隨著日本和世界的歷史方向愈來愈遠離他的希望與期待，他青年時代的文明進步史觀便日益後退，宗教末世論的契機則日益增強。從上述意義來看，這些都並非不可思議的。

明治二十五年，內村在《六合雜誌》（四月十五日）中寫了〈日本國的天職〉，曾經樂觀地期待，日本能充當把「器械的歐美」介紹給「理想的亞洲」，以進取的西洋開導保守的東洋的媒介作用。但大正十三年再以同樣題目執筆時，他把日本的將來僅僅寄託於復興正在被世界拋棄並漸漸衰頹的基督教。他認為，日本能實現這個使命而達到真正興隆，「應是在即便不走到亡國，也是拋棄了第一等國地位之後」。在這裡，也和明治三十年代一樣，基督教中的內面更新與「興國」的意義轉換依然緊密結合。但不可否認，他過去那種愛國主義的政治性和社會性的因素已明顯地後退了。在反政治的能動性逐漸向非政治的諦觀轉化的過程中，一個勁地朝宗教的「激進主義」亢進。我們可由此看到內村使命觀的本質性格。

如果說福澤是徹底的散文精神持有者，而內村雖本非所願也是個詩人的話，那麼，岡倉可以說是從生活態度到構思方式都是徹頭徹尾的詩人。前面說過，天心的國民主義一方面留有啟蒙精神的痕跡，另一方面又滲透了浪漫的情感。不僅如此，在他那政治的浪漫主義「邏輯」中，早就顯示出了特有的陷阱。

他的使命觀及其亞洲主義之深處所潛藏的是審美的性格，因而是直觀的性格。岡倉與同時代的內村一樣，以「器械的」西洋來比照「理想的」東洋。但是，內村的「東洋理想」的含義首先是包括基督教本身在內的宗教性存在。而天心的「理想」的核心始終是「美的東西」。當然，天心並不是在與宗教對立的意義上講東洋藝術，相反地，他是強調東洋藝術的宗教性。重要的是，他的宗教概念本身從根本上是審美性的，因而是在審美性的制約下的。當天心把東洋的特色定義為「對終極性和普遍性的愛」時，其所指的終極東西正是不知自我與非我之根本分裂的單一狀態（不二一元狀態）。它與那種為了實現神的意志而一邊與「世間」對立，一邊作用於「世間」的預言者，或卡爾文主義的倫理正相反。雖然存在於「世間」，卻通過冥想和恍惚與宇宙合一來超越「世間」，這種境界才是那裡的「理想」。其神祕主義與審美精神在此意義上只有一紙之隔。內村與岡倉對近代科學思考法理解上的差異也源自於此。這裡所包含的意義已超出內村是水產學者，岡倉是藝術家等表面上的問題。

本來浪漫主義，是因革命而覺醒的自我意識在對革命的現實帶來的結果或革命本身將要帶來的結果產生幻滅後，飛回到歷史的世界之中，通過把過去的時代或人物理想化，反過來尋求自我喪失的挽回，在這個過程中誕生的。假如自我喪失或喪失的危機可以通過飛回歷史而得到擺脫，那麼「歷史」必須是能給自我提供安定感的存在。所謂能提供安定感之存在，一方面是過去偉大的具有個性的人物，另一方面是能在變化的歷史中持續的「精神」。浪漫主義者要從歷史中選擇這兩者。這個選擇畢竟是由現在的自我、從現在的立足點進行的選擇。這樣，浪漫主義者的「精神」中，一方面有要拋開來自歷史的壓迫感的強烈自我意識，另一方面有力圖通過直接體驗使自己與歷史形象合一化的衝動，這兩者交錯成一個激烈的漩渦。天心雖然熱烈地擁護東洋和亞洲的歷史和傳統，但又同時告誡人們說：「歷史的同情心在踐踏我們美的鑑賞力」，主張「藝術只有能與我們交流的時候才具有價值」，「在對古人表示一切狂熱的時候，對我們自己的可能性不給予任何注意是恥辱的」（《茶書》）。

然而，自我內部的兩個靈魂的顯著矛盾＝對立並沒有被明確意識到，相反地被融化在模糊的無限定的自由感之中，這也是浪漫精神結構的特質。這個特質由來於浪漫主義是通過再次發現過去的「美」來把歷史理想化的思維。美的判斷與知性的判斷、倫理的判斷相比，對直接感覺性的依存度要高得多，又因為如此，其選擇受主觀好惡左右的程度也相對大得多。不過，這一特質正好與要排除理性法則或倫理規範的制約，享受「毫無拘束」的自我的浪漫精神相符合。對歷史之所與的尊重與對歷史的奔放的選擇，在此是毫無矛盾地融於一起。浪漫主義批判啟蒙主義是非歷史性，但浪漫主義與啟蒙主義的歷史敘述相比，要更加非歷史性。因為它是從歷史中找出素材來鑄造非歷史的「民族精神」或「國民性格」的。浪漫主義的悖論性正起因於此。

岡倉的個性自由理念與他的國民主義是如何結合的呢？前面說過，他是在「自己內部的顯現」（《日本的覺醒》）之中，承認日本進步的原動力，並使之與外來的歐化相對立的。在這一點上，福澤、內村不用說，就連漱石也是以同樣形式提出問題的。但天心的歧路在於，他認為「任何樹木都不具有大於其種子原有之力」（《東洋的理想》），而他的內生性主張正是與這種直通浪漫思維的有機體邏輯結合在一起的。在他那裡，自發性和創造性不過是本來內在的東西顯現出來的表象，所以否定其與狀況的動態的相互作用。因此，其「東洋的理想」是可以從完全不受「近代衝擊」的、那個以前的歷史中尋求的。

就這樣，岡倉一方面肯定近代帶來了個人自由的理念，另一方面卻認為與立足於「個人權利之生硬概念」的歐洲自由相比，以雲為天涯，以山當臥床的東洋自由是「更高度的東西」，是值得讚美的（《東洋的覺醒》）。在此，「自我實現的自由」就不知不覺地流進了與普遍者合一的東洋「精神」之中，幾乎喪失了本身的歷史性格。不僅如此，當他說亞洲的榮光在於「帝王和農夫合一的調和」、在於「崇高的一體的直觀」時，還有當他僅僅以「高與低都在偉大的新元氣中成為一體」（《東洋的理想》，原文英文）的觀點來讚頌明治維新時，那種有機體的思維與審美的歷史觀就合流在一起，氾濫到政治的世界中。不可否認，其結果導致了掩蓋統治關係，以及對社會停滯現象做出不恰當的美化。與福澤和內村的國民主義相比，岡倉的國民主義顯著地缺乏對體制的批判，這個問題是否僅僅能解釋為藝術家的非政治性表現呢？實際上，他在《東洋的理想》中說過：「儘管有政治的抗爭（這是一八九二年由君主賜予了自由以後，立憲制度生出的自然或不自然之子），但來自玉座之一語可以和解政府與反對派」。這個說法，與內村所主張的「若正確地說，帝國議會沒能超出顧問團的作用，因此其不得稱為議會。——議會在必要時，可以反對君主的意志，表明人民的意志」（《萬朝報》明治三十年三月，圈點為原文所有）的觀點可謂鮮明對照。如果說，福澤的思維深處具有多元的均衡，內村的思維深處具有對立與緊張，那麼，岡倉的口號則始終是調和與合一的「不二一元」主義。他說：「真正的無限，不是延長的直線，而是圓環。一切有機體都意味著部分對全體的從屬。真正的平等，是正確履行各自的職能。」（《東洋的覺醒》）就這樣，岡倉把黑格爾的辯證法完全放到有機體論中來理解了。

但是，天心的思想中也有一個始終一貫的對立。這就是歐洲的「科學」與亞洲的「理想」（即藝術）之間的對立。以「體系」、「區分」、「分類」等來犧牲美，這對於天心來說，是「西洋侵略」的核心問題。他猛烈地批判產業主義和大眾民主主義所帶來的趣味的低俗化和個性的劃一化，批判基督教與水雷結成的奇怪同盟等。他對近代的這種批判是猛烈的，其批判的具體內容確實也擊中要害。但是，這種批判由於浪漫主義擅長的「概念的解體」（卡爾·舒密特）導致了情緒化的高漲。結果帶來了什麼呢？亞洲乃至日本，一方面在「調和」與「不二一元」理想的名堂下被否認了內部的對立，同時在對外的方面，與歐洲的關係被象徵性地解釋為「藝術」對「科學」的對立，那不僅是領域的區別，而且發展為範疇的對立關係。當然，天心後來被法西斯主義者捧上了「大東亞新秩序預言者」的祭壇，這一點是應該得到名譽恢復的，而且在理論上也不難恢復。儘管如此，當天心把東洋的內在發展的邏輯描寫為與近代歐洲對抗的圖式時，不管他本人有否意識到，他的使命觀帶著致命的弱點渡過了盧比孔河[2]。

## 3

雖說這三位思想家各自的使命觀的思想結構顯示了作為「典型」的形態相異，但是在那裡，他們都曾表現出對明治初期解放出來的能量支撐下的日本和日本人的未來所寄予的無限確信（甚至連內村這種「亡國」的預言者也曾是那樣）。又因其確信生產出對「現狀」的深刻憂慮，進而意識到其「課題」的實現困難到令人絕望。這種確信與憂慮乃至絕望不斷地交錯，使他們的

2　譯注：盧比孔河（Rubicon）是古羅馬時代介於義大利與伽利亞之間的那條河。古羅馬時規定，軍隊渡過此河進入義大利時必須解除武裝。公元前四九年，伽利亞的凱撒率軍渡河作戰，打破了此禁。以後，「渡過盧比孔河」被作為慣用語，用以形容「對付嚴重事態的重大決策」。

愛國呼籲總是以長短兩調的雙重旋律同時彈奏，這與他們的獨特文體相結合，形成奇怪的魅力吸引住聽眾。他們的社會發言，奇妙地表現出一致的風格——處處充滿倒逆說法和冷嘲熱諷。這種奇妙的一致性也許與上述矛盾心理的交錯相關。但是，儘管三人如此類似，而當我們觀察其倒逆說法和冷嘲熱諷的結構時，又會發現三人的相異。先看福澤，在權力和價值的牽制與均衡問題上，他認為德川時代比明治時代更具有自由。他在用倒逆說法指出「僧出於俗，比俗更俗」時，對日本的現狀做了這樣的判斷：「日本國之人心，有動輒凝於一方之弊。……極端地偏於其所好，極端地反對其所惡，……一旦所奔之直線方向忽然中斷，亦不許前後左右有些許餘地，缺乏變通流暢之妙用。」（〈社會形勢學者之方向〉《時事新報》明治二十年一月十五日至二十四日）出於這種狀況判斷，他那要打破集中化型思維方式（＝惑溺）的「戰略性」思考，始終在深處起著作用。內村則與之相反，他說道：「我輩厭惡迷信。但與近代人的基督教相比，迷信更可愛。迷信至少是誠實的，全力奉獻的。這與近代人把宗教作為一種癖好相比，有天地之差。」（〈文學者的基督教〉《聖書之研究》大正九年五月）內村的這個倒逆說法，是預言者達到絕望和憤怒之絕頂時發出的一種呻吟，這裡面完全沒有「嬉戲」的因素。再看天心，天心有這麼一句名言：「西洋人把日本人沉溺於和平文藝的時期視為野蠻國。而當日本人開始在滿洲戰場大規模殺戮時，則視之為文明國。」（《茶書》）這與其是倒逆說法，毋寧是鮮明的諷刺，典型地表現了在頹廢與緊張之間無限地保留自我的浪漫派的冷嘲熱諷。可見，這三位思想家的「哲學」的相異，也都深深地刻印在這種構思方法之中。有一點值得注目的是，他們都在深刻的危機感中，不約而同地把倒逆說法和冷嘲熱諷作為危機的解毒劑。這與單純為炫耀自己才氣的「逆說愛好家」迥然不同。

福澤提倡的「獨立自尊」，在某種意義上也是與岡倉和內村相通的信條和現實的生活態度。他們三人還有一個共同特點，就是有一股孩子般的直率、天真，他們不善於擺出傲岸的姿態，而是毫不隱瞞地把自己的弱點暴露於人前。福澤和岡倉的這個特點是比較為世人所知的，但是，持有「雖千萬人唯我獨往」的強烈確信，並誇示「自己為武士之子」的內村其實也不例外。比如，當中江兆民被醫生宣告了死期而寫下了著名的《一年有半》時，內村在給成澤玲川的信中寫道：「我沒法做到那樣。如果是我接受了醫生這種宣告，我也許會痛哭一個通宵，並作祈禱。」（《回想的內村鑑三》）福澤把自己對日清戰爭（譯按：即甲午戰爭）的勝利盡情歡慶的樣子原原本本寫在《自傳》中，這並不那麼令人感到奇怪。但是，日俄戰爭前後熱烈高唱反戰論的內村，當接到旅順海戰的捷報時，也禁不住給山縣五十雄寫信描繪了自己的喜悅心情，說「三呼萬歲之聲響徹四鄰」（同上）。內村雖說也是明治人，但這與他在此之前的言論行動相比，其鮮明對照足以令人吃驚。

內村在接近晚年時寫下了〈關於矛盾〉一文（《聖書之研究》大正十三年八月，原文英文）說道：「詩人華特・惠特曼（Walt Whitman）說過：『我有很多矛盾，因為我大。』誠如所說，神是最大的存在，所以神具有最多的矛盾。他既愛，又憎。他愛的同時又如燒盡了的火那樣冷。他的真正的孩子也永遠與他相像。保羅、路德、克倫威爾等人物都是矛盾的結合體。」在此，內村其實無意中在說他自己。連內村都是這樣，那麼在堅持根據狀況來發言的福澤那裡，或者在浪漫的詩人岡倉那裡，要找出相矛盾的命題就更加容易了。然而，正如完全沒有崩塌的人顯得缺少些人的魅力一樣，像形式邏輯學的教科書一般井然完美的思想，不一定具有作為思想的高度價值。當然，如果僅僅是無數構思的雜亂集合，那麼不管其包含的構思如何嶄新，也難以產生出有獨創性的思想家。在上述三人的言論和行動中，都始終貫穿著一種充滿矛盾並執拗鳴響的基調，正是那些不可言狀的東西，反而給他們的矛盾帶來了一種充滿生命力的緊張。真正有個性的思想不就是這樣的嗎？在最突出的個性之中深藏最具普遍性的思想，這是值得學習的思想，但同時也是不容易「學習」的思想。然而，在最像思想家的思想家模仿者中，往往會產生出最具思想家派頭的思想職業者。

弗里德里希・席勒（Johann Christoph Friedrich von Schiller）曾嘆惜說：「靈魂一開始說話，啊，靈魂就不再說話了。」當思想被人們從思想家的骨肉中分離出來，被作為「客觀形象」來把握的瞬間，便開始獨自行走（譯按：指脫離了思想的主體）。如果它進而受到思想家模仿者的稱讚和「崇拜」，那它本來所充溢的內面的緊張就會鬆弛，它多面的稜角就會被磨得圓滑，它那充滿活力的矛盾就會被強行「統一」。或者因它的某個側面被繼承而使它喪失原有的活力，從而變得僵化。內村在他的遺稿中說：「我不是今日流行的無教會主義者。」（譯按：「無教會主義」被認為是內村主義的象徵）假如福澤和岡倉能活到第二次世界大戰的戰中和戰後，也會對「今日流行的」福澤主義或天心主義感到憤怒，或抱著某種無可奈何的諦觀發出同樣的感慨。著名的馬克思也有「我不是馬克思主義者」的慨嘆。這也許是所有偉大思想家在目睹自己思想的這種無法避免的命運時所表示的不滿。

# 歷史意識的「古層」

## 前言

本居宣長在他的生涯之作《古事記傳》中說，「觀察從古至今世間善惡之事的變遷狀況，皆無違背神代的趣旨，可以說今後萬代亦如此。」（三之卷）「大凡世間的狀況，各時代吉善事凶惡事不斷變遷之理，（中略）悉數依據此神代之始的趣旨。」（七之卷）他反覆主張包括未來的一切「歷史之理」都凝縮於「神代」。這個命題並不是像乍看起來那樣非歷史的，而是在具體的脈絡中，涉及到「不期之結果的出現」或事件之「意義」在歷史過程中的逆轉等歷史哲學的重要問題。在這裡，宣長所說的歷史之「理」，雖然是就歷史變化的實質內容而言的，但他認為無論是「吉善事」還是「凶惡事」，如果一般地從日本人對歷史事件的思考和記述方式來探討，可以說其基礎框架還是「悉數依據神代之始的趣旨」。本稿就以這一點為假說。換句話來講，就是主要從記紀神話、特別是其最初的關於天地開闢到三貴子誕生的一系列神話中，不僅可以找到上古歷史意識的素材，還可以從那裡的構思和記述方式中，找到直至近代歷史意識所展開的諸相的基底裡、執拗地流動著的思考框架的線索。本稿就從這裡出發。

各種民族神話都包含著各種各樣的宇宙創始論（cosmogony）。比如關於我們居住的世界——天、大地、雲雨、草木、鳥獸、還有我們人類自身，最初是從何而來、如何產生以及發展到今日之樣貌的？這一類「發問」往往不一定是在哲學思辨高度發達的基礎上產生的。即便後世那些以文字傳承的形式已經過某種「提煉」，但毋寧說凡具有神話想像力的地方，無論在哪裡，這一類「發問」都是自然地產生的——這樣理解似乎更為妥當。不過，如果要問那些宇宙創始的神話和與之關係密切的神統譜系，究竟在多大程度上與歷史意識有關係？也就是說，敘述宇宙和諸神產生的構思與探討歷史事件的方法之間，究竟有多大程度的對應關係？那就是另一個問題。那不是自明的，而是需要分別根據各個民族＝各種文化來探討的問題。

比如，日本古昔就已熟知的中國盤古傳說和《山海經》等神話中的女媧造人故事，那在中國傳統的歷史敘述中並不具有什麼比重，而且那些神話構思與中國歷史意識之間的關聯性，怎麼看都並不密切。但日本的情況就很不一樣。在那裡，記述宇宙和諸神誕生的神話的代表性傳承物，並不是像中國那樣記載於《三五曆紀》或《述異記》等「雜本」，而是記載於最重要的記紀（譯按：《古事記》和《日本書紀》）。而且後者，即《日本書紀》，自古以來就放在《六國史》的起首位置。就這樣，在記和紀都是由天地初發（或「開闢」——這兩個用語的微妙不同留待後述）的神話來構成皇祖神以及大和朝廷的有力氏族祖神的誕生和活動的前奏曲。那裡的全部神話都是作為「紀」或別卷的「記」來敘述，直接構成「神代」（譯按：神的時代），並原原本本地流入第一代神武以及後來的、以歷代天皇為中心的所謂「人代」（譯按：人的時代）歷史。包括宇宙誕生神話在內的民族神話就以這種形式組入了「歷史的」結構之中，這從國際上看是極為異常的。

本稿把神話的這種異常的構成方式作為考察的前提。但關於宇宙誕生神話本身的構思之貧乏性，以及它是何時被「加上」（譯按：加進歷史）等事並不是本研究關注的問題。由於比較神話學的發達，學界對記紀神話究竟多大程度具有神話性已產生疑問。最近還出現了對事實史方法的「逆反」，產生出很多從祭禮「結構」之反映的角度來重新探討包括記紀在內的全部日本神話傳承的研究。這些對日本神話的新的質疑和重新構成的意圖本身都是非常寶貴的，但與本稿的主題並不直接重合。一方面記紀神話的神話性受到了質疑，另一方面人們又對導入歷史學標準去解釋的做法抱有警惕，這個矛盾正說明了記紀神話具有既不是純粹神話又不是歷史敘述的「曖昧」性格。而且新井白石對神代史的寓喩性解釋，和與之相對峙的國學那種「正因非合理而我信」的態度，都同樣是作為對「神代」正確意義的歷史解釋來主張的。他們為什麼不能嘗試用更徹底的「離開歷史」的方法來解釋呢？這理應有一定理由的，簡單地斷定他們不懂神話學方法也不足以說明問題。還有，津田左右吉博士的劃時代業績以來的論點，即關於記紀神話的意識形態性，以及所傳承的「製作」體系化的主張，也反映出一種質疑：為何皇室統治的正統性是在天地開闢↓

國土形成↓天孫降臨↓人皇這樣的時間經過中推移，並採取譜系連續性這種形式？那裡隱潛的思維方式正是問題之所在。那種做法不能都看成是八世紀初宮廷知識分子出於一時性的構思或目的意識而為的，正因如此，它以那樣的方向決定著後來的歷史思維方式。本稿就從這個平凡的觀點出發。

在此先把從記紀神話的開篇敘述中抽出的構思方式暫且稱為歷史意識的「古層」，由此可以看出那裡展開著幾個——這也是平凡的——基底範疇。當然我並不是說那就是我們祖先關於歷史的「最古」的思維方法。那些「最古」的東西無論在哪個領域都是不能查找出來的，尤其是對於以「文字記載的歷史」為素材的本稿來說，更加沒有意義。而且在此還要表明，我知道這裡的「論證」會成為一種循環論證，但也不得不這樣展開論證。因為上面所說的「古層」，是首先直接從開闢神話的敘述和用字法的構思中掏出，同時又從後來日本長期的歷史敘述和歷史事件探討方法的基底中，分辨出那些悄悄地或高亢地持續鳴響的執拗低音（basso ostinato），然後逆溯回古代來尋找其軌跡，由此抽取出來的。此方法是否有效，這就只能由各位同人來評判。至少可以說，這種方法之所以成為可能，是因為其基礎裡有一個橫亙在我們面前的沉重歷史現實，那就是我們的「國」在領域、民族、語言、水稻生產方式以及與之相結合的聚落和祭禮形態等方面，與世界的「文明國」相比較時顯示了完全例外的等質性，這種等質性最晚也是從後期古墳時代就開始，至今已綿延持續了一千數百年。

## 1 基底範疇A——「形成」（なる）

在世界各種神話的宇宙（包括天地萬物人間的）創始論中，可以看到其構思的基底一般會有三個基本動詞，那就是「造出」（つくる）、「生出」（うむ）、「形成」或「生成」（なる）。關於這些動詞在古代日本語含義中的多義性和相關性，先作為懸案留待後述。而在其他民族那裡，相當於這些含義的用語也會有出於同一語源或因聯想而相互轉用的情況。但是，若把這三者在邏輯上大體做個區別，在這個基礎上，將之分別作為宇宙創始論來命題，則體現為以下三個類型。(1)我們居住的世界和萬物是由人格的創造者按一定的目的造出來的；(2)那是由神的生殖行為生出來的；(3)那是內在於世界的神祕靈力（比如美拉尼西亞神話中說的「mana」）的作用的具象化。當然，在具有特定歷史的宗教或民族信仰的宇宙論中，純粹而且排他地歸屬於這三個類型的其中一個的情況是罕見的。儘管如此，作為用語也好，作為命題化的形式也好，在承認其實際上是類型混合的同時，從某個民族、某個文化所包含的「造出」、「生出」、「形成」的三者關係中，去考察易融合因素與不易融合因素的相對比重，分析其相互之間的親和關係，這不僅是可能的，而且對於把握其民族或文化的世界像特徵，是非常重要的路徑。

如果把「造出」的邏輯純粹化，那麼造者和被造者就是主體與客體的關係，完全是非連續的，所以與「生出」的邏輯——生與被生之間有血的連續性——相背離。在這個意義上，「造出」是與「生出」、「形成」相對峙的。但從另一角度來看，如果說「A（比如世界）形成」（日本語：生る、成る），那麼主語便是A。與之相對照，「生出」和「造出」都是他動詞，如果說「生出A」或「造出A」，那麼除了A以外，還要弄清主語X＝「誰」，才能完成命題。這時，「生出」和「造出」處在同一個方面，與「形成」的邏輯相對峙。

因此，如果用圖式把上述三者排列在同一條線上，那麼「造出」和「形成」就分別構成線的兩端，而「生出」則在線的中間浮動。比如，在某種文化中，「造出」邏輯的磁力強大，「生出」被牽引到那個方向。在另一個文化中，「生出」與「形成」之間有更大的親和性在發揮作用。這樣讀者大概也可以想像出，前者的典型是猶太教＝基督教系列的世界創造神話[1]。而與之相對照，在日本神話中，「形成」邏輯的磁力強大，傾向於把「生出」牽引[2]到「形成」的方向。因而難以鮮明地表現出像「造出」邏輯那樣的、對主體的自覺和目的意識性。

宣長在《記傳》三之卷中指出，「形成」這個古語包含著三個不同的含義。「一是指世間沒有的東西誕生了（人的出生也屬此意），所謂神的成坐（譯按：生成）就是其意。二是指某種東西變成另一種東西，比如，豐玉姬（譯按：海神之女）生子時就變成了八丈大鱷。三是指進行的事完成了，比如國難成的成，就是完成之類的意思」。若用英語來表達，可以說第一含義是「be born」，第二含義是「be transformed」，第三含義是「be completed」。本稿說「形成」邏輯占優勢時，是包括了這三個含義的。而且按今日有影響力的國語學者的看法[3]，宣長曾擱置的草木果實的「形成」、產業的「形成」等說法，也是由同一用語派生出來的。在此也加上這個含義。

宣長還接著說，漢字裡的生、成、變、化有各自不同的含義，但在日本的古書裡，「訓讀都是同樣的，可見其使用時並不那麼拘泥漢字的多重含義」。按宣長式的解釋，《記》的開篇寫著的「成神」（譯按：生成的神），如用漢字來理解，與其說是「成」，不如說其意相當於《紀》

1 當然，即便是這種場合，「造出」邏輯的那種唯一的神與一切被造物之間絕對斷絕的含義，是否在原始基督教最初就已悟出，也還是個疑問。筆者對這一方面不太了解，但比如，奧古斯提努斯（Aurelius Augustinus）的《告白》第十一卷裡的那種《創世紀》開篇的解釋。由此可知，對永恆與時間之關係的精緻考察，如果沒有與希臘哲學、摩尼教、諾斯底派（gnosis）等教派的思想交鋒，是不可能誕生的。而且，「從無」創造，因而創造了時間本身，這種邏輯也應是從那裡鍛鍊出來的。但是，關於這種邏輯是在什麼時候被徹底悟出來的？和《舊約》的世界創造論在上述三個理念型中本來是接近哪一個？這是兩個不同的問題。正因如此，像「神之子基督」、「理性的受肉」這種在猶太教裡完全缺乏的思想出現的時候，耶穌的定位成了基督教神學中激烈爭論的題目。如果將之翻譯成本稿的主題，可以說這是「造出」邏輯中神和被造物之間的斷絕性與「生出」邏輯中的連續性之間的內在矛盾。

2 從江戶時代的神道思想家到昭和的日本精神論者，並不缺乏把「形成」和「生出」看作基本範疇的日本主義的哲學或解釋學。有些人幾乎墮入了糾纏諧音——比如紀平正美的《なるほどの哲学》——其中最良者也不例外，比如主張產靈（むすひ）＝「結び（むすひ）」的說法，這種語源說明的無限擴張傾向在今日的國語學已不受支持。但是，他們一邊受到漢籍、佛典、西洋哲學的「洗禮」，一邊又極力地嗅出與之不同的某種日本的思維。在他們的軌跡裡，——姑且不說皇國讚美的價值志向問題——隱含著某種出自直觀的真實，不能說他們的所有立論都是荒唐無稽的。

3 參照大野晉氏補注，《本居宣長全集》（筑摩版）第九卷，頁五二七。

寫著的「所生」，因此不能局限於「成」這個漢字來理解。宣長之所以把「成」與「所生」區別開來，大概是因為漢語「成」的第一含義是表達成就、完成、成果。這作為對《記》本文的解釋是可以的，不過我們關注的是接下來的問題。那就是，生、成、變、化、為、產、實等用語在古代都訓讀成「なる」，而且「なる」包含了這些詞的所有意思。這種現象不能單純地理解為日本語的未分化，或對漢字本來的意思不關心。對於古代日本人來說，全部包含了那些意思的「なる」應該有原本的表象。再往下看，表達誕生、所生的「生る（な）」又訓讀成「生る（あ）」。那麼就「ある」這個詞而言，它還適用於存、有這些字。另外，也通用於表達過去隱蔽的東西現在表露出來的「現る（あ）」（現人神的「現」）。這樣的漢字使用法並不是單純的無法則挪用，那裡還是潛藏著一定的思維傾向。尤其是在本稿研究對象的記紀神話中，雖然存在著宣長所說的隨便挪用漢字的問題，但相反地，也存在著特別拘泥於漢字的意思，為此而選擇或造出詞語的一面。不過，如眾所周知，《記》和《紀》的編撰態度與文體並不是一樣的，所以其用字和配字的方法也不能一概而論。在此暫且先追尋《記》和《紀》的開篇敘述，從那裡具體地探查上述三個基本動詞的表現方法。[4]

首先，在《古事記》最初登場的五柱的別天神，是「於高天原成神」或「如葦牙因萌騰之物而成神」的。然後，在發揮實質作用方面更為重要的，當然是作為產靈（ムスヒ）（譯按：生出萬物的神靈）的二神，尤其是高御產巢日神。產靈的產指青苔萌生的產，靈是指靈力。[5]通過這種生長、生成的靈力的發動和顯現（隱→現），接二連三地形成泥、土、植物之萌芽等國土構成因素，以及男女的身體部分，直至伊邪那歧和伊邪那美的出現而告一段落。然後進入由此二神交合而「生」國的階段，在這個最著名的段落裡，以下幾點值得注意。

第一、天神（高天原的神）對二神的「修理固成」詔敕中的「修理」或「理」之語，傳統地被訓讀為「造」（つくり）。這可以說是「造出」（つくる）用語在《記》的最初出現。確實如果往後讀下去，可以發現記述者使用「造出」一詞時，是與「形成」（なる）、「生出」（うむ）區分開來的。比如，緊追伊邪那美至黃泉國的伊邪那歧對伊邪那美說：「我的愛妻那邇妹尊，我與你所造之國還未做完，為此你要返回。」而且在前一段落寫著「國已生畢，還要生神」。就是說，「生國」本身顯然已經完畢。儘管如此，「修理固成」也好，「未做完」也好，其意並不是「creation」，而是對應後來的出雲神話的，那裡須佐之男說：「為此，速須佐之男求要出雲國

4 在此先把本稿對原文的引用原則做個總括說明。第一、關於記紀，並沒有對原文附上讀音順序符號來加以讀解。因為《古事記》是以強烈地國語化意識來撰寫的，所以用那樣的方法本來就不合適。而且那裡特別重視用字和配字，並已寫有各種訓讀，筆者沒有能力、也沒有必要再附上獨自的訓。第二、關於中國古典，因本稿是以比較為目的的，加入讀解的做法並不合適。所以僅出於方便，只加了讀音順序符號。第三、關於日本人的漢文體原則上做了讀解，但與本卷《日本的思想》第六卷〈歷史思想集〉所收錄的本文重複或太冗長的場合，為了節約篇幅，也有只記載原文的。原文中的圈點皆為丸山所加。

5 順便附記，《新撰姓氏錄》中作為「神別」的氏族祖神，壓倒多數是產靈或靈的神，而不是具體的人格神。

為造宮之地。……以其地作宮」，還有，大國主神與少名毘古那神合作「造國」時說的「做堅此國」，或「我獨自何能做此國」等用法的。主要表達經營、整備、建設、修理等含義[6]（而且這種使用頻度很少）。這是需要注意的第一點。

第二、回到最初的話題。伊邪那歧和伊邪那美生殖大八島國之事，正是「生出」邏輯的登場。《記》的編者在這裡，特別對「以為生成國土，生奈何」一句，做了訓注：「生這個字訓讀為ウム，以下相同。」但作為生國的場所——自凝島本身，是由二神舉起的矛的尖端滴下來的鹽積累而「成」的，在後面一段還特意注上「非所生」（非二神所生）。也就是說，編者絕非不介意「形成」與「生出」的實質性區別。不如說他們明明知道其區別，但還是要把「生國」描寫成「漸漸形成而出現凸出之處」與「漸漸形成而出現凹陷之處」的交接結果。這一點很重要。而且從編者在二神出現之前先寫了淤母陀琉神（《紀》寫作「面足尊」），從這裡亦可推測出，其構思是認為兩性的區別是人身體的臉部等各個部分「形成」過程的結果，然後在同一條延長線上，再作為其新階段來描寫基於性交的「生殖」行為。而且同是「生出」邏輯，也與由陰陽二元對立的結合而生萬物，或具有目的意識的化育等中國思想（這當然對日本的思想有過重要的影響）之間存在著微妙的差異。[7]這個問題不可忽視。關於這個問題，將留在後面「勢」（いきほひ）的項目中考察《記》開篇的「天地初發」等用語時再探討。

另外，由二神一起或分別生出大八島國、周邊諸島以及其他意義不明的諸神之後，以火神的出生為轉機，伊邪那美就「神避」（漸漸死去）了。其死亡過程的嘔吐物和尿又化生出一系列的神（值得注意的是，其中也生出了稚產靈〔和久產巢日神〕，而其子就是豐受比賣神，即後來作為伊勢神宮祭神的食物神或稻靈神）。然後，伊邪那歧悲嘆伊邪那美之「死」，斬殺火神，緊追伊邪那美至黃泉國。在這個階段，又從沾在眼淚和刀的各部分的血那裡，以及火神的屍體各處化生出了很多神。伊邪那歧窺視黃泉國的伊邪那美居所時，看到她身體各部分分布著八雷神，那無

6 日本神話中的國和統治者的誕生，即便用了「造出」這個詞語來表達，也與「creation」邏輯無關，而且日本語的「造出」，基本上是表達建築、修理、加工等形象的。接觸過基督教教理的日本基督徒早已敏銳地認識到這個問題。在《妙貞問答》中，作者對日本國的生出與天主的天地創造做了以下比較。關於「國的生出」，他嘲笑說：「最初做國的樣子，也與做其他事物的做法相似，這真是很滑稽。……首先，名叫大八洲（島）的日本國，是連同海山草木一起生出來的，何等巨大的肚子啊。」（同書，中卷）與之相對照，關於天主的創造，「雖說是天主造出的，但絕不能與現在人類建造房子和城郭的樣子同等看待。那不是做出來的，而是把原有的事物形態改變了。（中略）天主創造這個天地，並不是用了什麼素材，花費了什麼勞力，而是靠天主的想法表象出來的。這才是真正的作者」（同書，下卷）。當然，後來隨著作者・不乾齋巴鼻庵的轉向，他對這兩個邏輯的價值判斷發生了逆轉。

7 如何處理「陰陽」這個中國的觀念，是古代日本的知識人最感困惑的。比如，一系列大化改新的詔敕中有一個大化二年八月十四日詔書，以堂堂的中國式漢文為起首，寫著「原夫天地陰陽，不使四時相亂。……是以，聖主天皇，則天御寓」。那裡的詁訓很尷尬地對「天地陰陽」做了「天地冷暖」的注釋，由此也可察知其困惑。另外，關於「生國」的伊邪那歧和伊邪那美，《紀》雖然將之記載為「陽神」和「陰神」，但按此筆法寫下去的結果，卻奇妙地出現了既是日神又是陰神的天照大神。

疑是「成居」（湧出）神。而且，從黃泉國逃回來的伊邪那歧在日向做「祓禊」時，又化生出一系列的神，這個化生過程的高潮就是三貴子的誕生。

在以上數十個化生神的漢字記載中，除了金山毘古神是「生神名」以外，其他一切場合都是作為「成神名」、「所成神名」來記載每個神名的。只有在每個段落總括地敘述之前的化生由來時才用「所生神」的寫法。再往下看，天照大神和須佐之男在天安河「誓約」的時候，天照大神接受須佐之男的劍，從那裡生出了三個女神，須佐之男則接受天照大神的珠，從那裡生出了五個男神。這些神都是「於吹棄氣吹之狹霧所成神」（譯按：吐出氣息之霧所生成之神）。然後由天照大神詔告：「是後所生五柱男子者，物實因我物所成，故，自吾子也。先所生之三柱女子者，物實因汝物所成，故，乃汝子也。」這樣才確定了他們各自是誰的孩子。在最後過程中「成」（形成）的神裡，也有瓊瓊杵尊之父——天之忍穗耳命（譯按：天照大神之子），和同在天孫降臨中發揮重要作用的天穗日命（按《紀》的記載，這是出雲國造[8]的祖神）的名字。也就是說，《古事記》神話中，在第二個高潮——天岩戶故事之前誕生的諸神，壓倒多數是成神或化生神。就連三貴子那樣的，用伊邪那歧說的「生生」來表達的神，實質上也是伊邪那歧在單獨的祓禊過程中「成」（形成）的神，並不視為男女二神的生殖行為生出的神。也就是說，雖然已進入二神生殖行為的階段，但「生出」邏輯卻不知不覺地被拖曳到「形成」的構思之中。

那麼，在《紀》那裡又是怎樣的呢？因為《紀》的編者是以「正史」為模式用漢文體來寫的，這不僅影響到文辭問題，還波及到思考框架本身——其影響程度比《古事記》要深得多，這對於我們的主題是比較麻煩的。關於「形成」範疇，如果要找與《記》明顯對照的例子，可以從本文中舉出關於天照大神（日神）誕生的這一段：「既而伊奘諾尊、伊奘冉尊（譯按：即《記》中的伊邪那歧和伊邪那美）共議曰，吾已生大八洲國及山川草木，何不生天下之主歟。於是共生日神，號大日孁貴（譯按：天照大神的別稱）。」在這裡，不僅是「生」作為他動詞來使用，而且二神的生殖行為是基於明確的目的意識——設立日本國的主權者的，這個觀念明顯地表露著。可見《紀》作為故事，不僅與《記》相異，而且遠離「形成」的構思[9]。《日本紀》和《日本書紀》都是本來的標題，其冠上日本一詞是象徵著對外的國家意識的強度，這與對唐帝國的自卑情結重合，反而使之導入了「漢意」。這種諷刺性的矛盾，不一定要借助本居宣長的思想或宣長關

8 譯注：「國造」是大化改新前的世襲制地方官。

9 關於這一點，平田篤胤的「神學」解釋說，「二柱的產靈大神先存在於天空，造出某一物……然後不斷生出宇比地邇神以及伊邪那美神等諸神，……然後凝固成國土」等等，認為這些是貫穿於記紀神話的，其實這是用「生出……」、「造出……」的思想重新構成的。而且還說，二神「生國以後又生出風神，那是為了吹拂國土的霧靄。還有伊邪那美神生出火神，是因為火是國土不可缺之物，故生之。這一切無疑都是專為國土而做的」（《靈之真柱》上卷）。這種對所有事情都打出行為的目的意識的解釋，不僅遠離《記》的忠實解釋，而且明顯地表現出「生出」邏輯被牽引到「造出」邏輯的方向。這是與宣長形成鮮明對照的重要之點，宣長是嚴格排斥把事物的結果解釋為最初意圖之實現的思考方法的。

於記紀的具體解釋也是能領會到的。不過，更有趣的是那種作為「同一盾牌的反面」所表現出來的結果。亦即，正因為《紀》的編者想用堂堂的漢文體來撰寫，所以要在神代卷那裡以諸〈一書〉（譯按：附隨於神代紀「本傳」的「別傳」）的形式來盡量網羅與本文不同的傳承，致使正規的文章體顯得非常不自然，各處呈露出近乎俗語的字句或表現。這一點不能忽視。

出現在《紀》的本文頂點的神是國常立尊。其模樣被描寫成「天地之中生一物，狀如葦牙，便化為神。」這裡的「化為神」通常被訓注「成為神」或「形成神」。目前只關注「化為」一詞就足已。在諸〈一書〉中，原初的神不一定是國常立尊，但都是以「化為」或「化生之神」、「化神」等用語來表達，與「所生神」、「生一物」等日本語的普通表達一同出現的。在接下來的伊邪那歧和伊邪那美生國的階段，本文中雖然寫著「陰陽始遘合為夫婦」等漢文體，但又加上「因問陰神曰，汝身有何成耶」，而且〈一書〉還寫著「吾身具成而，有稱陰元者一處」。這就與《記》的敘述很相近了，其文體也由此而明顯地潰落。同樣地，〈一書〉中的「化作八尋之殿」和接下來的「又化豎天柱」，都是古來一直難以訓讀之處，作為文章體實屬異例。關於其後的敘述，在此已沒有多餘時間順著故事一一探討，就此省略。總之，在《紀》那裡因受漢文體拖曳，對實質上的「成神」或化生神往往採用「生某某神」的表記方法，但儘管這樣，「此化為神」、「化成神也」等表達尤其多見於諸〈一書〉。這些問題對於目前的主題是非常重要的。比如〈欽明記〉（十六年二月條）中的以下一節，就可以從相反的角度映照出那裡包括的含義。

「原夫建邦神者，天地割判之代，草木言語之時，自天降來，造立國家之神也。」至於此神是否指大己貴神？這並不是當前要探查的問題。值得注意的是，這一條是蘇我臣對百濟的王子惠發出的、關於國家興亡的訓示中的語句。在這個文脈中，只要回想起它與神代卷開篇是相同題目，便可理解，《紀》的編者在字句的選擇方面已經不用顧慮開篇的記述那種本來的大和語了，所以能安心地驅使「建邦」、「造立國家」等「漢意」的表達。

以上簡述了在記紀的宇宙和國土神的發生論中，「形成」的邏輯是如何滲透到「生出」邏輯中的。通過這個「古層」所看到的宇宙，既不是「存在」著永恆不變之物的世界，也不是命運注定要走向「無」的世界，那只是不斷地「生成形成」的世界。這種由「形成」占優勢的原初形象，大概就是「可美葦牙彥舅尊」（譯按：天地初發時出現的一個神）的「葦牙萌騰」景觀。這個原初形象也貫徹於本稿的以下兩項——「延續」（つぎ）和「勢」（いきほひ）之中。作為有機物自然而然地發芽、生長、增殖形象[10]的「形成」，規定了「延續」下去的歷史意識，這就是問題之所在。這裡的各種含義，將要在與其他諸範疇的關係中繼續闡明。

10 人草、民草等「日本式」表達也與之有關。在黃泉比良坂，伊邪那岐對伊邪那美的咒語進行應答以後，《記》在那裡附記上：「是以一日必千人死，一日必千五百人生也。」這既是生死起源說，也是關於生者數多於死者數的「現實」的理由說明。並不是通過生與死的二元原理（或神對惡魔）的鬥爭來取得生的勝利，而是認為無論死多少都會生得更多、定會自然增殖的樂觀思想。那是以由產靈的發動而出現葦牙生長繁殖的表象為基礎的。

後來，「形成」延伸為「流動推移」（「なりゆく」或「なりまかる」）之意，原原本本地成了表達歷史推移的日本語基本範疇，這並不是漢文或虛擬漢文所使然，而是一系列的和文歷史文學出現之後才變成那樣的。以《愚管抄》為例，那裡寫著：「看世間古昔以來的流動推移，可知衰退之後又會興隆。」（同書，卷七）「毫無虛言，即便沒有人一直記錄最真實的真實世界的流動推移，也會有一條道理存在著。」（同上）「事物的道理在我國的流動推移，正是這樣（丸山：指通過攝籙將軍實行君臣合體）牢固地成為定局的。」（同上）「平家消滅得無影無蹤，還有源賴朝將軍以古今稀有的氣量平定天下，這個流動推移並不是人為之業。宗廟和社稷都明確承認武士應該統治此世，現在這樣符合道理，所以是必然的。」（卷六）。而關於最後引用文中的「流動推移」與「必然」史觀的關係，將留待後面考察其他範疇時再論述。

再看《水鏡》的事例。其開篇記載道，被尼姑叫到的修行者說：「自從懂事以後，最近十多年，無奈地凝視世間的流動推移狀況，甚至產生出一種迷惘，認為模仿他人也許會在來世得救。」在這裡，正如「流動推移」這個表達所確切地象徵著的那樣，歷史的推移（這在其他「物語」類或《愚管抄》裡也是共通的）已替代了對「生成」、「形成」含義之一的生長增殖的樂觀主義，而由對榮枯盛衰的「變化推移」的空虛感覺來演奏出主旋律。這無疑是「諸行無常」等佛教世界觀投影到歷史像的結果。儘管如此，值得注意的是以下對話。敘述歷史的主人公老翁告誡修行者說：「……大凡不能輕率地把現在的世間看成悲慘的，而認為過去不是那樣的。要知道三界都是令人嫌惡的東西。眼前的世間狀態是隨時隨地不論好壞地流動推移的，不應稱頌過去而誹謗現在。」修行者聽之便做「自我批評」說，「我聽到人們在議論最近的事情時說，現在的世間為何變成了這樣？對此感到悲哀，可見我有單方面全盤誹謗此世之心。」還請老翁「繼續講授，洗耳恭聽」。老翁便說：「應將之看作神之世。」接著就介紹了作為歷史哲學序論（這一點也與《愚管抄》的旋律共通）的《俱舍論》卷十二中四劫（成、住、壞、空）的時間論。這是在以下的具體文脈中展開的。「就是這樣隨著世間的變遷，人的命運和果報也流動推移。日本國亦如此，追溯過去也都事事無常，反而有類似最近的樣子。（中略）不能自欺欺人地期待完全不可能有的世間。」此話就是說，佛法傳來以前的日本，與佛法喪失而「世間變壞」的近來時代反而有很多類似性。以此為由而引出了一個命題：不能一概用過去的好時代作標準來評判現在。

就這樣，《水鏡》的作者認為，之所以要懂得世間的「流動推移」，其中一個重要意義就在於，糾正那種對直至現在的歷史傾向專持否定評價的偏激想法。（《愚管抄》對那些認為已走向「末世」的下降（墮落）史觀，是以強調「對其恢復名譽」的努力來進行緩和的。本卷（《歷史思想集》）第二章（石田雄氏執筆）也論及了這一點。）至於每個具體歷史物語中的這種史觀的實質動機，並不是本稿目前關心的問題。總之，「流動推移之世」的範疇與佛教世界觀在現世的適用結合起來之後，即便是帶有最悲觀調性的情況，也被描寫成靠產靈的發動而生長增殖的宇宙創造形象，這個形象作為低音在歷史敘述中悄悄地、但執拗地持續鳴響著。在此能確認這一點就足夠了。

## 2 基底範疇B——「延續」（つぎ）

本節也是把記紀開篇的敘述作為線索來考察。在《古事記》中，首先記載了最初「形成」的天之御中主神，接著寫道：「然後是高御產巢日神，然後是神產巢日神。」還有在《紀》的本文中，首先記載了最初「化為」神的國常立尊，接著寫道：「然後是國狹槌尊，然後是豐斟渟尊。」以這樣的形式來介紹造化三神（這是後世對之的稱呼）。關於以下的故事，《古事記》也以「然後下一個成神名……」、「然後下一個……」的表達方式敘述到神世七代的諸神出現。而記載伊邪那歧和伊邪那美「生國」時，也是不厭其煩地重複著「然後生……」、「然後生……」，如此把具體的島名一一介紹出來。生完國以後，一連串的神的誕生也是以同樣筆法敘述。在記述從開始生國到伊邪那美「神避」（死去）的過程時，「然後」一詞就使用了四十七回。關於這個「然後」，有些學者解釋說，「那不是表達時間的順序，而是列舉事物時的程序」（次田潤《古事記新講》）。在此我並不想反對專家的學說，也不想斷定那是具有時間意義的順序。況且每個神出現的順序在記述上也不統一，這與記紀之中神名的錯綜複雜情形是一樣的。但是作為「列舉事物」來說，如此反覆使用「然後」、「然後」不是太過囉唆了嗎？這一點同樣表現在關於伊邪那歧從黃泉國逃回之後做祓禊的過程中化生神誕生的敘述中。比如在描寫三貴子誕生為止的兩小段裡，「然後……所成」（或光是「然後」）等詞的出現次數達到了二十一回。至少可以說《記》在這裡的故事情節，從「海蜇般地飄蕩」的創世階段到天照大神的誕生，實質上沒有任何不自然的中斷，是一直連續展開的。如果僅僅是因為其間「所成」或「化生」的神數量太多，那麼以適當地加逗點將其分開等方式來總括地列舉各階段出現的神就足夠了，並不需要數十次地重複「然後」、「然後」。

關於這一點還有一種解釋認為，《古事記》是以口頭傳承為前提的，「然後……」、「然後……」的敘述形式與祝詞的文體一樣，來源於跟一定的祭禮結合的某種節奏，這在語義學上只能理解為與祭儀「程序」相關。這個側面大概也是不能否定的。但不可忽視的是，在漢文體的《日本書紀》中，關於諸神和諸島的誕生也是以大量重複使用「然後有」、「然後生」的表現形式來敘述的。毋寧說，比如在敘述天地初開的諸〈一書〉中，雖用漢文體但以「最初有……然後……」的筆法來表達，這反而更明顯地呈露出那是時間的先後性。關於生國記述中的「先生蛭兒……然後生淡洲」，或「日月既生，然後生蛭兒」等，也是同樣的筆法。這些既不是價值上的先後，也不是邏輯上的先後。一般來說，日月山川草木和食物的起源故事，比如描寫在火神迦具土與埴山姬之間生的稚產靈時寫道：「頭上生出蠶與桑，臍中生出五穀。」或描寫保食神死時寫道：「唯有其神頭頂化為牛馬，顱額生粟，眉上生繭，眼中生稗，腹中生稻，陰部生麥和大小豆類。」像這種用身體的空間位置來表達的筆法與中國神話更加相近，這只要引證盤古氏屍體的各部分變成日月、四岳、江海、草木等故事（《述異記》）就可明瞭。既然是漢文體，這種寫法應更為容易。為什麼具有高度文體能力的《紀》編纂者，要採用那種很不工整的文體來連續羅列「然後生……然後生……」，或「然後小便化為神……然後大便化為神」，以此筆法敘述宇宙和諸神的產生[11]？可見那裡還是有一種隨著時間的連續發展來講述世界的強烈構思。

正如「形成」（なる）作為「流動推移」（なりゆく）而發展成固有的歷史範疇那樣，「延續」（〔然後〕つぎ）也作為「不斷延續」（つぎつぎ）而發展成固有的歷史範疇。不僅「形成」和「延續」都發展為歷史範疇，而且兩者之間還產生出親和性。最能象徵性地體現其親和性的，正是血統的連續增殖過程。

「延續」訓讀為（ツギ），「繼」也訓讀為（ツギ）。關於「ツギ」宣長解釋說，「有縱與橫之區別，縱指繼父之後的子嗣之類，橫指繼兄之後的弟生之類」。他還強調說，《古事記》的「延續」是橫的意思，「這並不是指父子相繼那種、前神之世過去而後神繼之」（《記傳》三之卷）。這個縱橫區別論自然有一定的意義，但對於我們的主題來說，重要之點是，親子的繼承（相續）和兄弟的順次出生都是用「ツギ」一詞來總括。眾所周知，在〈宣命〉（譯按：傳達天皇命令的一種文書）中，「啊，不斷延續」這句話，是表達和讚頌「天之日嗣高御座」（譯按：繼承皇位的天皇席）的譜系連續性的公式套話。這個熟語不僅表達親子的「繼承」，而且如宣長所說的，其意指「縱橫」擴展中皇室的血統繼續性和時間的「無窮」性。對「一系」的尊重，正是對一族擴展增殖「不斷延續」這個意義上的「無窮」性的讚歌（那不一定是像後世那樣限定於嫡子相續的正統性）。而且，在這個意義上對「啊，不斷延續」的尊重，雖然在宣命時是對「天之日嗣」的讚歌，但是，比如大伴家持（譯按：奈良時代的歌人）的和歌：「以各自所具之名，按大君之任命，維持此川不斷流動，此山延綿持續，以至永遠……」（《萬葉》四〇九八）所表達的那樣，這也適用於輔佐大和朝廷的每個重臣的「家」。啊不，那不久又延伸到攝政關白和武將的「家」，還有本願寺的「一家眾」（譯按：以血脈相承來傳持法流的親族集團），並且延伸到江戶時代的藝能、工匠、商賈的「家元」（譯按：掌門人傳承）。就這樣發展成了一般化的重大價值意識。可以說，這裡的「啊，不斷延續」是連續性譜系多重並行展開型的。「萬世一系」的意識形態之所以具有優勢，與其說那是因為「一君萬民」的單獨統治者之統治（中華帝國的形態），不如說是在譜系連續性的意義上，皇室以其作為「貴種」中的最高貴種（primus inter pares）的性格而獲得「社會的」廣泛擁戴。由此可知，日本文化與宗教的超越者或自然法的普遍者是難以契合的。在這樣的文化中，正如「萬世不絕的御世之榮，不斷延續是今後可靠性的保

11 濟州島始祖傳說中寫道：「天地之始無人，有三個神從地上聳出，最年長的叫良乙那，下一個叫高乙那，第三個叫夫乙那。」這裡的「下一個」雖與之近似，但這也只是表達始祖三神之中的長幼順序而已（參照，三品彰英〈日本神話論〉《論文集》一卷，頁十一以下）。

證」（《大鏡》第一）這句話所示，「不斷延續」的無窮連續性與「萬世」（又寫「萬代」）的表象相結合，發揮了替代「永恆者」觀念的作用。

儒教關於統治權正統性根據的「天授」觀念，正因為受到「不斷延續」這個連續的無窮性表象的影響而發生了微妙的變容，我們在此論及這個問題是有意義的。實際上，「德治」與「血統」這兩個本質相異的邏輯之間的摩擦，出人意料地早就呈現出來了。一方面，正如宣命所記載：「天皇子嗣誕生不斷延續，作為統治大八島的繼承者，既是天神之御子，又是奉天神之委託的。」（《續日本紀》宣命第一）這句話典型地道出了，皇位（天之日嗣）的正統性在於天神「委託之事」，和「啊，不斷延續」的「繼承者」的譜系連續性這兩個契機的結合（其結合的集中表現，就是天照大神的神敕）。這個觀點早在七世紀中期已形成，如前所述，那已成為宣命的套話。正因如此，在《續日本紀》中，那個惹起道鏡事件的時代的稱德天皇在位時的宣命，呈現了與「通例」不同的顯著對照。在那裡，像上述那種陳述正統性由來的套話的語句是一句也找不到，連「天之日嗣」的用語，在十八個宣命之中也僅有三例（第三十一、四十三、四十五）[12]。而與之正好形成表裡一體的是，作為宣命出現了「在日本國統治大八洲的倭根子天皇」這種前所未有的語句，同時還有以下語句：「然而，其人（丸山：淡路的廢帝——淳仁天皇）不是天地所接受和委任之人」（三十三），「帝位若給予天不委任之人就不能保住，反而其身會滅亡」（四十五）。像這樣主張天命之正統性的表達頻繁登場。那個時代產生了使宣長（參照，《續紀歷朝詔詞解》）以及後來的國體論者都嘆息的思想混亂。不料的是，「天神之不斷延續」這種譜系的歷史連續性觀念與中國的「天授」觀念之間的相違背性，在這種思想混亂中客觀地呈露出來了。

這兩個邏輯在正統性的根據上發生的相關與相剋，後來成了貫通日本政治思想史的一個主題。關於這個問題與「不斷延續」範疇的關係，在此尤其要指出的是，在儒教思想的滲透過程中，「繼天」或「繼天立極」等熟語高頻度地出現，這對中國古典思想中超越於「天子」的「天」的超越性契機發揮了削弱作用。依我之淺見，本來「繼天」這類詞語在中國古典裡並不是慣用的[13]，即便使用，那也是專門表達繼承天帝的意志或德的意思。而在日本，尤其是江戶時代的儒者或儒教影響下的思想家在強調立國的傳統和精神時，往往喜歡使用之。他們使用這類詞語，是力圖把天神（特別是天照大神）以來皇統連續的「繼」觀念與天命、天德的觀念相重合，

12 這一點，已經有金子武雄《續日本紀宣命講》指出過（參照，同書，頁四八四）。

13 《春秋穀梁傳》宣公十五年中寫有：「為天下之主者天也，繼天者君也。」唐代的司馬貞在《史記》「加上」的《三皇本紀》中寫道：「大皞庖犧氏，風姓，代燧人氏，繼天而王。」那是極少的「繼天」用例，而且都沒有與「立極」接續。「繼天立極」在朱子《大學章句》序中，是以「此伏羲、神農、黃帝、堯舜，所以繼天立極，而司徒之職，典樂之官所由設也」的文脈登場的。江戶時代文獻中出現的這句話的出典，大概就是這段朱子的「序」。但朱子在這句話之前還有一段論述（「一有聰明睿智，能盡其性者出於其間，則天必命之，以為億兆之君師，使之治而教之以復其性」）。如果連接此上文來看，他所說的繼天立極，顯然沒有脫離聖人受天命而任君主，立教化準則這個德治正統性的本來意義。

以此來迴避有德者君主思想在「本土化」過程中難以適應的問題。可以推測，那裡期待的是作為正統性根據的天授與神授、德與血的相乘效果——至少可以說是那種直覺在無意識地發揮了作用。江戶初期林羅山在《本朝神社考》中寫道：「本朝乃神國。神武帝繼天立極以來，相續相承，皇統不絕，王道惟弘。此乃我天神所授之道。」（序，原漢文）幕末的飯田忠彥在《野史》中寫道：「天七地五（丸山：天神七代，地神五代）何等遠古，自人皇（譯按：神武天皇）繼天立極，以定神器，聖子神孫，長守其成，萬世一統，極天無墜。」（序，原漢文）從前者到後者，很多場合都是以這種揣測為引證的[14]。可以說，這也是在文化接觸之中常常發生的選擇性攝取的有趣例證。

不過，雖說「延續」或「不斷延續」是以血統、「家系」的連續性、非中斷性觀念為核心的，但宣命和《萬葉集》出現的具體事例中，除了表達血統或「家系」之外，也有表達業績或行動之繼起的。比如《續紀》宣命第九中，「……與天地相共而不絕，啊，連續不斷遵命而行」這句話，是在讓皇太子學習五節舞以使之不斷傳承的文脈中使用的。還有「在入秋後充滿霧氣的天河，把石子排列起來便可繼續（與都藝弖）相逢」（《萬葉》四三一〇）。當然，這是指牽牛能繼續與織女相逢之意。就這樣，「繼世」（譯按：血統連續）這個用語不久就擴大為一般的歷史展開的象徵。「每個天皇之後都不斷延續毫無中斷，鮮明地映照於古鏡」，這是表達《大鏡》題目之由來的和歌。姑且不論《大鏡》的敘述者．大宅世次（＝公的繼世）究竟是不是「繼世」的最初用例，《大鏡》本身被認為是《繼世的翁之物語》。《大鏡》之前的《榮花物語》也是不知什麼時候就有了《繼世》的別稱，還有《今鏡》也被稱作《續繼世》。就這樣，正如伴信友所說，「所謂繼世，本來就是不斷敘述天皇各代御世延續的詞語，而後便用於記載此種延續的書籍」（伴信友《比古婆衣》），不久，這就成了用和文記述歷朝物語的總稱。

「延續」和「不斷延續」作為時間繼起性的表象，不僅成了一種「固定觀念」，而且提高到藝術形式的層面。比如日本的畫卷，尤其是表現在故事畫卷的連環畫，就是其最有代表性的事例。本來，在畫卷的祖國——中國，「總之所謂畫卷，僅僅是因為捲起來最方便才做出的橫披畫，在展開的時候，不論從右邊看起還是從左邊看起都完全沒關係。這就是其根本觀念」。[15]然而，畫卷的形式傳入日本以後，卷子就採取了從右到左順次展開的單向的方向性，以此與鑑賞者共有事件的時間繼起，從而出色地產生出美術史家所說的「異時同圖」[16]手法（那當然是單向行進的，但更是「時間」的特質在空間的最直截表現）。

14 這些語句成了一種熟語，比如連增穗殘口那樣的「民眾」神道家也都在使用之。增穗寫道：「繼天立極之事，無非是從無極生太極。也就是說，繼神代之諸神以後，出現了神武天皇以來的人皇，從無形無色產生出色和形，來治人導民。」（《神路的手引草》，卷中）

15 矢代幸雄：《日本美術的特質》第二版，頁三八〇。

16 武者小路穰：〈繪卷與文學〉（岩波講座《日本文學史》第四卷），頁一八。

對本質上作為空間藝術的造型美術，極為自然地導入了時間的繼起性，這種手法是往往令西歐人驚嘆的日本傳統之一。畫卷中表現出來的線型（譯按：直線延伸的）繼起性，也體現在包括花道在內的歌舞伎的舞台、「台步」、演員台詞的「不斷延續」的交接之中。可以說那裡具有的含義已超出作為日本畫卷史上某階段之產物的意義。而且，堪與〈大交響樂的進行〉（矢代幸雄）媲美的《伴大納言繪詞》應天門炎上之卷、《信貴山緣起繪卷》，或《平氏物語三條殿燒打》等一系列故事畫卷的最高傑作，都集中出現在十二世紀後半到十三世紀，這一點值得注目。因為，這個時代正如本稿下一節「勢」（いきほひ）所論述的那樣，江戶時代歷史敘述裡登場的「天下大勢之一變」等詞語作為表象也跟當時的日本史最相符，正好相當於那個時期。不過要強調一下，由「不斷延續」所象徵的世代或事件的線型連續繼起的觀念，並不一定表達歷史的意義均等地分配在每個瞬間，因而也不排除歷史中有劃時代的階段或轉換期。

## 3 基底範疇C——「勢」（いきほひ）

「形成」（なる）和「延續」（つぎ）在記紀裡是作為主要用語從開篇起就出現的，而與之相對照，「勢」（いきほひ）在記紀神話中並不是原原本本地作為用語，而是作為實質性的構思表現出來的。在考察開闢神話的問題之前，本節首先從語義學的角度來探討一下「勢」這個古語。當然，在此不是一般地討論語義學，而是盡量把問題限定在與歷史意識相關的範圍。

「勢」（いきほひ）的「いき」與「生」（動詞）是同根的。在此暫且不從語源論來談那裡是否引申出氣息（いき）＝呼吸之意，而僅就古代語的實際用例來考察。首先，在上古文獻中，「いきほひ」被用來訓讀氣、膽氣、威、威福、權、勢、權勢等詞語時，大和語的「いきほひ」基本上是跟那些漢語的意思對應的。然而，還有典型地表現出日本價值意識的用法，那就是「いきほひ（勢）」等同於「德」。比如《倭訓栞》記載著：「神代記裡可看到德這個詞，在齋部、八個祝詞裡寫著德之意乃勢。」在《紀》裡初出的一句是：「伊奘諾尊，功既至矣。德亦大矣。於是登天報命。」（〈神代〉上，本文）但關於這裡的「德」，《書紀私記》的乙本專門加了訓注為「以支保以」（譯按：即訓讀為「いきほひ」）。而且在《紀》裡，「德＝勢」的用法絕不限定於神代。比如，〈欽明紀〉十六年二月條（前引）記載著逗留於日本的百濟王子惠的懇求：「依憑天皇之德，冀報考王之讎。若垂哀憐，多賜兵革，雪垢復讎，臣之願也。」《紀》裡的「天皇之德」一般訓讀為「すめらみことのいきほひ」（天皇之勢），這是通例。〈欽明紀〉也一樣，在那裡「德」的實質意義從前後的文脈來看，與其說是倫理的、規範的觀念，不如說更接近威、勢之意。

〈雄略紀〉就典型地表現了「德」的用法的這個特徵。關於雄略天皇，那裡記載著「天皇以心為師，誤殺人眾。天下誹謗言，大惡天皇也」（二年十月條）。但接著在四年二月條中，又記載著「是時，百姓咸言，有德天皇也」的評價。可見，在《紀》的敘述者看來，「百姓」稱之為有德天皇，與「天下誹謗」之為大惡天皇，這兩者之間並沒有特別的牴觸（那絕不是要表明，僅僅過了一年半人民的評價就逆轉了，民意就像風那樣地不可靠！）。而且在上例之中，大惡（はなはだあしくまします）這個形容詞從文脈來看，明顯是以一般的倫理意義來使用的。那麼，上例之中的有德天皇或至德天皇等讚詞，就只能理解為並不具有與中國古典基本共通的那種規範性了。在中國正史的人物描寫中，同時以「大惡」與「有德」來定性的評價是難以想像的[17]。對於《紀》的編撰者來說，（廣義的）儒教規範觀念是既知的，但事實上，他們卻隨處驅使那些用語，這正是問題的嚴重性[18]。若將之單純化來理解，可以說，在那裡並不是有「德」才有「勢」，相反地，是因為有「勢」才給予「德」的讚詞。

在考察同一個問題時，與之相關的重要古語中，還有稜威（譯按：意為「威勢」）、嚴等字所表達的「いつ」，以及和嚴、重、茂等字一起常常出現於祝詞的「いかし」。先看「いつ」的例證，可舉出關於須佐之男登上高天原，天照大神全副武裝出來迎戰時的記載。《記》寫道：「佩上伊都（此二字為いつ的擬音）〔譯按：與「稜威」相同〕之竹鞆（譯按：拉弓的道具）」，「發出伊都（此二字擬音）之男建（訓為建雲多祁夫）蹈建〔譯按：意為奮力跺地發出雷霆震懾〕」。《紀記》寫道：「臂著稜威之高鞆（稜威，此云伊都）……奮稜威之雄誥，……發稜威之斥責。」同時，這裡的「いつ」，另一方面也包含著與忌避和齋戒相關的「sacred」的意思。比如：「用串起的伊都（譯按：意為神聖）幣帛，……在伊豆的山形屋鋪上麤草作伊豆之席，將伊都罐燒黑。」（〈出雲國造神賀詞〉）這句話中的「伊都」就是一例。宣長等人是把這個意義的「いつ」與表達威勢猛烈的「いつ」區別開來的（參照，《古事記傳》六之卷）。但是這也和前述的「形成」（なる）那樣，即便其中是有區別的[19]，但這兩層意思都用同一個詞語來表達，此事實表明其含義不能僅僅作為偶然現象來理解。〈神武紀〉中有以下一句：「用汝為齋主（譯按：神事司祭者），授予嚴媛之稱號，而稱其所置之陶瓮為嚴瓮。」這裡的「いつ」和「いつへ」帶有濃厚的宗教性格，也出現在表達軍事上攻破八十梟帥（譯按：指很多族長）之靈力的敘述中。再看祝詞的慣用語「いかし」，比如〈祈年祭〉祝詞中有「長穗的伊加志稻穗，由來於皇神之奉祭……」、「茂御世

17 如要舉出中國古典的用例，就不勝枚舉了。例如，「古賢王好善而忘勢」（《孟子・盡心上》）。這樣的用法絕不限於狹義的儒家。例如：「段干木光於德，寡人光於勢。段干木富於義，寡人富於財。勢不若德尊，財不若義高。」（《淮南子・修務訓》）魏文侯途經在野布衣段干木的故鄉時恭敬行禮，因之受到從僕責備，文侯就說了這句話。在這裡，德與勢正是跟義與財相對照來使用的。

18 〔後注〕：在此並不是說，在中國古典的「德」用例中完全沒有「勢」＝能源的因素。「德」的規範觀念與能源因素純粹不加區別的使用情況，與馬基維利作為關鍵詞使用的 virtù 也相同。問題在於，其在特定文化中的相對比重是傾向於哪一個。這不僅對於本稿的問題，而且對於文化「特徵」的區分，一般也可以這樣說。為慎重起見，在此附帶說明一下。

19 《時代別國語大辭典》上代篇的「いつ」一項，注明這裡的二重意思是不能嚴密區分的。

由來於對幸運之奉祭」等，還有著名的〈中臣壽詞〉中有「執持茂槍（譯按：戈）以侍奉」。這裡的「いかし」，尤其是後兩者的「茂」字所表達的那樣，離開了對「勢」之旺盛的讚美，是很難想像其尊「嚴」性的[20]。這種「勢」（いきほひ）的觀念，正如「神靈、靈威、恩賴（譯按：由來於神和天皇的恩德）」等詞語所象徵的那樣，是以對生長、增殖、活動的靈或靈力的信仰為媒介，與「形成」（なる）範疇連動[21]，進一步提高了其價值序列。

前面已詳細介紹了記紀神話開篇的梗概，那裡敘述的是以產靈二神所象徵的生成增殖的「萌騰」能源為起點，一直發展到三貴子化生（或誕生）的過程。在此就從與時間表象的關聯性這個角度，特別舉出《記》的開頭一句：「天地初發之時」，來考察一下這個語句表達所包含的意思——宣長以來，對其訓讀方法有過各種討論。

與《紀》所使用的「天地開闢」或「未剖」、「初判」等用語相比，《記》的「天地初發」之句作為漢語也是異常的，這一點已有很多學者指出過[22]。在此想補充指出的是，「天地初發」這種表達在《紀》的本文和諸〈一書〉中都完全找不到。不僅如此，即便是《記》之中，在不同於本文的、用正規漢文體撰寫的〈序〉裡，也不寫「天地初發」，而是寫「乾坤初分」、「陰陽斯開」、「天地開闢」，這時使用了與《紀》相同的語句。那大概是因為安萬侶（譯按：《古事記》的編者）自己也感覺到，本文中所寫的「天地初發」有些不符合漢文體。反過來理解也可以說，在本文的開頭寫上這句話，絕不僅僅是浮躁或隨意，而是具有其根據的，可推測那是有意選出的、符合「言意並樸」的「上古時」（序的語言）之構思的字句。

「天地開闢」也好，「初判」也好，或「乾坤初分」也好，那裡有一個共通的觀念，就是起初未分化的天地向「天」與「地」（或陽與陰）這兩個相反方向分離。巨人盤古氏進入天地之間，隨著自己的成長，經過神話那樣的長時間，將之朝上下兩個方向推開。這個故事（《三五歷紀》）也樸素地表現了上述觀念。如果把這種構思抽象化到更為哲學的層次，也可以說，那是相當於作為《紀》的開篇模版的《淮南子》俶真訓、天文訓中「天先成而地後定」的說明。這裡是在說明，宇宙的核心無疑是天地、陰陽、乾坤的二元對立。然後，正如「天地絪緼，萬物化醇。男女構精，萬物化生」（《易經．繫辭下傳》）一句所示，之後的一切都是由陰陽二元的結合而化生出或化育出「萬物」的。當然，這是「生出」（うむ）邏輯的一個典型。但即便同樣是「生出」邏輯，這裡有兩點必須注目：(1)包括性交聯想在內，空間表象是占優勢的；(2)多數是在與聖人統治的並行關係中闡述，有很強的目的意識性。

20 同樣的關聯還表現在「はや」（甲箭）、「ちはやふる」（威勢猛烈）等用語中。在此省略舉例。

21 《倭訓栞》所舉的人名例之中，也有像橘逸勢那樣，把勢讀作「ナリ」（形成）的。

22 與之相反，也有從中國的文獻中找出「初發」的表達來反駁的，在此對之不做深入討論。至於那種表達是不是通常的用語，就是另一個問題了。筆者的關心，並不是天地初發如何訓讀，而是那種用字法所包含的實質性語義。

然而，《記》與《紀》的編撰者們，雖受了上述中國古代觀念的壓倒性影響，但還是各自敏感地嗅出了那些與日本古典傳承之間的某種不相容的性格。而在採取漢文體的《紀》裡，正如前述的那樣，因為用了《淮南子》、《三五歷紀》的語句裝飾開頭，所以雖然多少也修改了一些字句，但已不用填補那裡的隔閡，就直接進入由「故曰，開闢之初，洲壤浮漂」一節所展開的故事。在之後的本文中，儘管神名和諸神的出現順序有些不同，但和〈一書〉的第二、第五一樣，與《古事記》天地初發以下的敘述和基本構思一致。正因如此，結果使開頭的一節剛寫到「故，天先成而地後定」，就唐突地轉換了話題。正如前輩學者們所指出，那裡的「故曰」為何是「故曰」，其意思是不明確的，由此導致了文章接續不良的狀態。

在《記》和《紀》都共有的構思之中，相當於天與地分離和定位的核心表象就是前面已說過的「葦牙」。這裡的構思與其說是表達「天地位焉」這種空間秩序的形成，不如說是前述的那種，由「葦牙萌騰」的生命能源不斷延續而形成大地、泥、沙、男女身體等具體部分的過程（因此，不能採用萬物化育那樣的總體性表達）。而且，這也不同於天地運行「四時不忒」（《易經》）之循環的圓環法則的表象（正因為其缺乏終極者，所以帶有無限的溯及性和不可測性），毋寧說那是把「初發」的能源作為推動力，一次一次地噴射出「世界」，朝著單方向無限行進[23]的表象。可以說，這種敘述方法是在誇張地強調「乾坤初分」（↑↓）和「天地初發」（或←或↑或↖）的兩種構思之間的微妙差異。但至少在關於對歷史意識的投射方式問題上，這種毫釐必然產生出千里之差。

在「天地初發之時」生成的三神之中，前述的高皇產靈神（譯按：即《古事記》中的高御產巢日神）後來以更為人格神的形態，在天孫降臨中發揮了重大作用。還有，據《紀》所敘，人皇第一代的神武發起東征的時候，此神不僅最先被回想起來（卷三的卷頭），而且在東征的過程中，神武對道臣命發出敕令：「今以高皇產靈尊，朕親作顯齋。用汝為齋主，授以嚴媛之號。」（參照本節前引）這裡表示此神是憑附於神武之身的。也就是說，「天地初發之時」所包含的象徵性意義，絕不僅僅是作為《記》開篇一節的起首那麼簡單，它同時暗示著整個神代史的主題。事實上，它在日本歷史意識的歷史中與前述的A、B範疇化合起來，便注定成為了一種作為歷史樂觀主義的原點。特別是如後述的那樣，它與以「現在」為中心的觀念結合起來時，每個「現在」（生→現）作為新的「形成」和「流動推移」的出發點，都是從具有不可測的巨大衝量（momentum）的「天地初發」開始，並孕育著對每一次朝向未來的行動給與能源補充的可能性。這個觀念穿過了中世「末法」的悲觀主義而延續下來之後，然後重新出現在《神皇正統記》

23 因此，這個「發」宜理解為「出發」的發。而且可以說，日本語的「タツ」（立）無論是作為「旅立つ」的タツ，還是「煙立つ」的タツ，都不具有《論語》中「三十而立」的那種不動性或自主性的含義，不如說那是著重於表達朝著某個方向的運動性表象。即便是人的姿勢的「立つ」，也是包含著由坐姿變化而來的含義。關於這一點，請參考大野晉氏的《記傳》補注。

的著名主題——「天地之始乃以今日為始之理」中[24]。

在日本神話中，人格神的形態也好，非人格的「理」或「法」形態也好，都不具有相當於太極、「全一者」（ekam）、太一（《史記》、《呂氏春秋》）、本不生際（《大日經》）那樣的絕對始源者或不生不滅的永恆者。正因如此，那些力圖把神道體系化進而將之上升為「神學」的觀念學派自古以來一直感到困窘。然而，正是這些不利於確立攝理史觀或規範主義史觀的理念性「缺乏」（譯按：永恆者的缺乏），反而一直支撐著「勢」（いきほひ）的歷史樂觀主義。不如說，那只不過是由生成的能源本身來作原初點的（一開始就有「勢」！）特殊「邏輯」的一個側面而已。因此，正如在神武創業故事中要喚起產靈的靈，還有在《紀》中反覆描述天照大神的「稜威之雄誥」那樣，在敘述歷史的時代轉換期，都表現出把「初發」之「勢」作為朝向未來的行動能源的這種傾向。比如尊皇攘夷志士真木和泉守保臣就想起了神武創業和大化改新，他說：

「古昔，太祖神武天皇，從筑紫起兵進行東征，使中原以為是天之強神而恐懼，亦因之而得此勢。漂亮！太祖的事業之所以速得成就，皆因喚起天運之勢，率先發動眾人所不可估量之勢。」「中宗天智天皇之所以能達成中興，亦因乘借世人對蘇我氏累世淫威的憤怒和憎惡之勢，而獨得大織冠（譯按：中臣鎌足）之相謀，獲帝前誅殺逆賊蘇我氏的猛烈氣概，皆乃鼓動此勢所致。」

（《勢斷勞三條》）

「勢」（いきほひ）作為歷史敘述的範疇是有巨大意義的。為闡明其意義，下面再從作為漢語的「勢」來考察，這就需要探討它與日本語「勢」（いきほひ）之間的親和關係之所在。

本稿沒有特別通過電腦來查尋，而是觀察日本自古就大量閱讀的中國古典，從其出現的頻度來看，還有從對其的價值志向比重來看，可以說，四書五經系統的儒教古典中「勢」的出現頻度和比重最低。而如果把「勢」與「機」等相關概念結合起來作進一步考察，會發現兵家對之比較重視。然後，處於兩者中間位置的是法家和雜家。在與「聖人之道」強烈融合的學說中，對「勢」概念的評價比較低也是當然的（參考前引注中所舉的中國古典用例）。但在本稿題目的關係上具有興味的，不如說是管子、韓非子等法家系統的「勢」論和孫吳等兵家「勢」論之間的強調點之不同。當然，比如「君之所貴權謀勢利也」（《荀子‧議兵》），「權勢者人主之所獨守也」（《管子‧七臣七主》），在這個意義上的「勢」或「地勢」、「形勢」等用法之中，兩者是共通的。但如果要直截了當地理解那裡的分歧點，最好是看看產生出著名「矛盾」論的《韓非子‧難勢》。韓非子明確表示，「自然之勢」與「人之所設」的勢是不同的，而自己說的不是前者而是後者。他說，如果堯舜那樣的聖賢生來就居君位，即便其下有十個桀紂也不能亂天下。相反，如果桀紂生來就居君位，天下之勢必亂，即便其下有十個堯舜也不能治。在這種情況下，

24 正因為這個著名的命題並不是親房獨特的思想，所以正如下述所示，它被垂加神道家繼承下去了。「上古之天地與今日之天地乃同一事也。今日之狀混沌也，開闢也，天地之始以今日為始，乃此義也。」（玉木正英，《玉籤集》，卷之二）

治亂都不是由人任意造出來的，所以叫「自然之勢」。自己所關心的並不是這種情況，而是既不是聖人也不是暴君的平常人居於君位的最通常的情況，在這種情況下能夠用法制控制狀況。這就是「人之所設」的勢。與「聖賢之治」相比，他把價值放在「勢」上，表現出了與儒家的鮮明對照。但這裡的「人為之勢」，正是由於靜態的法的安定性而受到尊重的。

然而，兵家所強調的重點在哪裡呢？試舉一例，《孫子．兵勢》這樣寫道：「激水之疾，至於漂石者，勢也。鷙鳥之擊，至於毀折者，節也。……勢如擴弩，節如發機。」「故善戰者，求之於勢，不責之於人。故能擇人而任勢。任勢者其戰人也，如轉木石，……故善戰人之勢，如轉圓石於千仞之山者，勢也。」這裡的「勢」，正如把圓石從千仞之山滾下來的比喻那樣，是作為動態的運動能量來把握的。雖然這與《韓非子》說的生來所具之勢位的「自然之勢」有微妙差異，但那都不是由個人的意圖和能力所能左右的。只要是勢能所推的運動，按上述的分類，就屬於「自然之勢」。不過，兩者雖然同樣是與儒教的「道」形成對抗的概念，但法家是著眼於聖賢對法制，而兵家則是強調「變」對「常」。「一切事情，若知常而不知變時，臨事易誤。特別是於兩軍相爭之處，會發生無盡的變動，若不深通變化之理則難成功」（荻生徂徠《孫子國字解》九變第八）。正如這句話所示，兵家的思維是出於軍事的現實主義要求。由此可見，漢語的「勢」與日本語的「勢」（いきほひ）之間，在傳統用法上最具親和性的，不是法家那種靜態的含義，而是兵家那種「勢」與「變」連動的動態的側面。當這個意義上的「勢」被認知為內在於歷史時間的推移之時，那裡（連中國的史書都極少使用）的「時勢」或「天下大勢」等觀念[25]，就在日本的歷史認識以及價值判斷中成了流通度極高的範疇。

可以說那裡包含著兩個契機的相乘作用。一個是《孫子》的作為力學勢能的「勢」，與作為在時間系列中展開的生成、增殖之靈力的「勢」（いきほひ）之間的黏合現象。另一個是後來的歷史現實，即過了一定時期以後，武士＝職業戰鬥者以其實質上的巨大作用登上了歷史舞台，致使狀況發生了顯著的流動化，這種武家政治不僅帶來了日本史上的重大轉換，而且使此後的歷史展開也呈現出與東亞諸鄰國不同的歧路。

關於這一點，在此擬舉出史論的具體事例來實證一下。「時勢」和「天下大勢」等概念都必定含有以下認識，即隨著時間的經過，那些朝向一定方向的「勢」或「勢能」＝「機」在到達一

25 舉一兩個中國古典中的「時勢」用例。比如，「聖人從事，必藉於權而務興於時，……故無權藉倍時勢而能事成者寡矣。」（《戰國策·閔王下》）。「孔子曰，來吾語女，我諱窮久矣，而不免命也，求通久矣，而不得時也，當堯舜而天下無窮人，非知得也，當桀紂而天下無通人，非知失也，時勢適然。」（《莊子外篇·秋水》）等。這些與日本的「時勢」概念是比較接近的，但其含義依然是指某個時代裡的情勢，這與認為「勢」內在於時間流動之中的思維方式有微妙的差異。在此不能詳論與中國的比較，但建議比較一下賴山陽愛讀的蘇洵（老蘇文）〈審勢〉（《唐宋八家文》所收）之中的「勢」概念，與日本的、包括賴山陽的「時勢」或「大勢」用法。還可以看看日本儒者也經常引用的柳宗元〈封建論〉（同上所收）的命題——「封建非聖人之意也，勢也」中對「勢」的價值判斷方法。

定階段的時候，其運動方向就會不可能逆轉或倒流。比如有人認為，楠正行的戰死是急著去死，難道不能再等些時候嗎？關於這種議論，藤井蘭齋說：「可謂天下只有勢，勢之所趨不可挽。」（山縣禎《國史纂論》卷之七所收，原漢文）還有，關於源賴朝獲得設置守護和地頭的敕許之事，賴山陽說：「大江廣元之議，源賴朝之請，皆濟時之急務。而朝廷許之，亦時勢然也。雖然，使時勢至此者必有由焉。……總國司者（譯按：地方長官）亦徒有其名而其實則歸於總追捕者（譯按：其實只是抓犯人的差事），是雖時勢之使然，其初植六十六人私黨（譯按：設守護和地頭）以篡天下。……朝廷以為，是不過六十六員，何能為。而不知其失天下之實，而天下之勢終大變不可復。」（《日本政記》卷之十）這些都表達了「時勢」的上述含義。

賴山陽不僅把「勢」和「機」等範疇縱橫地驅使於史論，而且將之作為一般理論做了最深入和獨特的考察（特別體現在《通議》中）。但賴山陽也好，江戶前期的山鹿素行的兵學也好，都不是主張「勢」的盲目必然性的。他們正因為具有注重自身實踐的現實主義，所以一方面注意把握超出人的自由意志的、作為「運動衝量」的時勢或情勢，另一方面又主張測定時機以便做出轉軌的決斷。但作為歷史敘述，「時勢」和「天下大勢」等範疇登場時的一般傾向，則正如「時勢乃不得已」、「時勢變遷之事，是天地自然之理或神的意志，吾等凡人所不可測也。畢竟是人智和人力所不可及之事」（伊達千廣《大勢三轉考》）等語句所表達的那樣，凸顯了一種與「時運」相同的、帶有幾乎接近宿命的必然性的色調。這一點是不可否認的。在這個意義上也表明，時之「勢」與時之「流動推移」這種客觀主義認識的側面產生了合流。

歷史不可逆轉性的認識是到了江戶時代才扎根的，但與不可逆轉性的認識相結合的「天下大勢一變」命題被集中地適用於各種各樣的歷史敘述，則是在王政向武家政治轉換的時期。這裡再次以山陽為例。比如蘇我馬子殺害崇峻天皇，而且聖德太子旁觀地對待此大事，這在山陽看來（與江戶期的眾多史論一樣），就是佛教傳來所造成的壞影響的第一次大規模表現。他斷定說：「本來人臣弒君是開闢以來所無之事，可謂天地之大變。」（《政記》卷之二，原漢文）但這裡說的畢竟是「天地之大變」，而並沒有將之看作「天下之勢的大變」。「天下之勢終大變不可復」的契機，無疑是前面所引的、賴朝在全國的六十六國設置守護和地頭。這兩個表達的不同，並不是偶然的。「天地之大變」當然是由來於儒教名分論的思路的。而與之相異，後者所表達的背景裡橫亙著人們的一個「質疑」，那就是，在任何人眼裡都可見的其後顯示出來的巨大歷史轉換究竟是在什麼時候發出了先兆？或用更為「近代的」語言來說，歷史中的量的連續變化在什麼時候轉化成了質的變化？「天下之大勢」這個範疇的使用，表現了那裡具有區別於規範主義的是非善惡判斷的歷史意識。同樣地，山縣禎（號太華）也談到這個問題，他說：「王室之衰弱，由來已久。其失道亦非一日之事。……世間見賴朝為首奪取王權，有人責之。而賴朝亦不能免罪。然時勢至此，賴朝亦不知會如此。」然後追溯其起因，論述道：「朝廷綱紀日益鬆弛，後白河以上皇實行院政。……雖伊通等人有謀求綱紀肅正之志，但一人之力固不能挽回頹波而至崩廈。天下之威權漸歸武門，朝廷日益衰落以至大亂。天下之大勢遂變。令人嗟嘆。」（《國史纂論》卷之五，原漢文）這時他一方面談到「不能免罪」和「令人嗟嘆」，其價值判斷表明了作為價值判斷的層次。但同時又追究什麼是武家政治確立的轉機？什麼時候開始發生不可逆的轉換？在這個歷史「質疑」的文脈中，驅使了「時勢」和「天下大勢」等範疇。賴朝自稱為天下草創的「幕府」政治＝軍事機構的創建，無論如何都是日本史上劃時代的。在讀慣了中國史書的人們看來，秦漢帝國以後，王朝雖然更替，但由讀書人官僚制支撐的統一帝國的形態一直持續著。與大陸的這種狀態相對照，他們自然認為那（譯按：賴朝草創的幕府）是顯著不同的。就這樣，一方面是日本史上劃時代的政治＝軍事的多中心傾向，另一方面是武士思維占優勢的傾向，在這兩個契機支撐下，「勢」以及與之相關的諸範疇（情勢、時機等等）既成了兵學現實主義的基礎概念，同時又作為表達治亂興衰的歷史力學的最通俗用語而廣泛流通起來了。

## 4 關聯與作用

以上，從構成日本歷史意識的「古層」，及其作為貫通後來歷史展開的執拗持續低音而一直不斷鳴響的思維方式中，抽取出了三個基底範疇。如果勉強地將之歸納為一個短句，可以說那就是，「つぎつぎになりゆくいきほひ」，其意為（「形成」並）「不斷延續的流動推移之勢」。

為慎重起見要說明一下，筆者並不是要把日本歷史意識的複雜多樣的歷史變遷還原為這個單純的短句，也不是要把基底範疇限定為上述的三個。這些範疇在任何時代都沒有成為歷史思考的主旋律，不如說，作為占支配地位的主旋律出現在前面的是儒、佛、老莊等大陸傳來的諸觀念，還有維新以後從西歐世界傳來的外來思想（不僅歷史的思考，而且其他一般的世界像也是那樣）。但是上述那些基底範疇，對「不斷延續」（一個接一個）地輸入的各種觀念給予了微妙的修飾，有時甚至對整個旋律的鳴響做出了「日本式」的改變，其改變程度幾乎是超出我們的意識的。那裡存在著執拗低音的作用。這方面的具體例已經在闡述每個範疇的時候揭示過，在此擬將之與諸範疇的相互關聯性問題結合起來，重新考察一下外來觀念的修改和變容的形態。

姑且不論「勢」範疇的兵家用例，在日本的歷史思考中，對中國古典引用得最頻繁的就是《易經》。人們認為「易」所闡述的萬物流轉和變化的種種樣態，給歷史變動的說明提供了合適的「哲學」。事實上，比如「易」的變通概念，就是與上述「時勢」或「大勢」等範疇連動起來表示歷史力學的最流通的概念之一。但有一點不能忘記的是，就連這個概念的出典——〈繫辭下傳〉中「易窮則變，變則通」這一節，也和《易經》整體的思想一樣，並不是單純地說明運動和變化是宇宙萬物之真相，而其重點在於闡明一切變化都貫穿著不變之理。因此在上述命題之後，緊接著寫道「通則久，是以自天祐之」。那裡是讚頌遵守循環不止的天「道」＝法則性的聖人統治的。這些都是與「觀天之神道而四時不忒，聖人以神道設教而天下服矣」（〈觀彖傳〉），還有《易經》以外的「天生烝民，有物有則，民之秉彝，好是懿德」（《詩經．大雅》）等相通的基本觀念。

然而，作為這個「變通」命題與「勢」範疇相結合的典型，我們來看一下山陽的〈勢論〉（《通議》卷之一），就可以發現上述出典發生了微妙的變容。那裡寫道「勢極則變，變則成」，這句話與那一節開頭的「勢者以漸而變，以漸而成，非人力所能為」的命題是相對應的。也就是說，山陽的關心在於闡明，政治的＝軍事的力量關係一旦極端傾斜，在某個階段就會發生不可抗拒的狀況變化，所以「裁斷」勢的時機非常重要。他是要提示一種極其現實的領導論。他的摯友．篠崎小竹對〈勢論〉整體做了評論，嚴厲批判其「不談道理，只論如何掌控勢，違反孔孟之道」。可見，「變通之理」在此是明顯地以稀釋了倫理規範性的形式來使用的。當然關於這一點，也可以從山陽不是狹義的儒者來解釋。但是，比如再看太宰春台。春台比起他的老師徂徠，歷史感覺是較為缺乏的。這個春台在知易道大綱的〈第一〉中也談到「時」，指出：「若不講時機而施政，縱令是堯舜三王之道，而與時機齟齬則決不能行。」（《經濟錄》卷十）與之相關，他把「先王之道」的《易經》放在以下位置。亦即，本來《易》以外的五經是「先王治天下的常道」，應是「用之（丸山：《易》以外的五經）治理國家，到百世之末也無政治凋弊、國家危亂之理」。儘管如此，他認為之所以需要《易經》，那是因為「先王之天下至末世，政治亦生弊端，（中略）終起禍亂直至滅亡。此乃陰陽消長之理，物極則變，天地之有常數故也。此乃易道也」。由此而導出以下結論：「學易經只為知此義，即使不學易經，只要有觀時之意識，考慮時機之合否來施政，亦大體合適。」（同上）這個蘐園學派（譯按：蘐園是徂徠的別號）的驍將本來是對「聖人之道」的普遍妥當性融合度最強，而且同時也極力主張需要根據歷史思考和經驗觀察來統治的。但春台的這種思考暗示著，這兩個契機的摩擦表現為《易經》與其他「五經」的割離論。

從幕末的史論中還可舉出另一個關於「變通」的用例。如下文所示：「治亂盛衰乃天地之氣運，人情趣向亦與時共推移。此乃自然之勢。故聖人有變通之道，隨時運而變化，其道無窮。（中略）今若按太古簡樸之風而長久不變，使人情趣向常如同一，則非天地自然之理也。」（《國史纂論》卷之二，原漢文）在這裡，關於「天地自然之理」這個朱子學的範疇，不僅沒有設定為與人情推移這種「自然之勢」的對立關係，而且還把隨時變通無窮的思考作為聖人之道來闡述的。這個作者是誰？正是山縣周南以來，推動曾為萩之藩學的徂徠學重新復歸朱子學的周南後裔——太華。他是明倫學館的首席教授，曾明確地打出普遍主義邏輯，來與吉田松陰的國體論對峙，指出：「道乃天地之間唯一之理，其太原出於天。」（《講孟劄記評語》）我們應該看到，就連他也對《易經》的命題做了如此重點轉移。

當然，這種重點的差異，如果從近世思想史的脈絡來理解，可以看作是對主張聖人之道「通古今亙萬世而一，天人亦一，理一也」（〈夢帝賚良弼論〉《羅山文集》卷二十四，原漢文）的儒教自然法思想進行變容或修改的過程。但是，如果從本稿的主題來看，那與其說是由「正統」到「異端」的展開，不如說是持續的「古層」呈露到表面的過程。近世的狀況由以下兩點構成：(1)對基督教的徹底鎮壓、佛教的社會思想威信的下降、「元和偃武」的泰平化等條件所導致的現實主義志向；(2)鎖國對外來信息刺激的隔絕。這些狀況一方面成了使儒教變為正統教學的前提，另一方面又成了使包括儒教在內的「外來」意識形態與「古層」之間的不協和性逐漸表面化的條件。江戶時代的歷史變遷並不是「近代化」的單方向展開，而是近代化與「古層」隆起這兩個契機相剋相乘的複雜多聲道行進。這不一定是只限於思想史領域的問題，但即便僅僅把問題限定於思想史，比如從理氣哲學到華夷內外論，宋學在日本蒙受修改的命運鮮明地刻印著這種雙重性格[26]。為什麼要在這裡闡述這樣的一般論？那是因為，從更長的日本思想史長河來看，江戶時代被視為「正統」的思考範疇或概念工具不一定是強韌的傳統，反而對那些「正統」做出「修改」或「叛逆」的動向（不論當事者是否意識到）才是與執拗低音相協和的，這種歷史的諷刺正好與本稿的題目密切相關。山縣太華對「天地自然之理」這個人們熟悉的朱子學範疇的解釋方法，是非常具有代表性的事例。他給那裡附加的「日本式」修飾音符，可以說是胚胎於日本古來把「自然」訓讀成「おのずから」（自然而然）的思維傾向。

當然，漢語的「自然」在表達不經過人為或製作的存在時，其義與「nature」一樣，也有「自然而然」的含義。但「自然」也好，「nature」也好，都包含著另一個重大含義，那就是事物的本質和應有秩序。與之相對照，日本語的「自然而然」，不論在任何情況下都是表達「自然而然」地形成，是以自然生成的觀念為核心的用語，因此難以融合到事物固有本質的定義之中。在這一點上，不僅儒教的自然法，而且其他「諸子」的也如此，比如：「道者萬物之所以成也」（《韓非子．解老篇》）、「道之尊，德之貴，夫莫之命，常自然」（《老子》五十一章）。像這種學說那樣，只要自然之道是作為終極的理念來表象，那麼就無法原原本本地、跟一切都是「自然而然」地形成、延續和流動推移（おのずからになりゆく）的世界相融合。神道觀念學派為了給國常立尊賦予絕對原始者的性格，絞盡腦汁地援用易和宋學的「太極」概念，或真言密教的「阿字本不生」邏輯，但是反而使問題之所在浮現出來了。

再看《愚管抄》。那裡確實有超群的歷史感覺，這主要是因為慈圓闡述了「內外典的滅罪生善的道理、遮惡持善的道理」等「一定」的自然法道理，並將之與內在於歷史的道理區別開來，而且對後者做了多義的區分使用。但即便如此，慈圓所說的「代代變遷」的歷史的道理，並不是

26 在此並不打算深入討論江戶儒學史，但比如，伊藤仁齋不贊成對立地把握生與死，而讚美天地的生生無窮，這時要從他的樂觀主義中，聽出那種來自「形成」和「延續」等「古層」的變奏曲，是不困難的。「天地之道，有生有死，有聚有散。死即生之終，散即聚之盡。故天地之道只有生。雖然父祖身歿，但其精神傳之子孫，子孫又傳之其子孫，生生不斷，以至無窮，此可謂不死。萬物皆然。（中略）故可曰生者必死，聚者必散。不可曰有生必有死，有聚必有散，因為此說把生與死看作對立。」（《語孟字義》，卷之上，原漢文）

同一個道理根據時代的變化而改變其具體形態，而是要說明「世間的道理是漸漸改變的」，「世間在道理的不斷改變中流動」。他所強調的是，不同的時代會出現不同意義的道理（須注意到在這一論述中，那些改變道理的主體是不明確的）。與歐洲的情況比較一下，在歷史意識的發展中黑格爾發揮了巨大的作用，因為他不是把「理性」僅僅看作對歷史現實的超越性原理，而是將之內在於歷史過程，力圖構築內在於歷史中的道理（Die Vernunft *in* der Geschichte）。但黑格爾所說的「理性」是唯一的。而與之相對照，早在十三世紀的慈圓那裡，那就已經作為「諸道理」（Vernunft*en*）的複數形提出來了。可見，日本具有比其他地方都容易盛開「歷史相對主義」之花的土壤。

這種歷史相對主義的土壤是由「自然而然地形成、延續和流動推移」（おのずからになりゆく）的樂觀主義思維培育出來的。正因如此，它必然會一方面跟求理想社會於太古，以之為標準來裁斷歷史現實這個意義上的「復古主義」發生摩擦，另一方面跟託歷史之目標於未來，將現在視為朝向其目標的一個階段的「進步觀念」發生摩擦。

先考察一下與「復古主義」的摩擦。如前所述，作為佛教末法史觀風靡的時代產物的一系列《鏡》作品，都主張「不可以讚頌古昔時代來誹謗今日」。本來，把歷史作為「鏡子」的觀念本身，即便其中也混合著中國的「鑑戒」之含義，但忠實地映照出古今的推移才是其「鏡子」的根深柢固的含義。不過，「歷史＝鏡子」的規範主義與「反映論」這兩重意義的緊張關係，是到了江戶時代的名分論史學才全面呈露出來的。《大日本史》不僅在近世的史書中，而且在自古以來的歷史敘述中也是最大規模，並正式地採用了紀傳體形態的，但在那裡，「論讚」的部分最終被刪除，而僅僅留在安積澹泊的個人著作中。這對於本稿當前的題目來說，是一個象徵性的事件。之所以「論讚」在大義名分思想的發祥地被打掉，是因為壓倒多數的人認為：「把得失善惡看作是非，這是一家之私議，而非天下之公論。」（《水藩修史事略》[27]原漢文）這種在歷史中「排除價值判斷」（！）的傾向，常常被稱為實證主義的態度。但應該看到，這種「實證主義」的內部深處，潛藏著一種對內在於客觀「流動推移」之中的價值（靈）的自然顯現抱有樂觀或「安心」的態度。《大日本史》的編纂宗旨寫道：「只要據事直敘，勸懲（丸山：意為勸善懲惡）便自然可見。」這裡呈露出了一種只要直敘而不問是非的安心觀。依憑於「流動推移」的客觀主義態度，和把來自「外部」的對歷史事實的價值判斷視為「一家之私議」的態度，這兩者正好是同一塊牌子的兩面。

再舉一個大義名分論中具有代表性的事例——崎門學派的驍將——淺見絅齋。親房的《神皇正統記》曾指出：「把已失去正統血脈的天子原原本本地作為正統來安排」並不是首尾一貫的。對此，淺見絅齋雖然也替親房辯護，但同時又說：「（親房）生於千年以後，作為人臣之身，難

27 引用於久保田收，《近世史學史論考》，頁一一七。

道可以議論神武以來誰能成為天子或不能成為天子嗎？……古昔的是非既已定跡，不可以己言而重新定論。按過去代代的安排（丸山：按每個時代所安排的那樣），原原本本地記述其得失是非便可。而按吾心之是非來論換天子之名、變更皇位之事，若只停留於自我安慰的自家一人之見則無妨。但若以為可以如此重新定論，那就連朱子的《通鑑綱目》，也應將所有前代天子中失去血脈、弒君殺父篡奪皇位者的諡號和尊位全部剝奪廢棄。對已過去之事即便今日以語言奪之，過去的善惡已不可重新判斷。故應原原本本記述其是非以為萬世之鑑。」（《箚錄》上）

絅齋一方面嚴格指出朱子的正統論在名分論上還不夠徹底，但另一方面卻主張「過去的善惡已不可重新判斷」，並為此而援用《通鑑綱目》。絅齋所說的「按吾心之是非……自家一人之見」中反映出一種對價值判斷的排斥。這與上述水戶學對「一家之私議」的批判顯然是根柢相通的。在此還需強調一下，以上兩例都引自於在彈劾亂臣賊子方面，和不論成敗利鈍而歌頌節義方面，屬於江戶時代中最顯著的、相對地最能遠離追隨既成事實之傾向的學派。

當然也有例外，比如《柳子新論》的作者山縣大弐。他對歷史現實的猛烈和一貫的批判，是不折不扣地扎根於「正名」的規範主義和復古主義的，而且其所說的應復之「古」，是直接指「神皇（丸山：神武天皇）肇基」以後至武人專政之前的時代，那時的制度（禮樂）理念的引照基準，無疑是「唐虞三代之治」。《柳子新論》完成（寶曆九年）之後，老儒松宮觀山給此書加了私跋，評論道：「在野之人議論朝政，乃僭越之罪。故君子慎之。（中略）未深解聖賢之肺腑，未察知俗風和時勢，則不能以一定之權衡而推萬方。其只是漢學儒風之偏見在作祟。」（原漢文）對此，大弐特地致函反駁說，時勢固然難以把握，「聖人亦據此而倡教於其中。姑且以權（丸山：臨機處置）處之，而後漸變之，使以至道」。但「道本唯一，不得已才用權宜。若非如此，則只是以時勢和風俗作口實。其則因人而化卻不能化人，將何以治理天下哉」（原漢文）。這作為思考「時勢」範疇所發揮的具體作用的事例，也耐人尋味。而且眾所周知，大弐受到的命運，正是觀山所憂慮的、「漢學儒風」最利害的「作祟」。直到幕末安政三年的時候，吉田松陰還對史上王政復古的企圖作出批評說：「不審時機，不察時勢，甚至使朝廷加罪於巨室（譯按：仕君的有力重臣）。」對此，默霖針鋒相對地反駁說：「時勢之語一旦出現，便成世人之口實。然孔孟未審時勢則倡堯舜之道，即可知其志也。」（《松陰全集》昭和九年版，第三卷，頁四一）這對松陰產生了巨大影響。默霖的這個「邏輯」是與大弐直接相通的。這個「例外」又反過來證明了上述的一般傾向。

「古層」的結構就是這樣與作為規範的「復古主義」格格不入，而另一方面，又與嚴格意義上的「進步史觀」發生摩擦。因為，十八世紀的古典進步觀念可以說是世俗化了的攝理史觀，其發展階段論是以某個未來的理想社會作為目標，因此也具有從那個目標往以前追溯來設定階段的性格。進步觀念無論怎樣申述一切人類都能「無限」進步，但在歷史的邏輯上，那是作為一個完整的體系而出現的。與之相對照，「形成和延續的不斷流動推移之勢」（つぎつぎなりゆくいきほひ）的歷史樂觀主義，畢竟只是（生成增殖的）線型的連續，那裡沒有什麼終極目標。正因如此，這個「古層」，與那種不是進步的、而是僅僅作為生物學模式的無限適應過程（而且並非個體目的意識之行動的產物）的進化（evolution）表象奇妙地投緣。達爾文主義在中國遭到了永恆不易之「道」的傳統的強韌抵抗，因而發揮了革命的作用。但在日本明治初期，進化論一引進，就迅速吞沒了「進步」觀，其蔓延如入無人之境，不論在朝還是在野，從國體論者到「主義者」都被吸進去了。或許可以說，要闡明這種鮮明對比的一個關鍵，就在於把握住上述的問題點。眾所周知，日本的社會主義不是「從烏托邦走向科學」，而是從進化論走向唯物史觀。

這種「古層」歷史像的核心，既不是「過去」，也不是「未來」，而是「現在」。日本的歷史樂觀主義與對「現在」的尊重是構成配套的[28]。因為「過去」只是可以無限追溯的「生成」而已，那都是從「現在」的立腳點開始具體定位的。反過來理解，即作為「形成」和「生出」的過程被認知的那些「過去」，正不斷地重新成為「現在」，從這個意義上說，「現在」代表（re-present）全部的「過去」。而「未來」也只是滿載著「過去」所蓄之能源的「現在」的、由「現在」開始的「初發」。這裡既不會有未來的烏托邦給歷史賦予目標和意義，也不會有遠古的過去來作歷史的規範。宣命裡有「中今」一詞，宣長將之解釋為讚美現在的象徵，他說：「後世的記述裡，把當時（譯按：現在）之事說成後來之世，這是不妥的說法。所謂中，其含義指當時之世正當繁盛，是有讚美趣旨的語言。」（《歷朝詔詞解》卷一）當然，對宣長的這個解釋，人們也有異論。不過，宣命有如下文句：「……故，詔其轉達彼國王，以此可保現在以及今後的現在的長久和平安泰。」（《續紀》卷三十四，寶龜八年四月二十三日宣命）還有詔曰：「須日夜守護天皇之朝廷現在以及今後的現在愈益長久堅固。」（《文德實錄》卷九，天安元年二月十七日宣命）這裡所說的「現在以及今後的現在」，至少是意味著不斷運動下去的每個瞬間，同時又與將來的永遠性（長久堅固）表象相結合。這一點正典型地反映出日本式的「永遠的現在」——說得正確一些，應是「現在的永遠」。

而對血緣譜系連續性的高度評價也如此，一方面確實是作為祖先崇拜而表現出來的，但另一方面，那並非傾向於尚古主義，而是具體化到對嬰兒誕生的祝福的。因為剛誕生的嬰兒，不僅具有「流動推移」的最大靈潛力，而且從清潔心、赤子心（本稿因限於主題，故此不予論述）這種倫理價值意識的「古層」看來，也具有最純粹的無垢性。比如林家（譯按：以林羅山為始祖的儒學家系）的《國史館日錄》所敘述的出雲大社的社人談寫道：「至今，國造（譯按：古代地方統

28 這一點也是日本主義者所著眼之處。比如：「『今』（譯按：現在）也寫作『生間』，指正在活動的狀態。「生」意為活動，是與（中略）息、命、勢（中略）急速、稜威等為同一語根分化出來的。」（三井甲之，《しきしまのみち原論》〔敷島之路原論〕，頁三九）。另外，中國古典裡也有說：「凡先王之法，有要於時也。時不與法俱至，法雖今而至，猶若不可法。……有道之士，貴以近知遠，以今知古。」（《呂氏春秋．察今篇》）這種從荀子到法家的後王觀以及「更法」思想，在日本是比較容易接受的，這也與之有關聯。

治者的世襲官職）自天穗日命以來，血脈相承不斷，譜系分明。……各代國造患病未死時，繼承人移去別社續神火。而父死則子代之為國造。其族不哀悼前國造，唯祝賀新國造。子不參予父葬，無一日齋戒沐浴，自繼承之日食魚如常。六十餘代國造皆天穗日命之化身，永存而不死也。」[29]姑且不論這在多大程度上是那裡的故習，而僅看關於出雲國造的繼承所強調之點，就不難找出與大嘗祭儀禮中「赤子」作為天孫降臨之表象所相通的因素。

此事不單是血脈相承的問題。由於「天神、國神」的非終極性和不特定性，其容易從「現在」的位置「自由地」喚出祖靈，所以使這樣一種特異的思維方式成為可能，那就是可以像喚出「原初」的顯現那樣，將新的變革和適應作為一個連續來把握。在大化改新中啟動的一系列革新，正是以同時代——亦即「現在」——的中華帝國的制度為模式，與「昨日」的舊習「斷絕」的決斷。因此，其意識形態裡雖然顯著地受到了儒教民本主義的影響，但是，其反面卻有「隨天神之託付，方今始將修萬國」等詔敕（大化元年八月）。還有「惟神（惟神者，謂隨神道。亦謂自有神道也）我子應治故寄。……是故，今者隨在天神、屬可治平之運」的詔敕（大化三年四月）。這種表達，與其他中國式的詔敕比較起來，其文體更接近宣命體。在這裡正面打出的邏輯，是上述的那種引承原初之天神的「現在」，這不得不令人深思。附於「惟神」之注的解釋，自古以來一直令學者困惑，那些同義反覆的表達方式，正毫不隱諱地道出了神「道」的非規範性。那是通過從「初發」的混沌重新出發的這種表象，把當時（亦即「現在」）以外國文明為模式的變革，圓滑地（！）與天神所「託付之事」連接起來的。眾所周知，這個形態基本上在明治維新重現了。《岩倉公實紀》中提到的、玉松操的王政復古＝神武創業的主意，據說是從真木和泉守那時開始有的。真木說：「要返回三千年古昔之風習，而且成為新的世間。」這句話已超出他的意圖，暗示著隨「復古」而來的東西。亦即，假如神武創業的「業」裡，有比如周代井田制等具體內容，並包含著使其規範化的傳統，那麼，對「文明開化」這個「世界大勢」的適應就不會那麼容易了。相反地，「復古」的標語如果像盧梭的「回歸自然」那樣，是與現實的「文明」構成對立的理念，那就可能已發揮E．特勒爾奇所說的「革命自然法」的機能了。但即便暫且不論社會＝政治的各種條件的問題，而僅僅聚焦於歷史邏輯的側面，若只將之視為通過「藩政改革」來擴大國家，那麼實際發生的轉換也太大了。相反地，若將之視為總體的革命，那也太溫和了。可以說維新變革的這個性格，是與上述那種、內在於尊重「現在」的邏輯中的兩面性密切相關的。

相信讀者通過以上敘述的內容也能體察到下面的問題。以「現在」為中心的歷史樂觀主義，在個人生活態度的實踐意義中也具有兩極共存性（ambivalence），那不一定是單一的。不言而喻，正是以宣長為代表的國學，在近世期強調和「複製」了古代人那種「平穩快樂地」享受今

29　村岡典嗣《神道史》，從十七頁起加了讀音順序符號來引用。

之世的生活態度。但在此不能忽視的問題是，《古今》的世界自不待言，而包括《萬葉》詩人在內，他們都已受過佛教的現實厭離和「三世」因果報應哲學的影響。他們的和歌，比如「生者終有一死，願快樂地度過今世」（三四九）、「只要今世活得快樂，來世為蟲為鳥皆無妨」（三四八）、「無價之寶亦不如一杯濁酒」（三四五）等詩句，顯然都是以理解了「生者必滅」和輪迴思想以及「無價寶珠」的佛法意義為前提的，但卻帶著自嘲自諷來表明偏要享受「今之世」的態度。因此那絕不是真淵和宣長設想的那種「豁達」的現實肯定本身。若反過來看則可以說，這些和歌道出了佛教世界觀對他們謳歌自然之「生」的樸素性給與了相當大的衝擊。儘管如此，卻敢冒犯五戒之一的飲酒戒，說出即便來世淪為畜生道也無所謂。這種將錯就錯的態度不能僅僅歸結為大伴旅人這一個知識人的特殊個性，那是有廣泛的基礎支撐的。在這一點上，「諸行無常」的觀念帶上了奇異的命運，即一方面與「流動推移之勢」的樂觀主義激烈摩擦，另一方面又不是將一切置於「永恆的維度之下」的，而是與一切從不斷變化流轉的維度來看問題的「古層」世界像互相牽引的。

當根本上否定現世的邏輯進入了日本的歷史意識的「古層」之後，佛教哲學中的「三世」，即過去世、現在世、未來世的「因果」，就都同時帶上了現世的歷史之過去、現在、未來中的因果連鎖意義，在這一點上充實了印度哲學缺乏的歷史思考。不僅如此，所謂對「現在」的肯定，也不是對生的積極價值的肯定，而是對作為不斷流動推移的「現在」的肯定。因此，被肯定的

「現在」正是「無常」的。反過來說就是，作為無常的「現在世」是被細分為無數個「現在」來享受的。作為「流動推移」的現在，則因下一個「現在」的到來而每時每刻變成過去。所以肯定和享受「現在」，就必然表現出一種要不斷迎接下一個瞬間（不是遙遠的未來）的不安定的精神準備。

既然「來世」是作為下一個瞬間，在「今世」的線型延長上被認知的，那麼就會產生出極其淡泊地或突然地選擇死的行動。在享受「生」的同時，又對「生」沒有太強的執著，這種兩面性深深地扎根於此。和辻哲郎（雖與本稿的問題關心和視角都不同）曾經分析過日本人的這種兩面性。他尖銳地指出，「情死」與其說單純是基於精神上對「來世」的信仰，不如說是「期待戀愛永續的心情結晶成瞬間的昂揚」。[30]而曾經甚至連《崔斯坦與伊索爾德》（*Tristan und Isolde*）的劇作家也相形見絀的近松版「愛之死」有一句結尾語，（譯按：男女情死）「乃相信未來必成佛的戀愛楷模」（《曾根崎心中》〔譯按：日語的「心中」指一同自殺〕）。和辻哲郎的那句話與此相比，則更簡潔地表達出了佛教「來世」觀在日本的變質。無疑，這是一個重要的指標，表明其與「憂世」向「浮世」的轉化相對應，江戶時代已如此大幅度地走向宗教世俗化。而且，像和歌中「現世人言繁多，望來世再相會，縱令現在不能與你相會」（五四一）之句所表達的，

30 〈風土〉《全集》第八卷，參照頁一三六—一三九。

即使不發展到情死，也期望「現在」享受的戀愛能原原本本地，或以更為自由的形式帶入「來世」。可見，佛教觀念的變質已在《萬葉》詩人中充分發酵。

這種重視「今於此」的現實思維，是從對佛教和基督教這兩個世界宗教的「否定邏輯」的否定出發的。在江戶時代的這種思想脈絡中，(1)針對空虛的觀念而強調經驗的觀察時注重新鮮；(2)追隨所與的現世時耽於陳腐卑俗，這兩個側面一直相伴隨，而且兩者都在同一個人的內心微妙地交錯。可以說這幾乎是不可迴避的命運。正如前面關於歷史相對主義所論述的那樣，「今於此」的個體性認識的成熟，也是以「近代化」與「古層」呈露的雙重行進的形式出現的。作為近世正統朱子學的鼻祖．林羅山曾經舉起「通古今亙萬世而一」之理的旗幟，但同時又說：「聖人之志，雖在於用虞之韶、夏之時、殷之輅、周之冕，然而公言其論時，則只曰『我從周』。……這是尊重當時之王。（中略）周遊諸國，終回魯國，這是不忘本。出行遲滯，是念父母之國。（中略）生於今而不可返古，在此而不可慕彼。信念雖美，但非我土，何能求之。」（《文集》卷六十四，原漢文）可見從羅山開始，在近世思想史中，對時、處、位等概念所包含的具體性、現實性的重視已漸漸增強。

因此，江戶後期的日本式 libertine 們（譯按：不信仰宗教的放蕩者或自由思想者）認為，「儒者被藍書皮（譯按：儒學經書）蒙蔽，眼睛什麼都看不見。……無論多偉大的理論，若不能對今之世有用，畢竟是無益的議論。即便先王的禮樂刑政，說起來形象美好，但對今之世無用，論之亦浪費時間而已」（海保青陵《萬屋談》）。「佛是天竺之道，儒是漢之道，國不同就不是日本之道。神（丸山：指神道）雖是日本之道，但時代不同就不是今之世之道。」（富永仲基《翁之文》）「受唐國的廢紙束縛，使我身不自由，就像甲殼蟲那樣，即使朝四面八方掙扎，拿不出當下有用的智慧，就連世間的一般人都不如。這叫做腐儒，也叫放屁儒者。」（平賀源內《風流志道軒傳》卷之一）他們極盡毒舌來嘲弄儒者「知識人」的公式主義，但在他們的公式主義批判的論調中，列舉的也只不過是「上面之上還有上面」之類的事例。而真正足以讓他們攻擊的那種抽象的普遍主義，究竟是否已在所謂「腐朽儒者」中扎根了呢？那才是應該追究的問題。比如，青陵說：「有趣者乃世間之變遷，世間乃活物而無常態。」（青陵《諭民談》）他對歷史動態認識的最終落腳點就是，「可認為，以今世之勢來看，霸道才符合天理，而王道則完全不符今世之人情。（中略）以江戶為主，國之政治皆基於霸道」（同《養心談》）。這種對霸道的禮讚也只不過是一種「機敏」形態的現狀肯定。還有，源內的所謂清新的經驗主義和現實主義也說：「井底之蛙那樣的學者，胡亂偏愛唐國，稱自己所生的日本為東夷，又牽強附會地說天照大神無疑是吳之太祖。」「唐國的風俗與日本不同，天子像流浪者一樣，一不合意就被更換。強詞奪理地主張天下不是一人之天下，而是天下之天下，以此篡奪主的天下。正是如此可惡的國家，才有聖人出而施教。而日本是自然守仁義之國，故聖人不出亦泰平。」（源內，前引書，卷之五）可見，這裡也保持著與國學者們相通的平庸的特殊主義邏輯的微妙性格。這些思維正好與

「流動推移」和「勢」的範疇相對應，在政治態度上同時包含著兩個側面，一個是「今之世唯恭從今之現實」（宣長）的被動服從，另一個是精力旺盛地「乘勢」而去的、「拚命」的能動實踐。在此有必要再次指出，這兩個貌似相反的態度——就像畫卷所象徵的那樣，都是在立足於每時每刻的「現在」的單方向行進中把握世界的，也就是說，兩者是通過這種精神傾向在思維根柢結合起來的。

## 代結語

光有超越時間的永恆者的觀念，或光有對自然時間的繼起延續的知覺，都不能產生出歷史認識。歷史認識是無論何時何地都要通過永恆與時間的相交才能被自覺化的。但正如以上所述，在日本的歷史意識的「古層」中，一直占據永恆者位置的是譜系延續的無窮性，由它構成日本型的「永遠的現在」。這個無窮性並不是對於時間的超越者，而是在時間的無限的線型延長上被觀念的。在這個意義上，它與真正的永恆性根本不同。但當受到來自於漢意、佛意、洋意的永恆像觸發時，歷史意識的「古層」會通過與之摩擦和傾軋，又成了滋生歷史的因果認識和變動力學的合適土壤。到了現代，家系無窮連續的觀念在我們的生活意識中所占的比重已不能與昔日相比，另一方面，在約束人們經驗世界的行動和社會關係的那個看不見的「道理感覺」也顯著地喪失了拘束力。這時，本來就有利於歷史相對主義繁生的我們那些土壤，就有可能化為「流動推移」的流動性和「不斷延續」的變遷這種深不見底的泥沼。事實上，對「現在」的感覺已脫離了一切「理念」的錨碇，僅僅成了對變化的每個瞬間的享受，就如同宣命對「中今」的讚歌在不斷延續著。一切都被歷史主義化了的世界認識（愈來愈短的「世代」觀就是其中一種表現），反而會喚起把非歷史的、現在的、每個瞬間絕對化的傾向。而且如果把目光投向「西歐」世界，那麼就可以看到尼采貿然說出「上帝已死」之後過了一個世紀的光景，那裡的狀況好像愈來愈類似於日本的上述情形了。或許，作為我們的歷史意識特徵的「變化的持續」，在上述側面也成了讓現代日本處於世界最先進國位置的原因。這種自相矛盾的東西，究竟應該視為世界史中「理性的詭譎」，還是急速走向尾聲的喜劇？——不過，文明論畢竟已不是本稿的討論範圍了。

# 關於思想史的思考方法：類型・範圍・對象

## 前言

我雖然是思想史研究者，但並不具有關於思想史方法論這一類的特別理論。到目前為止，還沒有就「思想史」是什麼，以及思想史的方法問題寫過任何論文，實際上，圍繞這樣的題目來發表講演也還是第一次。請讀者不要認為我這個發言是從我多年的研究中提煉出來的方法論考察的簡短總結。我自身還有許多尚未弄清的問題，比如在思想史的方法和對象方面總是處於模糊狀態而難以解決的問題。也許這是我獨斷的意見，我認為在思想史領域裡，能作為學界的共有財產而被公認的方法論幾乎還沒有誕生。故在此只能提出一些假說供各位探討。

思想史這個學問，可以說還沒有作為獨立的學科取得市民權。比如從一個非常簡單的指標來看，在今日的大學裡，有思想史方面講座的大學少得可憐。過去，我在東京大學開設東洋政治思想史的講座，但據我所知，設有同名講座的國立大學現在（一九六〇年）除了東大以外，只有一校（名古屋大學）。擔任日本政治思想史講座的學者雖有若干人，但實際上幾乎都是在政治學或政治史講座中授課的，這是非常現實的狀況。所以，當每年從我這裡畢業的本科生提出想專攻思想史時，我總是遺憾地勸他們放棄此想法。因為即使刻苦攻讀並獲得博士學位，亦無法找到工作。當然，一般來講，研究者的職位都不容易得到，但像歷史之類古老的學問在所有的大學都設有講座，還有就職的可能。而思想史因為沒有講座，所以即便遇上好運得到其職位，實際上也只能暫時放棄好不容易學到的思想史，去開設別的講座。不言而喻，這種現實問題又反過來導致思想史專業人才難以培養的惡性循環。大概，歷史學專業中的思想史也有同樣情況。

最近，跟我很熟的一家舊書店的人來訪，談到思想史的書很難處理。理由是不知道應該放進哪個書架。有哲學、宗教、法政、歷史等書架的分類，但是，比如政治思想史究竟應放進政治類還是歷史類？又假如算它是思想，那麼究竟又應該放進哲學類還是宗教類的書架呢？總之，沒有放的地方。思想史的書籍往往賣不出去，這大概也與它不能集中為一個分類而分散放置於各處有關係。因為大學裡不承認獨立的思想史講座，所以要叫舊書店率先設置思想史的專櫃，就等於開玩笑。

這與我最初說過的問題有關，在思想史方面，還難以談出學界關於方法、對象、範圍的定說。而且這也不僅僅是因為這門學問還未發達。光從思想史的對象這一點來看，各種思想史可以多樣地成立，而且那也是合適的。根據對象之不同，可以有許多種類的思想史，與之相應，其方法也必然是多樣的。在這種多樣性之中要抽象地比較哪個優良，不但非常困難，而且沒多大意義。

我認為，不僅是思想史，一般說來，一切學問的所謂方法論，都不能說具有在任何場合使用都能獲得最好結果，不能從這個意義來談。所以，雖說在其他學問領域也如此，但特別是我們學習思想史的時候，要警惕那種「地上練游泳」的做法。實際上，只有在進入思想史的茂密森林，融入對象內部，從而遇到各種問題的過程中，才能思考思想史的方法。還未跳進水裡，就先議論哪個游泳方法最好，這種做法在思想史的領域尤其是不明智的。以上述認識為前提，下面就若干問題發表些見解。

## 1

先驗地談方法論固然是不妥當的，但世界上思想史的研究實際上已很早開始並持續到如今。至少在到目前為止已存在的思想史中，根據對象來分類，是可以分成若干類型的。下面我想先來闡述這個問題。不同的思考方法也可以有不同的分類，若是大略地區分，我認為思想史可以分為三種類型。

第一類型是「教義史」（history of doctrine）。比如基督教的教義史，就日本而言有儒學史、佛教教義史，這些都屬於此範疇。或者馬克思主義的歷史等，在某種意義上說，也可以作為馬克思主義這一個教義的發展史來敘述。若進一步把這個類型運用於個別科學來看，則可以有學說史。學說史裡又可按目前通用的學問領域區分為政治學說史、經濟學說史、倫理學說史等等。而且在其學問領域內又可以有某某理論的發展史，比如剩餘價值學說史，這些都可以編入教義史的範疇內。當然，這時所謂教義的含義非常廣泛，裡面既有以包含世界觀的教義體系為對象的教義史（比如，教旨史〔Dogmengeschichte〕），也有區別於價值判斷的、只在經驗理論的層次探討問題的教義史，此兩者在性質上具有相當大的區別。不過，「教義史」類型的思想史的對象，一般都是具有高度自覺的、抽象度較高的理論體系或教說，這種研究就是要追尋其歷史的展開過程。因而其作為對象的人物，往往是以比較著名的思想家和學者為中心的。

第二類型是各種觀念的歷史（history of ideas）。這個名稱並未被人們廣泛使用，在此只是方便起見，為了與上述的教義史或學說史相對比而這樣稱之。它的定義可以解釋為：它並不以歷史上某某人物的思想為對象，而是從某個文化圈裡、某個時代或幾個時代裡抽出一直通用的特定觀念，研究這些觀念與其他觀念相結合、相分離的過程，追究這些觀念在社會發展過程中機能的變遷。比如西歐的進步觀念（idée de progrès），這個觀念不僅出現在狹義的思想範圍內，而且出現在文學、政黨綱領等各種領域。先從各個領域將其抽取出來，然後分析其結構和成分，再追尋其在時代和文化的影響下如何變貌的過程。這就是觀念的歷史。就「進步的觀念」而言，這種標題的研究著作有些已成了一種「古典」（當然，有些書也以某某觀念的歷史之類的用語作題目，但那不一定是按這裡定義的方法來寫的。這裡所關注的不是題目的用語，而是實質上的類型的問題）。不用說，在這種場合，某觀念的社會基礎和主張者都是其重要的契機，而且，因為對這些契機的處理方法之相異，同樣是觀念的歷史也會產生出豐富多彩的微妙差別。但總而言之，它的任務主要在於分析出特定觀念的內部結構和那些觀念與其他觀念之間的化合或混合關係，追尋其歷史的發展狀況。

不過，所謂觀念也是非常多義的，而且其抽象程度也有種種不同。所以，雖統稱為觀念的歷史，但就每個具體事例而言非常多樣。比如，就有學者把我們生活感覺中極其切身的、抽象度很低的觀念鄭重其事地作為問題來研究。就拿日本人生活感覺中的例子來看，曾擔任京都大學哲學講座的九鬼周造教授寫了《「粋」的結構》[1]這本有名的著作，被公認為名著。此書所說的「粋」，就是我們日常議論「那個人很帥」，或「不帥」時的「粋」。《「粋」的結構》通過研究大量的文獻，闡明了「粋」這個日本的傳統觀念具有的內部結構，以及「粋」與「恬靜」、「古雅」或「精粹」之類的傳統觀念的相互關係。「粋」是我們這些既不是藝術家，也不是美學家的人在日常生活中不自覺地使用著，並因此無意中深深影響著我們的美感的一個傳統觀念。此書從生活中抽取出這個觀念，通過分析而闡明了其邏輯結構及其歷史發展的狀況。這種研究就是「觀念的歷史」類型中的一個典型例子。這裡關注的不是「粋」這個用語本身，而是考察作為觀

1 譯注：「粋」是表現日本文化的一個特有名詞。大概相當於中文的「帥」、「瀟灑」、「俊俏」、「適中」等意。

念的「粹」。再舉一個別的典型。比如思想的歷史中，同一個詞語隨著時代的推移，其含義會發生變化。雖然是同一個詞語，但因時代發生了變化，人們往往不意識到其含義與過去時代的關係，而以不同的理解來使用之，對之加入了不同的含義。「觀念的歷史」特別關注這種現象，這時主要考察同一個詞語如何隨著時代的進程發生含義的變化，考察那些詞語的社會基礎是依然持續著，還是沒有持續。這種考察，也可以說是「觀念的歷史」的一個課題。

第三類型，主要是把時代精神或時代思潮整體地作為問題來敘述其歷史。不過，「時代精神」這個日語詞彙本來是由德語的「Zeitgeist」翻譯過來的，因「Zeitgeist」這個概念本身產生於德國的一種特定的歷史和思想史狀況中，所以具有特定的含義。但在此我講的並不是威廉·迪爾泰（Wilhelm Dilthey）所使用的那種特殊意義上的「時代精神」，而是一般性的籠統的「時代精神」。總而言之，就是以某個特定的時代為對象，盡量總體地把握其政治、社會、道德、文學、藝術等各領域出現的思考方法的相互關聯，以及與作為其背景的社會＝政治狀況的關聯，從而綜合性地把握時代精神的整體結構，並闡明其歷史的發展狀況。就是這樣一種思想史。比如，日本思想史的古典名著——津田左右吉博士的《表現於文學中的我國民思想的研究》（在戰後版，標題刪去了「我」字）就是其中一例。此著把研究對象設定於「國民思想」這個非常廣的範圍，主要以文學為素材，按照貴族文學時代、武士文學時代、平民文學時代的順序來追尋。他不是以所謂學者的學說為對象，而是以那些時代的實際生活中活生生的人生觀、政治思想、倫理思想或戀愛觀等內容為對象，對之做了概括性的敘述。此外，還有通俗地使用「封建意識形態」或「近代意識形態」等用語，整體地把握某個時代的「意識形態」的方法來追索歷史發展的。這種方法也屬於這個類型。以上只是非常概括的分類嘗試。到目前為止的思想史，如果從研究對象來看，似可大略分成上述三個類型。

回顧上述三種思想史，可以說，對思想史作為學問的獨立領域的自覺認識，是先在第二類型的「觀念的歷史」和第三類型的「時代精神或時代思潮的歷史」的研究中出現的。而第一類型的「教義史」，因為其思想的發展歷史往往被視為教會中教義的傳承，或大學中各專業學問的連續性發展，所以多數是以某種制度的實體為前提而被綁定於其中的。特別是在「學說史」方面，隨著各門學科的發達及其專業分化的進展，其思想的發展也被作為科學中每個專業分科的學說變化而愈益細化。因為在那裡，思想的歷史嚴重地受到教會、學院，或教義、科別理論等「陣地」的制約，所以自然就難以產生出在橫跨或超越那些「陣地」的環境中覺悟到自身作為獨立學問的方向。因此，那是待到研究者具有第二類型和第三類型的問題意識時，才開始逐步覺悟到要把固有意義上的思想史作為學問的獨立領域。

以我自身所做的政治思想史的類型為例，可以從兩個角度來定位其所屬。首先政治學史和政治思想史被列入廣義的政治學之中，而這個廣義的政治學又被細分。比如美國式的學科區分，政治哲學與政治思想史一般都同屬於政治理論分科。與之相並行，還有把重點放在政治過程論或現狀分析的領域，而且其中又再細分為政黨論和投票行動論等等。此外，行政學和比較政治論（Comparative Government）等分科也一起被統稱為廣義的政治學。在此，政治思想史只作為政治學這個專業學問分科中的一個部分而成立。日本和西歐在制度上也是這樣考慮的。因此，我屬於東京大學法學部，在法學部的講座編制上，我所擔任的東洋政治思想史，屬於政治學和政治學史的第三講座，而同樣地，歐洲政治思想史屬於其第二講座。可見，在傳統的講座制度中，政治思想史只被看成政治學的一部分。

但是，還有一種不同於上述注重區分的做法。那就是把還未抽象化為政治學或經濟學的、更為一般的層次的政治、經濟、法律、教育、藝術、倫理等各領域包羅起來，作為一般的人類文化活動來研究的思想史。通常所謂「文化史」（Kulturgeschichte）就是這些綜合性文化活動的歷史。以這種整體的文化創造或思想活動為前提，將思想史作為廣義的文化史的一個領域，關注其政治或經濟等某個局面，由此來闡述政治思想史或經濟思想史。也就是說，政治思想史一方面可以是政治學這個專門學科的其中一部分，另一方面也可以在跨越政治、經濟、教育、藝術、宗教等各領域的人類活動整體中，著重關注作用於人類活動的政治側面的思想，來考察其思想史。亦即在橫跨人類活動全部領域的精神史或文化史之中，相對地把重點放在政治方面，以此形成政治思想史。當然，在此並不是要說哪一種做法好一些或不太好，只是想說明政治思想史可以分成上述兩個方面來把握。要問政治思想史是什麼的話，從哪一方面回答都是可以的。如果是前者，那麼它就是政治學這個專門學科的一個分科。當然，因為政治學與經濟學、倫理學等各領域的學問都有關聯，所以政治學史和政治思想史究竟應如何與經濟學史、倫理學史等其他專業領域的「學史」關聯，也是一個問題。不過，這種場合也是以作為其基礎的政治學、經濟學、倫理學的相關關係來作媒介的，所以並不是由政治思想史本身來直接關聯，而是通過政治學來關聯的。如果是後者，那就不同了。那是建立在作為基礎的一般思想史之上的、所謂上層建築的政治思想史。因此在這種場合，需要把超越了科學中專業學科區分的一個巨大精神活動的整體納入視野，才能成為後者意義上的政治思想史。

所以，如果是前者意義上的政治思想史，即使是以洛克、霍布斯等特定的思想家個人為研究對象，也必須以自然法、自然權等政治學範疇作為當然的前提，來考察在洛克或霍布斯那裡，這些政治思想與當時整個時代的政治思想是如何關聯的，以及考察其與後世，比如盧梭的自然法、自然權乃至社會契約思想有什麼關係（當然並不僅限於這些），至少這些要成為中心題目。所以說得極端一些，就是可以不考慮洛克、霍布斯的存在論或感覺論等基礎哲學，而直接去論述他們關於國家或政治的思想。然而，如果是後者意義上的政治思想史，那麼研究洛克，就必須考察洛克的政治思想與他的哲學乃至思想整體，因此，不能在與洛克的認識論或經濟思想等毫無關係的視野下把握問題。也就是說，洛克這個人物在他所處的時代是如何設定關於宇宙與人類的課題，以及如何解決其課題的？這些整體的關聯應該成為研究的中心問題。這時，即便只是把洛克的政治思想這個領域作為課題，也需要把上述那些根源性問題放到細分部分的位置。在後者的意義上可以這樣來考慮政治思想史。但如果是前者的研究，那麼即便是關於同一個對象，如果不採取固有意義上的政治學方法，作為政治學之中一個分科的政治思想史就不能成立。同樣地，經濟思想史也只有設定經濟學的範疇，對其歷史的發展進行分析，才能作為經濟學領域之中一個分科的研究而成立。但如果是後者的研究，那麼分為政治或經濟來論述，也只是出於方便而對對象的大體區分。以上為了說清兩種不同的研究方法而使用了稍微極端的表達，但作為其思考方法可以說就是那樣的。

以上暫且以政治思想史為例，說明了同是政治思想史也可以從兩個角度來把握。但正如前面所述，人們對「思想史是什麼」的自覺認識，只有在採用上述的第二種思考方法時才能產生出來。因為如果沒有痛切地感到需要打破區別學問專業分科的框框，就很難產生出對獨立於「教義史」或「學說史」的上述第二、第三類型的思想史研究意欲。不過，或許這也正是在大學裡難以開設思想史這種講座的一個原因。換句話說，因為這種意義的思想史具有跨越大學舊有的專業區分，朝橫向擴展的傾向，所以大學的制度若是由某學部、某學科來構成的話，獨立的思想史就不方便編入其制度的區分之中。[2]

這不僅是日本的問題，其他國家在不同程度上都存在這樣的問題。當然，後來人們漸漸自覺地意識到了有必要研究那種橫跨政治、經濟、法律、教育、倫理等各領域的思想史，或以這些領域的相互關聯為直接主題的思想史。而發展到這種自覺的原委，是因各國的文化背景都有所不同的。就西歐而言，大概是在十九世紀末就開始出現這種要求。

關於各國的不同情況在此舉兩三個例子。在美國，最先在高校和研究機構層面為推進思想史的思考方法做出重大貢獻的，是約翰・霍布金斯大學一九二二年創立的「觀念的歷史俱樂部」。該俱樂部是在約翰・霍布金斯大學的哲學教授阿瑟・洛夫喬伊（Arthur O. Lovejoy）的斡旋下設立的，洛夫喬伊就相當於美國思想史研究的教祖般的人物。這是一個非常開放的俱樂部，其成員不必是約翰・霍布金斯大學的教授，也不必是某大學的教授。它是所有對思想史感興趣的人的集合體。其最初的綱領是：從歷史的角度研究西歐文學中出現的一般哲學上的概念、倫理思想、美學上的審美意識的發展及其影響——特別是注重文學中出現的範疇在哲學史、科學史或政治＝社會運動的歷史等文學以外的各種文化領域的表現情況，歷史地研究其內在的關聯。通過洛夫喬伊

2 〔後注〕：為了避免誤解，在此重複說明一下：所謂「突破的必要」，並非強調「突破」是站在更高度意義的價值判斷之上的。但在現實中，以學問的專業分科為前提的思想史敘述實際上往往是困難的。以我自己的領域為例來說，比如，在講日本的中世或江戶時代的「政治思想史」時，要作為「政治學」系統的一部分，以此為前提來闡述江戶時代等「政治學史」，這是難以做到的。因為那些系統及其諸範疇本來就是西歐的產物，而研究既沒有那種學問分化意識，亦沒有那種學問區分之存在的江戶時代思想時，將之與「經濟學史」、「倫理學史」並行來敘述其「政治學史」，這本身是不可能的。

教授所創立和推進的這個俱樂部的活動，特別在文學和藝術領域中，思想史研究得到了劃時代的發展。他們採取了不同於高等研究機構傳統型專業分科的文學史、美學史的方法，以文學和藝術為素材，對其中出現的各種觀念嘗試地進行了超出狹義的文學或美學分析的、意義內容的分析，追究其觀念所表達的含義在歷史上的變化。比如「自然」（nature）、「浪漫」（romantic）等非常多義的用語被廣泛地應用在文學和藝術中，他們對這些用語隨著時代推移所產生的含義變化，以及這些用語在文學、美學以外的各領域出現時的相互關聯，還有其含義向相反意思轉化等情況進行考察。現在，美國有一家名為《觀念史雜誌》（*Journal of the History of Ideas*）的思想史研究專門雜誌，這就是以約翰·霍布金斯大學的俱樂部為母體的。不過，在英語的世界裡，對超越了特殊領域的這種條件廣泛的思想史，一般都稱為Intellectual History。

與之相對照，在德國，思想史在傳統中被稱為精神史（Geistesgeschichte）。我們前面提到過的威廉·狄爾泰（Wilhelm Dilthey）為把精神史確立為一個獨立的學問領域發揮了重要作用。在此不準備闡述狄爾泰提出這種方法的來龍去脈，只想指出一點，狄爾泰龐大的精神史研究，是在大膽地打破了大學傳統學科區分的基礎上成立的。如果說，上面提到的「俱樂部」是通過把傳統的文學史、美學史框架中的內容推到廣大的平原來建立新學術的，那麼，狄爾泰的「精神史」可以說是通過走出哲學史的領域範圍，打破其窠臼而建立起來的。因此，其研究對象也是廣泛包羅的，宗教、哲學不用說，還涉獵到文學、教育、藝術、政治、普魯士國家等廣大的範圍。在此意義上，狄爾泰把這樣的文化現象理解為歷史中的「生」（Leben）的顯露，從而通過整體地把握貫穿於全部文化現象的精神的作用關係（Funktionszusammenhang），來總括性地理解時代的精神。

狄爾泰的精神史研究在後來發展出了各種方向，在此只談談在考察思想史中特別重要的、後來德國的兩個流派。第一是由歷史學中產生出來的流派。其中特別可舉出弗里德里希・邁涅克（Friedrich Meinecke）。邁涅克提出過觀念史（Ideengeschichte）的說法，這正好相當於前面說過的「觀念的歷史」。眾所周知，他從這個角度進行的思想史研究取得了巨大成果。他曾把「國家理性」思想的發展作為典型的觀念史，從馬基維利開始一直探尋到第一次大戰。在那裡，他著眼於觀念與各種社會力量的相互作用，從中考察其歷史的發展，把這種研究看作觀念史的課題。

第二是由社會學中產生出來的流派。這個動向大概興起於第一次大戰後，是由卡爾・曼海姆（Karl Mannheim）、馬克斯・舍勒（Max Scheler）、翰斯・弗賴爾（Hans Freyer）等人所代表的文化社會學或知識社會學。特別是知識社會學通過深入探討意識形態論，對思想史的方法給予了很多啟示。當然，在意識形態論誕生的譜系中具有劃時代意義的是馬克思，但馬克思並沒有特別在方法上對意識形態論作過理論性研究。而第一次大戰後，知識社會學則以馬克思的意識形態論為出發點，並接受了今日的刺激，將之提煉成思想研究的一個領域。這個流派雖然重視所謂思想的「存在拘束性」（譯按：思想受社會存在制約的性格）的契機，但並不是把每個具體觀念與社會的或階級的基礎直接結合，而是在媒介於兩者之間的中間項中，設定思維範型（Denkmodelle）、視座結構（Aspektstruktur），由此分析各種各樣的觀念形態。這個流派的學說在思想史研究的歷史上具有非常重大的意義。以上只是簡單的介紹，像蜻蜓點水。總而言之，在德國，從狄爾泰開始，一方面發展出邁涅克的，另一方面發展出曼海姆的流派。這作為思想史研究中的大潮流，至今仍具有重大的影響力。

可見，因國情和文化背景的不同，各國思想史研究的展開情況也各自相異。但不論哪一國的嘗試都顯示了一個共同點，即如前所述的，要建立作為自律領域的思想史，必須超越過去的學問專業領域。所以在現狀之中，思想史自然就成了光靠一個人的力量難以進行研究的學問。由此便產生出思想史研究需要多種專業領域共同協作的必要性。

## 2

以上通過闡述思想史研究上三種類型的可能性，提示了探討思想史方法的線索。下面擬進一步考察作為思想史研究對象的「思想」實質上究竟包含什麼內容，以及這些多樣的內容之間是如何相互關聯的。

在進入這個問題的具體考察之前，有一個作為前提必須考慮清楚的問題。日本語中的「思想」一詞是含義非常不明確的用語，它與 Ideengeschichte 的 Idee 和 history of ideas 的 idea 也多少有點類似。比如前面介紹過的、「觀念的歷史俱樂部」的一位主要成員喬治・博厄斯指出，「觀念」（idea）一詞至少包含有四十二個意思（George Boas, 'Some Problems of Intellectual History', *in Studies in Intellectual History*, 1953）。我認為日本語中「思想」一詞的多義性也不亞於此。這種多義性在考察思想史時是值得注意的問題。現在只把「思想」一詞引為例證，而實際上除此以外，思想史中還有很多用語都難以避免這種詞語的多義性。而且正如前面所指出，同一個用語隨著時代的發展會表達不同的觀念，或反過來，同一個觀念在不同的時代會由不同的用語來表達。這樣的情況是很多的。

因為同一個觀念在不同的時代會由不同的用語來表達，所以，光從用語來看，其意思即便完全相反，但如果將之與其所處的背景狀況結合起來考慮，有時往往又不是相反的，甚至其意思還非常近似。恕我想不出動聽的事例，比如，社會上出現了要盡量與特定集團的想法步調一致的要求，或者說出現了畫一主義的要求。表達這種要求的用語即便在同一種文化背景下也會隨著時代而變化。比如在戰前的日本，人們常常指責某某的思想、某某的觀念是「反國體」的。但這種畫一主義要求現在已不使用這個詞語，而是用別的詞語來表達了，比如用「反民主主義」或「托洛茨基主義者」等詞語來表達。在這種場合，如果割裂其背景狀況，光看其用語本身，那麼「反國體」與「反民主主義」這兩個用語不僅非常不同，而且正好表達相反的觀念。但是，如果把其背景狀況納入視野，就會意外地發現，這兩個相反用語是出於同一種狀況，並表達同一種要求的。那就是排斥少數的反對意見，強迫其順從占支配地位的意見，在這一點上兩者具有共通性。這類例子不勝枚舉。所以必須分清其實質性的含義與承載其含義之用語的區別。

也有與之相反的情況，同一個用語由於時代的變化而表達完全不同的觀念。比如「nature」這個用語就是歐洲語言中的共通事例。日本語的「自然」一詞也如此。「nature」與「自然」不一定完全對應，但就其共通的方面而言，自古以來就是非常多義的。既表達事物的「本性」，亦表達與人類社會相對的自然界。還有作為形容詞的「natural」，既表達「本性的」，亦表達「自然成長的」之意。而且，光是表達「人的本性」時，其實質上也包含著完全相反的含義。比如，朱子學所說的「本然之性」與江戶時代國學所說的「自然而然」（おのずから）的「真心」（まごころ），雖然都是指人的本性，但其實質上的含義是完全相反的。尤其在日本，日本的抽象用語自古代就先來自佛典，然後來自儒教經典，明治以後又來自歐洲，多是從外來文化中輸入的。這種情況是導致使用同一個用語卻在理解上背離原義的歷史現象發生的重大原因。從這個意義上看，特別是在日本的思想史中，用語的變化和觀念的含義變質是一個大問題。

總之，用語和觀念之間並不存在一義性的對應關係，所以我們必須時時清醒地意識到兩者的這種關係。不同的用語也會表達相同的態度，或相同的觀念。或相反地，使用的依然是過去的用語，但自某個時代以後，這個用語就變成表達不同的思想或不同的對應方法了。這種情況，我們必須不斷引為注意。

在上述考察的基礎上，我想更為總括性地闡述一下觀念形態這個東西的「層疊結構」，亦即觀念形態包括有什麼層次。這是一個複雜的問題，概而言之，大體有以下層次。

這與前面所說的思想史對象的區別問題相關聯。第一個層次，是最高度地抽象化了的體系性理論、學說、教義（這裡的教義不是指基督教一般的，而是指比如聖托馬斯主義的教義這樣抽象的、特定的教義）等等。這些屬於最上的一層（為慎重起見，所謂「上」僅僅意味其在「層疊結構」的上方，而不是指價值意義上的高）。在其之下有第二個層次，主要是較為帶總括性的世界觀或世界像，亦即關於世界或「世間」的總構圖等，或稍微狹義地說，比如人生觀那樣的綜合把握人世間的層次，從這個層次思考問題。再往下有第三個層次，主要是意見或態度，亦即對具體問題做出具體應對的意見，比如「反對重新搞軍備」等觀念。再往下就是第四個層次，主要是生活感情或生活氣氛或實感等東西，這屬於理性反省以前的生活感情，其極端的底層幾乎就是低於意識的層次。一般來說，在「層疊結構」中層次愈高，其體系性和抽象性就愈高。層次愈低，就愈顯出碎片化，其經驗性，即與生活直接貼緊的程度就愈強。我們可以從這種「層疊結構」的各個層次中探討「思想」的問題。

那麼在這種情況下，各層次的相互關係又應怎樣把握呢？這本身是一個大問題，在此有限的時間裡不可能詳細講述清楚，況且我自己也還有很多問題未弄明白。所以關於這一點，就僅僅從思想史的意義上，談談自己的經驗中常常遇到的問題。如上所述，我們是把各種層次的思想作為思想史的對象來研究的。但在探討思想的價值、意義、機能、作用的時候，因為作探討的人本身沒有區別自己是在什麼層次上把握思想，所以往往會出現混亂。對此我是多有感受的。關於這一點，不見得我本人就有明確的解答，但一般可以這樣說，如果要考慮各種層次思想的相互關聯，就要設想以包括其全部在內的多義的「思想」為出發點，那麼就可看清，能給思想賦予目標和方向性的，是相對地處於「層疊結構」上層部分的思想。換句話可以說，帶有目的意識性或目的設定的方向性的思想一般是從上面的層次向下面的層次擴展的。而與之相反，推進思想發展的能源是從「層疊結構」的下方發出，而往上方升進的。如果借用康德的一句名言來說，沒有生活感情或實感作根據的理論、學說、教義是「空虛」的，而相反，沒有理論、學說、教義或世界觀來確定方向的實感是「盲目」的，因為雖有能源，但不知應走向何方，不知應發揮什麼機能。所以，概而言之，目的的設定或方向性的設定是自上而下的，而能源的產生則是自下而上的。

還有一個在思想史中要考慮的問題。那就是，不管從哪個層次來把握思想，我們在測定某思想的價值時應以什麼為基準的問題。這是一個乍一看簡單，其實不容易弄清的問題。我們在考慮思想的意義或價值的時候，是否可以建立如下基準。第一、思想的重厚度，或者說分量。具體指思想對問題作解答的徹底性，比如，是徹底地解答了？還是僅停留於含混的解答？因為思想的意義在於對人所面臨的問題狀況作解答，當然應注目其解答問題的徹底性的程度。此其一。第二、思想的滲透範圍和流通範圍。人們常說某思想對時代有巨大影響，或沒有什麼影響，往往就是以這個評價基準來判斷的。也就是說，要看其思想的滲透和流通，這是擴展的程度問題。第三、思想的幅度。與第一的「分量」相對應，還有「幅度」這個基準。幅度指思想所應對的問題包括了多大的範圍。比如有些思想的包括性非常少，涉及面非常窄，但對特定的問題解答得很徹底。這就可以用第一基準來評價其具有分量，但缺乏幅度。這種情況下，衡量思想價值的尺度可以有兩個以上，而且以不同的尺度衡量出的結果也不一定是相互關聯的。分量重的思想不一定幅度廣，幅度廣的思想不一定分量重。可見，在論述思想的「價值」時，採用什麼尺度是非常重要的問題。第四、思想的密度。主要指邏輯的＝實證的密度。這與「分量」的關係很緊密，但也是有區別的。比如以馬克思的《共產黨宣言》為例，此著對問題做了徹底的解答。先不管其解答是否正確，總之其解答是徹底的。但從密度來看，其與解答同樣問題的《資本論》就不能相比了，《資本論》的密度是非常高的。同是馬克思的著作，但評價基準不同，評價的結果也不同。第五、思想的多產性，即衡量其思想具有多大的知識和能力的問題。換言之，比如有些思想雖然在邏輯＝實證上缺乏密度，或在其所處的那個時代滲透範圍有限，但它內含有多產的觀念，因而到了後來的時代還可以從那裡發展出各種不同的觀念。在這個意義上，它也可以成為思想史的巨大動向。這就是思想的多產性。

由此可見，可以設定出各種各樣的評價基準。所以，在評價某種思想有很大的影響力，或這個思想非常有價值的時候，需要不斷地表明研究主體究竟是在什麼意義上判斷其有影響力？在什麼意義上判斷其有價值？是按什麼基準來判斷的？因此，思想的影響力問題也是不能輕易判定的，即使其在同時代的影響力也不能簡單斷定。如果要追究是以對哪個時代的影響力為基準而言的，那麼事情就更不能簡單地斷言了。

## 3

這樣一來，各位也許會感到思想史是無法捉摸的學問了。可以說確實難以捉摸。不過，雖說如此，還是有各種各樣的把握方法的。下面就結合這個問題，談一談思想史的領域與暫且稱為思想論的東西之間的區別。因為這兩者常常容易被混同，由此產生出對思想史的誤解。由此可見，思想史確實讓人感覺是難以掌握要領，並易於使對象過度擴大化的學問。但這並不意味著那裡沒有固有的學問上的規則，並不意味著可以像好事家那樣聽任興趣所趨，隨著興趣而擴展，漫無邊際地延伸。

同樣是把過去的思想作為對象來思考，但人們也可以單純地把過去的各種歷史遺產作為素材，完全脫離其歷史的來龍去脈，隨著主觀的關心來自由操作。這就是所謂「假借歷史」（這樣說也許不太恰當），而與歷史脈絡毫無關聯地議論思想。在此暫且將之稱為「思想論」，這本身也是有意義的，也有其存在的理由。然而我想說的是，在日本，當人們說起思想史，或思想史熱潮時，往往把「思想史」與「思想論」混為一談。也許因為如此，歷史學家常說，思想史是什麼都可以隨便說的學問，他們誤認為把歷史作為材料，隨意地敘述自己的想法就是思想史，所以對其提出了批評。現實中，確實也存在著歷史學家所批評的這種思想史研究著作。但是從一般論來看，這是對思想史的一個相當根本的誤解。因為，思想史也是要嚴密地以史料的考證來作根據的。在史料的斟酌和操作方面，它與一般的歷史學具有共同特點。但必須注意的是，在史料價值的判斷方面，事實史與思想史非常不同。例如，德川時代出現過一部《東照宮御遺訓》。據說這是德川家康所作，後交給秀忠而流傳下來的。但那實際上是偽作，今天一般被認為是德川中期之物。因此，《東照宮御遺訓》在幕府創立期的事實史敘述上，可以說是幾乎沒有史料價值的，因為那是後世的偽作……。然而，在思想史上，即使那是偽書，但因其能反映德川社會的、至少是成熟階段的德川社會的價值體系，即便不是全面的，但也體現著其中一個重要的側面。從這一點來看，那也是非常有意義的史料。那種偽作的出現本身就具有一定的思想意義。如果把這擴展為一般命題來說，在思想史裡，象徵性之物可以視為獨立於事實的存在，或它本身可以放在與事實同一個平面，因而象徵性之物也具有現實性，可以作為對象來研究其意義。這樣，在判斷史料價值之點上，思想史不一定與事實史相同，但它也是受歷史的考證制約的。在這方面，它與脫離歷史的脈絡，只把歷史上的思想作為素材來展開自己思想的做法是完全不同的。從這個意義上看，我認為，思想史研究者或思想史家的工作，正好介於把歷史的思想當作素材來發揮自己的哲學的「思想論」與一般的歷史敘述之間的中間位置。

從這個角度來看，思想史家的工作與音樂演奏家的工作非常相似。音樂通常是一種再現藝術，這是與美學、文學極其不同的特徵。換句話說，如果是繪畫，人們可以直接欣賞其作品。但如果是音樂，人們即使面對樂譜，也不可能從那裡獲得感興，起碼對於一般人是這樣。若不通過演奏，作品無法給人們傳達其藝術意義。因此，演奏家——作為再現藝術家的演奏家（當然包括管弦樂的指揮），是與作曲家乃至畫家、文學家不同的，他們完全不能自由地創作，不能隨心所欲地任憑幻想飛翔。他們基本上是受其所要演奏的樂譜制約的。就是說，他們必須通過對樂譜的解釋來再現作曲家的靈魂。在這種解釋中，他們不能無視作品自身的形式結構和之前的形式及其所繼承的形式，還有其中所包含的理念，或作品的時代背景，等等。在這個意義上，他們無論演奏哪個作曲家的哪首樂曲，都是受到演奏的對象制約的。但是，對於演奏家，至少是對於作為藝術家的演奏家來講，這絕不是單純機械地把樂譜反映在演奏上，或機械地再現樂譜。完全「客觀地」解釋樂譜的事，實際上根本不可能有。要使演奏成為藝術，就必然要有演奏家自己負責創作的契機。當然，這絕不是隨心所欲的創作。如果說作曲家的作曲是第一次創作，那麼演奏家的工作可以說是追創作，即追隨原本的再創作（nachschöpfen）。

與音樂演奏一樣，思想史家的工作不是思想的純粹創造，而是第二次創造。也就是說，把東西古今的思想家作為素材來展開自己的思想的做法不能算思想史，但僅僅把思想錨碇在歷史所與之中的做法也不能算思想史。與一般的歷史或政治史、經濟史等研究一樣，考證某個事實的史料根據也是思想史學家必須的工作。但如果僅僅是這樣，思想史不能成立。當然，即使在一般歷史學中，完全排除來自歷史敘述者主體的構成契機的「實證」主義，實際上是不存在的。只要不是作為事件的歷史，而是由人來敘述的歷史，就必定多多少少包含由撰寫人主體地對史料進行構成的契機。而在思想史中，這種主體構成的契機具有決定性的重大意義。比如不可能有康德思想或內村鑑三思想的純粹忠實的再現，那必然只能是由敘述者自己的思想來做出的康德解釋或內村解釋。反過來說，即在對康德或內村的解釋之中，必然會滲入自己展開思想創造的契機。要敘述「由康德到黑格爾」的那種德國觀念論的歷史展開，就更是如此。所以，正如「牡蠣」附在船肚上一樣，其關心只集中於糾纏事實的人，或對創造性感覺遲鈍、不易在對象的觸動下產生想像的人，往往不會對思想史感興趣。然而與之完全相反，不能忍受對象的史料制約，不能忍受歷史對象本身結構的嚴格制約的「浪漫主義者」或「獨創」思想家，也不會對思想史感興趣。思想史家的思想畢竟是對過去思想的再創作的產物。換言之，思想史家的抱負和野心是：埋沒於歷史中時表現得傲慢，從歷史中脫出時表現得謙虛。這裡包含著兩個方向性，一方面是嚴守被歷史拘束的特性，另一方面是自己對歷史的能動工作（所謂「對歷史」，並不能誤解為對現代，這是指自己對歷史對象的能動工作）。在讓自己受制於歷史的同時，自己又主體地重新構成歷史的對象，通過這兩者辯證的緊張關係來再現過去的思想。這就是思想史本來的課題，也是思想史之妙趣的源泉。

## 4

因時間有限，對日本思想史研究所面臨的問題在此不能詳說了。最後就談一談其中的一個問題，那就是人們常說的，在思想史上應該怎樣發揚思想中的傳統或過去的思想傳統的問題。

比如人們常說，要發掘日本的民主主義傳統，使之在現代得到活用。這個問題之所以特別被人們提起，那是與前面所說的情況有關係的，即在日本，具有高度抽象性的理論、主義、世界觀等東西，過去幾乎都是從中國，明治以後從歐美輸入的。總之，因為這些思想的原物全部都在外國，所以有必要追究其在引進時用語所發生的含義變化，或者說研究那些外來觀念在輸入日本時發生了什麼變化，這個研究是非常重要的。但是，如果神經質地注目於其歪曲和變質與原物相差的距離，日本的思想也許會在某種意義上被全部描寫成對原物的偏離和誤解的歷史。其實，當某某觀念從其產生的文化移到別的文化中的時候，當然是會發生變化的。因此，如果認為「真貨」在外國，光是從其如何變形、如何被誤解的觀點來看問題，那麼可以說全部都是誤解的歷史，都是歪曲「真貨」的歷史。當然，這種測定也是必要的。但問題不僅僅在於有沒有誤解。因為在那些誤解之中，也有能夠解決問題的或具有多產性意義的誤解，和不具有這些意義的誤解，對之進行分辨非常重要。

在這一點上，特別是日本和中國有相似之處。這兩個國家的近代化問題都與如何自主地應對西歐衝擊的問題緊密相關。在思想的領域，尤其是「開國」初期引進西歐思想，是受高度的目的意識支配的。就是說，在一定的狀況下，帶著一定的問題意識，把西歐思想作為解決問題的道具來引進，這種自覺的態度在開國或近代化的初期表現得相當顯著。所以必須關注當時的人們或思想家努力從一定的現狀中提取出了什麼問題，如何自覺地應對了這些問題。在那些應對的過程中，必然會產生出新的思想。西歐思想正是在這個過程中引進的，因此，如果只按上面所談到的有否偏離「真貨」的標準來衡量之，往往會發現相當不正確，或胡亂處理的做法。但也許正是這些「胡亂處理」本身蘊藏著不少的積極意義。比如，本傑明．史華茲教授在他的中國思想研究中指出，清末的思想家嚴復通過引進孟德斯鳩的思想和赫胥黎的進化論創造了一個思想，那在中國近代思想史上產生了巨大的影響。把十八世紀法國孟德斯鳩的思想與十九世紀後半期的進化論結合在一起，這本來是不恰當的。若從歐洲思想史的發展來看，那簡直是邏輯上的混亂。但如果內在地去理解嚴復對當時中國狀況是如何感受和把握的，而且是如何克服和解決那些困難的，弄清他有意識地把西歐思想用作應對那種狀況的手段的來龍去脈，那麼就會發現他把孟德斯鳩與赫胥黎同時引進並不奇怪。

日本的自由民權思想裡也有過類似的現象。日本的自由民權家也是廣泛地從盧梭、彌爾、史賓塞那裡引進了非常多的思想。不用說盧梭與彌爾之間，就是彌爾與史賓塞之間本來也存在著相當大的不同，從這個角度看，他們確實是在誤解彌爾、盧梭的過程中引進其思想的。但如果我們換一個角度來觀察，看他們是針對什麼狀況、為解決什麼問題去引進彌爾等人的思想的，那麼又可以發現明治初期的思想家是非常有主體性、非常自由的。在那種把盧梭、彌爾、史賓塞混同一氣的做法裡，潛藏著不能被簡單非難的意義。以歐洲的思想為基準，看其在引進過程中如何發生含義的變化，這種比較研究本身當然是需要的。然而如果對他們所抱的問題意識和所要解決的問題，以及把歐洲近代思想作為道具來運用的方法等問題不給予考慮，那麼那段歷史當然會全部被斷定為「對歐洲思想誤解的歷史」，或由此會導致所謂「思想缺乏論」，即認為他們只是把歐洲有而日本沒有的東西蒐羅在一起。同時還會出現反抗「思想缺乏論」的傾向，即力圖從日本「固有」的思想中尋找西歐思想在日本的「對應物」。這些動向確實已出現在思想史研究之中。

因此，在思考發掘傳統思想的問題時，我們與其拘泥於其思想到達的結果，不如說更需要著眼於其初發點，或其孕育時的雙面價值，亦即尚未知會朝何方向發展時的可能性，等等。否則，假如只從所達到的結果來判斷思想，在那種意義上來發掘思想的傳統——比如發掘民主主義的傳統或革命的傳統，僅僅從到達的結果來判斷的話，那麼可發掘的思想就會寥寥無幾。這樣就會導出日本極缺乏民主傳統和革命傳統的結論，或牽強地扒開草根去尋找具有那種傾向的思想。正是因為光從人的思想活動所達到的結果來看思想，所以才陷入這種狀況。

而且，上述觀察問題的思考方法也往往會與「直線進步觀」結合在一起。因為，只從到達的結果判斷問題，自然會以現在的基準，或現在的結果來評價過去的思想。而以現在的基準評價過去，會出現什麼情況呢？比如常有的一種對思想家的評價，說某思想家的思想達到了某個水準，但在那裡停頓了，表現了局限性，等等。即往往容易出現這種傾向。如果僅僅這樣來評價，那就正如說亞里斯多德雖然偉大，但因為他不懂量子力學，表現了局限性……這聽起來像是笑話，但難免會陷入這種邏輯。其實，對當時還沒出現的問題沒有作解答是很自然的。我們應該關注的問題是，當時出現了什麼問題，或沒有出現什麼問題，同時代人在當時對那些問題在多大範圍內做了何種程度的解答。只有在那種歷史脈絡中進行比較，才有可能論述某思想家的相對的「獨創性」或相對的負面因素。因此可以說，以現在到達的成果為基準來裁判過去，或用現在認知的價值基準來鑲嵌過去，是難以期待思想史結出豐碩成果的。

所謂注重觀察思想創造過程中的雙面價值，就是著眼於其思想在發端時，或還未充分發展的初期階段所包含的各種要素，關注那些要素所蘊藏的會朝多種方向發展的可能性。假如其中的某種可能性在後來的歷史階段或時代變得太小，甚至微不足道，那麼當然就要追究那在多大程度是由於思想內在的，或思想家內在的原因。但是，如果從結果出發來判斷問題，就容易因結果裡沒有出現某個方向，而認為其思想本來就不存在朝某個方向發展的可能性。這種結果論就好像「勝者為王」的邏輯，是難以在真正意義上從過去豐富的思想中吸取有益的營養的。再舉一個單純化的例子，比如關於進步與反動的評價，即使是在結果上導致了社會走向反動的思想，在其發端時也許會包含著進步的因素。反之，結果上帶來了非常革命的運動，或對革命運動產生了影響的思想，在其發端時也許孕育著與現實的結果完全相反的可能性。對這些問題有必要不斷地去追究。這是所有思想史研究中的共同問題，對於幾乎是引進完成狀態的思想的日本思想史來說，這一點尤為重要。日本思想史是由多種思想無序無章地雜居的，那裡不存在本來有條理的傳統結構，要從這樣的日本思想史中創造性地找出思想的傳統，就不能忽視其思想孕育過程中所包含的雙面價值的可能性。

引用我自己的研究也許比較容易說明問題，在此就舉一個我最近研究的例子。儒教的君臣道德與日本武士的主從關係道德常常成為比較研究的一個問題。在日本非常強調「君即使不君，臣亦不可不臣」。誠如所知，歐洲的封建主從關係是明顯具有契約性的，而本來儒教的君臣關係在與歐洲不同的意義上，也是帶有雙邊契約色彩的。在儒教裡，「君若不君，去也」，在解除忠誠義務這一點上是可以乾脆利落的。與之相比，在日本，從戰國武士的主從關係，到德川時代幕藩的君臣關係，還有國學裡對天皇的忠誠，以及明治以後天皇制裡對天皇的忠誠，雖然各時期的性格因歷史而有所不同，但若相對地作比較，就會發現那裡貫穿著強調隨從、臣下、臣民單方面的無條件忠誠的傾向。這個傳統一般被作為說明日本君臣關係中缺乏雙邊契約的因素——傾向於對君主盲目服從或奴隸般服從的證據。而美化它的人們則將之稱為「獻身的道德」。如果光從現實中出現的結果，或思想所達到的結果，或現實中占支配地位的結果來看問題，確實可以這麼說。所謂「君即使不君，臣亦不可不臣」，是教人不管是暴君還是仁君，總之對君主必須絕對服從。就其作為教導本身而言，也只能說它是強調臣下方面做沒有主體性的盲目服從的。而且，尤其到了德川時代，隨著幕藩家產官僚制的完善化，戰國時代那種武士的流動性消失了，因此，上述的教導在現實中就更加發揮了那樣的歷史作用，這也是不可否認的。

然而，如果從文獻中繼續追究「君即使不君，臣亦不可不臣」這種道德所可能引出的態度，就不一定得出全部都是對君主盲目服從的結論。正是在這裡孕育著雙面價值的可能性。因為，儒教的「君若不君，去也」是具有契約性的，主君若不仁，便離開主君，其關係並不是被綁死的。但僅就這一點而言，那裡難以產生出要迫使主君自身做出改變的積極因素，「自由」態度的反面，也可能是不負責任。但「君即使不君，臣亦不可不臣」的主從關係，其前提是一種絕對的命運的結合。縱令主君不仁，也不能離開主君，這是自己擔當的宿命，最終仍須仕奉於主君。在這裡，反而會逆流般地產生出不得不糾正主君的強烈的能動性態度，在這種君臣關係中會出現強烈的諫諍契機。「諫諍」也是從中國輸入的概念，但因為在中國已作為「諫官」完全制度化了，所以其作為實踐性的道德契機反而不太強烈。然而在日本的君臣關係中，那種「不能隨便離去」的窮途末路的自覺，包含著轉化為能動的實踐的可能性。事實上，到了幕末，德川幕府體制中那種被動的恭順因素漸漸減退，吉田松陰等人物以「忠義的逆焰」之表現，喚出了能動性的契機。雖然這種生活方式在整體中不能說是占支配地位的，但也不能一概地教條地斷定「君若不君，去也」是更為自由的，而「君即使不君，臣亦不可不臣」是更屈從於權威的。因為那裡還包含著雙面價值的可能性。

這樣一來，其可能性還可以擴展為一般的思想問題。比如自己屬於某集團，對某集團奉獻忠誠，當這個集團變壞了的時候，是採取「痛快地離去」的淡泊的自由態度？還是採取「諫諍到底」的態度？也就是說，可以擴展到這兩種態度的思想意義上來探討。以上用了所謂最屈從於權威的命題做例子進行論證，是想說明連這樣的命題都可以抽出對權威的屈從與抵抗的雙重可能性。在這個意義上，我認為有必要重新考慮過去的思想傳統的可能性。如果不做這種努力，而光從結果論來看問題，那麼發掘思想傳統的工作就會再出現戰中或戰前的狀況，即採取以「內生」對應「外來」的思考方式。其結果是兩個極端：要麼向最壞意義上的日本國粹主義復歸，要麼牽強附會地扒開草根去尋找某種稀少事例，將之奉為「傳統」。但是，如果能著眼於思想所包含的雙面價值的可能性，那麼就會發現即便某種可能性在結果上沒能得到發展，但在發端時也許存在著與現實結果不同的、會走向別的方向的可能性。若以剛才說過的進步與反動的用語來將之單純化，那麼也可以說，帶來了反動結果的思想也可能曾經包含有進步的契機。這種把握方法是有效的。如果不採用這種探究可能性的方法，就不能真正發掘日本思想中的「傳統」。而且即便去發掘，也難以使這個工作成為受歷史制約的思想史研究，甚至會導致主觀隨意展開議論的結果。

一九六〇年十月三日，於國際基督教大學

# 後記

## 1

本書收錄了我自一九四九年至一九七七年執筆的有關日本思想史的論稿。大體上是以幕府解體到建立明治國家的這段歷史時期為主要對象。最後的兩篇略有不同。另外，除了最後一篇以外，基本上都是過去發表在筑摩書房發行的雜誌、講座及全集上的文稿。本書目錄顯示的文章順序並不完全是按照論文發表時間排列的。因此，這裡首先把本書收錄的所有論文按照發表當初的時間順序排列如下，注明當時的題目和刊物。

＊〈近代日本思想史中的國家理性問題〉（一）：（《展望》雜誌，一九四九年一月號），同時請參照本書該論文末尾的〔一九九二年追記〕。

＊〈「福澤諭吉、內村鑑三、岡倉天心集」解說〉：（《現代日本文學全集》第五十一卷，一九五八年）。

＊〈開國〉：（《講座現代倫理》第十一卷「轉換時期的倫理思想（日本）」，一九五九年）。

＊〈忠誠與叛逆〉：（《近代日本思想史講座》，第六卷「自我與環境」，一九六〇年）。

＊〈關於思想史的思考方法：類型．範圍．對象〉：（武田清子編《思想史的方法和對象》創文社，一九六一年）。

＊〈幕末的觀念變革：以佐久間象山為例〉：（《展望》雜誌，一九六五年五月號）。

＊〈歷史意識的古層〉：（《日本的思想》，第六卷「歷史思想集」解說．第一章，一九七二年）。

＊〈日本思想史上問答體的譜系〉（木下順二、江藤文夫編，《中江兆民的世界——讀「三醉人經綸問答」》，一九七七年）。

文章收入本書時，並未按照當初發表的順序，說是考慮到內容的關聯，可似乎也並沒有多大意義。因為收錄的稿子都是我本人獨自撰寫的論文，而且題目也都是根據當時的情況而定的，執筆時完全沒有意識到要將其歸納為一書，當然不會考慮每篇論文之間的關聯及整個結構等問題。只是借此機會，我再次閱讀了以前的論文，重新意識到一個問題，那就是主要論文（目錄上從第一篇到第六篇）正如上面所述，研究對象的歷史時代大多重疊，而且探討的視角也有不少相通之處（表現在不太好的一面，就是重複引用歷史資料）。於是，就把這一類論文併在一起，大體按照研究對象的歷史順序重新排列。把〈忠誠與叛逆〉置於開頭是由於它既是全書中最長的論文，而且研究對象的時代跨幅也很大，從武家社會開始一直到二十世紀初這麼一段漫長的歷史時期。我認為思想史只能是問題史，此稿不管好壞，它旗幟鮮明地全面展現了這種作為問題史的特性。當然，即便如此也絕不是把其他論文全部都能集於〈忠誠與叛逆〉這一題目下的。之所以以此為本書的書名，也是參照了歐美論文集普遍採用的方式，即從所收的論文題目中擇其一作為書名。

## 2

這次出版本書，我沒有像過去那樣在各篇論文後追加長篇的補記（只有〈近代日本思想史中的國家理性問題〉例外）。儘管如此，我已反覆說過，因為各篇論文是在不同時期完成的，所以關於論文成立的由來、發表的場所等等，有必要附上最低限度的說明，這也是作者的義務。下面我就按照本書的目錄順序用第一篇、第二篇的稱呼對其加以說明。不過只限於解釋論文成立的過程，盡量避開對其內容的解說。

第一篇〈忠誠與叛逆〉最初收錄在《近代日本思想史講座》第六卷（一九六〇年）上，它是統一在「自我與環境」這一標題下的，編者為小田切秀雄，另有十名作者就各種問題執筆，本稿是其中的一篇。這個《講座》原本預定出版八卷，一九五九年發行了第一卷《歷史的概觀》（家永三郎編），以後陸續出版了七卷，只有第二卷《正統與異端》未能面世，至今仍未完結。對此作為第二卷編者的我應負全部責任。由此給筑摩書房及講座的所有執筆者造成的極大困擾，在此深表歉意。

關於〈忠誠與叛逆〉的內容，根據上文所述原則這裡不再作補充說明，只對原來執筆的經過稍作說明。執筆當初，原預定涉及到無政府主義，特別是其代表人物大杉榮，對其「抵抗的哲學」所具有的劃時代意義以及他本人難以否定的思想弱點加以敘述的。手頭也已有了些手稿，但這次如果將之完成附加在內的話，則有違本書的編輯宗旨，而且就我現在的狀況來看，無論精神上還是肉體上都會成為超出能力範圍所允許的工作，所以，所收的論文下限就按計畫，以已發表的文章為主。

第二篇論文正如〔附記〕所述，原本是受「信濃教育會」邀請，在長野縣松代町的松代小學舉行的佐久間象山逝世一百周年紀念會上做的講演。後以「日本思想史中的佐久間象山」為題分兩期刊登在雜誌《信濃教育》的一九六四年十二月號和第二年的二月號上。已故的臼井吉見看到這篇文章後，強烈要求我允許轉載到雜誌《展望》上。於是，我將《信濃教育》的舊稿又全面加以修改並改換題目，刊登在《展望》一九六五年五月號上。

第三篇論文刊登於《講座現代倫理》的第十一卷「轉換時期的倫理思想（日本）」（一九五

十九年）。而且我也不知道是通過什麼途徑，這篇論文被翻譯成德文，刊登在西德的一個叫做*Saeculum* 的定期刊物（Verlag Karl Alber Freiburg/München; XVIII, Heft 1-2, 1967）上，德文的題名是：「Kaikoku-Öffnung des Landes; Japans Modernisierung」。

關於第四篇論文，如前所述，請參考正文之後加寫的〔一九九二年追記〕。

第五篇論文原來是「山本安英會」主辦的一個研討班上的講稿。以木下順二、江藤文夫兩位為中心，自一九七五年一月至同年六月以中江兆民的《三醉人經綸問答》（岩波文庫版）作為教材，請桑原武夫為首的數名學者做了連續講座。那時我以《三醉人經綸問答》補論的形式作了題為「日本思想史上問答體的譜系」的報告（三月十七日）。這次研討班上的講稿於一九七七年年底由木下、江藤編為一書《中江兆民的世界》（副題「讀《三醉人經綸問答》」），並由筑摩書房出版發行。本稿是其中的一篇。這次又新加了副標題「中江兆民《三醉人經綸問答》的定位」，是為了明確一點：「問答體的譜系」之主題只是作為《三醉人經綸問答》的前奏來鋪墊的。

第六篇論文原本是為筑摩書房出版的《現代日本文學全集》第五十一卷「福澤諭吉．內村鑑三．岡倉天心集」所寫的「解說」，這卷發行於一九五八年，所以是繼「國家理性」那篇論文之後完成的，屬時間較早的一篇。所涉及的時期直至大正時代，所以把它放在了兆民《三醉人》論文之後。

在收錄本書時，制定了對論文的共通的修改訂正方針，後面會一併敘述。不過，對於第六篇論文有一處訂正，其性質與其他地方有所不同，而且作為翻譯問題也許多少能引起點兒興趣，所以，儘管稍有些離題，還是在此說明一下。在該文的結尾一段有這樣一句引自弗里德里希・席勒的話：「靈魂一開始說話，啊，靈魂就不再說話了。」（本書三一六頁）。這是對筑摩全集版的譯句「魂が語るや否や、あゝ、魂はもはや語らず」做的一點兒修改。這一修改不單是為了讓語言更加平易近人，而且還借鑑了實際發生的誤解。原因是此稿刊出很長一段時間後，亞洲經濟研究所發行的英文機關報 The Developing Economics 的一九六六年十二月號中登出了這篇論文的英譯，題為〈Fukuzawa, Uchimura, and Okakura–Meiji Intellectuals and Westernization–〉當看到譯文的排版校樣時，令我大吃一驚，剛才提到的席勒的話（不巧手頭沒有英文原版）被譯成了「靈魂說還是不說，啊，靈魂已不再說話了」。我原來此處的日文是「……や否や」，從前後文看，人們應該都會認為這一表達相當於英語的「as soon as...」，但是接觸了這一誤譯之後我開始認識到了，原來如此！「……や否や」按照字面翻譯成口語表達的話就成為「……かどうか」，儘管是一種慣用句法，我還是應該反省自己的「陳舊」教養，習慣按照漢文語調來翻譯。借此次收錄之際，改成了前述的譯文。順便說一下，席勒的原文是「Spricht die Seele, ach, spricht die Seele nicht mehr!」[1]。

以上第一至第六篇是本書的主要內容，也反映了本書副標題的意義。隨後的第七和第八篇論文與上述主論之間就可算作輔論或附論的關係了。也就是 Appendix。不過，目錄中若使用「輔論」或「附論」之類的詞語，按日語語感恐怕會被理解為「附帶」的，有點兒輕飄之感。鑑於此，編輯部也提出了強烈的反對意見。所以為表明這兩篇論文與前面的其他論文有所不同，在目次中標以＊＊＊符號以示前後區別。

第七篇論文如前面開頭所記，是為筑摩書房出版的《日本的思想》系列第六卷的「歷史思想集」（一九七二年）寫的解說，以「日本歷史觀的歷史」為題，與石田雄、植手通有二位共同執筆。這篇〈歷史意識的「古層」〉作為其中的第一章，起初我的構想是與「倫理意識的古層」及「政治意識的古層」共同成為三部曲的。但是，其他兩篇由於我的惰性而未能發表出來，甚為遺憾。關於政治意識的「古層」或「執拗低音」，我曾在牛津大學教授查德．斯德里的追悼論集（*Themes and Theories in Modern Japanese History*, ed.by Sue Henry and Jean-Pierre Lehmann, The Athlon Press, 1988）裡，以〈The Structure of Matsurigoto: the basso ostinato of Japanese political life〉為題寫了一篇英文論文。之後又將這篇英文精簡為日文，沒有發表在一般流通的公開刊物上，而是附在「新日本獎學會」的機關報《百華》的第二十五號（一九八五年）刊載的「圍繞日本思想史的諸問題」為題的學術研討會的記錄中。關於「古層」或「執拗低音」這些用語以及圍繞這些問題的我的方法意識，請參照我的另一篇稿子，收在武田清子編著的《日本文化的隱匿形

1 譯注：錢鍾書《管錐篇：老子王弼注》第十六則裡將之譯為：「脫靈魂而有言說，言說者已非靈魂。」

式》（岩波書店，一九八四年）中。

最後一篇論文〈思想史的思考方式：類型·範圍·對象〉原來收錄在武田清子編著的《思想史的方法和對象——日本與西歐》（創文社，一九六一年）裡。這部論文集本身緣於一九六〇年十月國際基督教大學主辦的學術研討會，所以是演講體。本書的論文中只有此篇是筑摩書房以外的出版社發行的，在收錄於本書中時，得到了此前刊載書的編者武田清子及創文社的欣然允諾，在此深表謝意。

關於思想史的方法，至今為止我寫的文章中另外還有一篇〈摸索思想史的方法〉（《名古屋大學法政論集》第七十七號，一九七七年），其中敘述了我從大學時代對學術的徬徨直至找到思想史的方法這一過程，個人的回憶多了一些，也沒有著重論述日本思想史，所以這次沒有收進本書，取而代之採用了國際基督教大學學術研討會的舊稿。這篇發表時間較早，反而和本書所載的主要論文幾乎屬於同一時期，而且舉例方面雖屬偶然，卻也與〈忠誠與叛逆〉有部分重疊，鑑於此，把它放在了最後。雖然是一次性講演，有些制約，但終歸思想史的方法這一巨大課題不是一、兩篇論文可以論述完的。期望各位權且把它當作在這一領域中以實踐為背景的一個小小的紀錄來看吧。

# 3

本書由於沒有專設「凡例」欄，所以下面一併列出通用於各論文的文字、語詞或史料引用的原則等等。不過作為其前提，有必要先明確一下我對本書收入舊稿時所採取的修改方針。

簡單地說，就是盡可能意識到文章與文意的區別，就文章和語句，不只是修改錯誤，而且也修改不明確的表達，整理混亂的文體等，有時內容上會重新改寫幾行。但在做這樣的修改、追加時，盡可能注意做到不損害原論文的原意及宗旨。尊重原論文的同一性當然並不意味著我相信原論文可以依舊通用於今。本書收錄的論文，執筆時間的跨度也有三十多年之久，最近的一篇距今也有十五年了。這段期間我對同一課題的構想、研究方法、強調的重點等，要說沒有發生任何變化也是不自然的吧。視點及方法的變化並不意味著改善，相反，不變化或無變化則只是停滯的代名詞。儘管如此，如果我因此對保持原論文的文意的同一性不關心，也就是說隨意加改的話，不論這是有意識還是無意識，恐怕難免陷入一種結果，即將今天或某一時點以後我的觀點及重點之所在，會如同形影一般追溯到各篇論文的執筆階段吧。至少在人文、社會科學領域中，特別是思想史領域裡，不論什麼作品都應尊重其本身所具有的歷史性，這是我的觀點。這裡所說的歷史性不單純只意味著所謂的歷史的「制約」這一消極的契機，更何況「已經舊了，不行的」這樣的認定也只不過是一種正誤式判斷的變奏曲。所謂的歷史性，冒昧地說就是在一定的歷史條件下，相關論述、作品從特定的側面或特定的角度去參與「真實」的一種形態。從一定的「側面」或「角度」去研究，同時又會帶來某些「偏向」吧。如果否定這些的話，就是把自己當成了一個全面的「不受約束」的認識者，也就是陷入自我欺騙，把自己提高到一種神的地位，或墜入漫無邊際的相對主義的沼澤之中。對於舊稿的無限制的修改（我所尊敬的學術先輩中也不乏此類人）即便是每次修改都懷著「忠實於真理」這樣一顆最崇高的做學問的良心，但我都會想：這是不是在損毀和冒瀆上面所說的論著的歷史性？

儘管這麼說，如前所述，關於修改的「底線」，這一自戒原本就處在進退兩難之中，所以我採取了尊重執筆時的想法的方針，在校樣上追加改寫時格外小心謹慎。姑且不說我萬事遲鈍的性格，這也是校閱本書稿時超出預想地花費頗多時日的理由之一。但是，現在回過頭來看，其結果既不能說是完全按照我現在的意思修改了原文，也不能斷言只是做了改正錯字、誤排這樣純技術性的工作，最終以這種不徹底的形式而結束。對於文體的陳舊我也不是沒在意，只是文體和論文的構成這兩者不是那麼簡單地就可以分開。最終也只是修改文章的銜接，調整前後關係不甚分明的部分等，在這一限度內注意如何使其更加通順平易而已。

鑑於這一前提，本書的「凡例」的用字．用語原則如下所示[2]：

(1)用字．用詞除引用文以外統一用新字．新假名。

(2)引用文考慮到專家以外的讀者，添加了句逗點、濁音符號，並適當標注了假名。平假名和片假名的混淆文統一為平假名。對漢文原文，有的按日語訓讀法翻譯出來；有的則是在原文兩旁施以訓點。在書簡用語表達中，比如「不取敢」、「被下度」等，即便是候文的慣用表達，也不厭其煩地加注讀序符號。

(3)書籍及雜誌的標題用雙重引號（《》）表示，論文用單引號（「」）表示。

(4)卷數、年號、年月的標記全部使用漢字，例如不寫作「一〇」，而是標為「十」。

(5)引用思想家的話語時，對於在執筆後出版的改定版或新著作集、全集，將引文全部改為最新版本是一項十分繁複的工作，所以包括頁數等在內，都以執筆當時的版本為依據。對此希望各位諒解。

(6)原論文發表時在文章末尾的注釋，這次為了便於閱讀分放到該段落的後部。而且這次新附加的注釋（如前所述按編輯方針只增加極少數）作為〔後注〕以區別於其他注釋。

(7)文中的旁點除非有特別說明，都是丸山附加的。

---

2 編注：以下為日文版的情況，繁中版因顧及中文書籍體例而有修改，論文篇名不以單引號表示，而以單書名號（〈〉）表示。

# 4

最後，我的舊稿能以這樣的形式集為一冊出版，就這一過程，我想略表謝意，以結束這篇冗長的「後記」。

本書的最初提案大約是在七、八年前，由當時的筑摩書房編輯部部長中島岑夫提出的。我和中島是從《展望》再刊後的編輯長時代開始交往的。儘管他一直在熱情地勸誘、慫恿我，但我卻一直沒有動心。那是因為，和筑摩書房的關係中，前邊我也稍提及了些許，由我編輯的《近代日本思想史講座》的第二卷《正統與異端》一直未能刊行，對此我應該負重大責任。這一精神負擔一直壓在我的心頭。因此，按順序來講，讓講座有個終結是第一位的。這一想法至今也並未放棄。所以，以此論文集的出版來代替上面所說的責任，這樣的念頭我完全沒有。不過，坦率地講，從兩三年前我的心情發生了變化，開始覺得不必那麼拘泥前後順序，應該從可能實現的先著手去做。其中原因之一也許是因為我自己的身體健康每下愈況，這一兩年中同輩的好友知己匆匆離世，無形中心生不安的緣故吧。但是，儘管如此，時至今日我的工作進度依然是難以想像的遲緩，令人驚愕。現在這本書之所以能夠出版都是源於前面說的《近代日本思想史講座》以來的緣分未斷，儘管直接負責本書出版工作的勝股光政也以保留的口吻對我說過：「無論結果如何，先以試稿的形式編輯排版一下，然後以此為基礎做下去……」可最初的排版樣稿交到我手上之後，竟然還是花費了一年有半的時間！我是有一段時間沒有接觸近代日本的研究了，但這不能成為藉口。這段期間，勝股氏既不發牢騷，也不說些催促的話，而且只要是我提出的要求或委託的事，都迅速給予答覆，對於這種博大胸懷的寬容和關照，只用感謝二字是難以表達的，甚至是很難為情的。無庸置疑，其背後還有筑摩書房（對我的）無聲的、莫大的支持。

在這一寬容大度下，我所能做的不單是回顧這本書的出版過程，同時也讓我回想起此書中收錄的各篇論文執筆時的情景，雖程度有別卻一直縈繞在我的心頭。筑摩書房的各位作為各篇稿子的策畫者和編輯者，曾經給予我極大的關照，其容貌浮現在我的腦海裡，令人思念。其中臼井吉見、松田壽二位已成故人。而岡山猛擔任過收錄此書中的大部分論文的編輯，真沒少給他添麻煩。還需要個別指出的是前面提到過的「象山」論文時的中島岑夫，和寫「古層」論文時與岡山氏共同負責「歷史思想集」的高城修，都給我留下了深刻的印象。對於在各篇論文寫作過程中為我提出建議或啟示的學友，在此無法一一全部列舉，作為編輯或作為學友，如果沒有他們的直接或間接的支持與鼓勵，這本書是無法面世的。

另外，在我至今為止的著作出版過程中，多次煩勞過成蹊大學的植手通有教授，他對這次出版又自發地伸出援助之手，幫我檢閱了全部的校樣，並添寫了注意事項。最終定稿的責任當然要由我全部承擔，但對植手教授在百忙之中抽出寶貴的時間來幫助我，在此再表深謝。

一九九二年春　**丸山眞男**

歷史大講堂

# 忠誠與叛逆：日本轉型期精神史的多重面向

2024年11月初版　定價：新臺幣520元



| | |
|---|---|
| 著者 | 丸山眞男 |
| 譯者 | 區建英 |
| | 陳力衛 |
| 叢書主編 | 黃淑真 |
| 校對 | 馬文穎 |
| 內文排版 | 張靜怡 |
| 封面設計 | 兒日 |

| | |
|---|---|
| 編務總監 | 陳逸華 |
| 總編輯 | 涂豐恩 |
| 總經理 | 陳芝宇 |
| 社長 | 羅國俊 |
| 發行人 | 林載爵 |

| | |
|---|---|
| 出版者 | 聯經出版事業股份有限公司 |
| 地址 | 新北市汐止區大同路一段369號1樓 |
| 叢書編輯電話 | (02)86925588轉5322 |
| 台北聯經書房 | 台北市新生南路三段94號 |
| 電話 | (02)23620308 |
| 郵政劃撥帳戶第 | 0100559-3號 |
| 郵撥電話 | (02)23620308 |
| 印刷者 | 世和印製企業有限公司 |
| 總經銷 | 聯合發行股份有限公司 |
| 發行所 | 新北市新店區寶橋路235巷6弄6號2樓 |
| 電話 | (02)29178022 |

行政院新聞局出版事業登記證局版臺業字第0130號

本書如有缺頁，破損，倒裝請寄回台北聯經書房更換。　ISBN 978-957-08-7514-0 (平裝)
聯經網址：www.linkingbooks.com.tw
電子信箱：linking@udngroup.com

CHUSEI TO HANGYAKU: Tenkeiki Nihon no Seishinshiteki Iso by Masao Maruyama



Original Japanese edition published by Chikumashobo Ltd., Tokyo. This Complex Chinese edition is published by arrangement with Chikumashobo Ltd., Tokyo in care of Tuttle-Mori Agency, Inc., Tokyo, through Keio Cultural Enterprise Co., Ltd., New Taipei City.

國家圖書館出版品預行編目資料

忠誠與叛逆：日本轉型期精神史的多重面向/丸山眞男著．區建英、陳力衛譯．初版．新北市．聯經．2024年11月．424面．14.8×21公分（歷史大講堂）
ISBN 978-957-08-7514-0（平裝）

1.CST：政治思想史　2.CST：日本

570.931　113015293